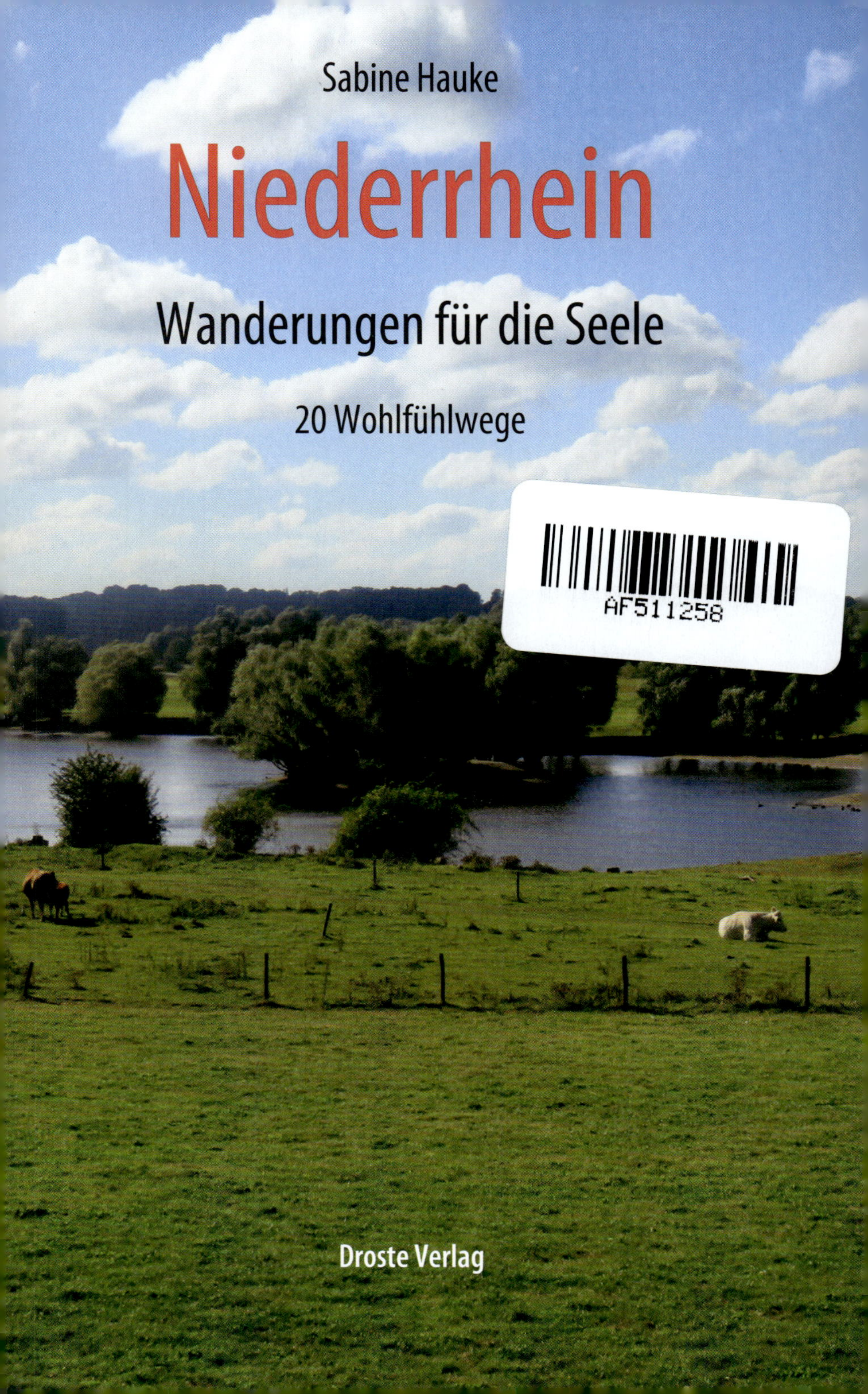

Sabine Hauke

Niederrhein

Wanderungen für die Seele

20 Wohlfühlwege

Droste Verlag

ALLE WANDERUNGEN AUF EINEN BLICK

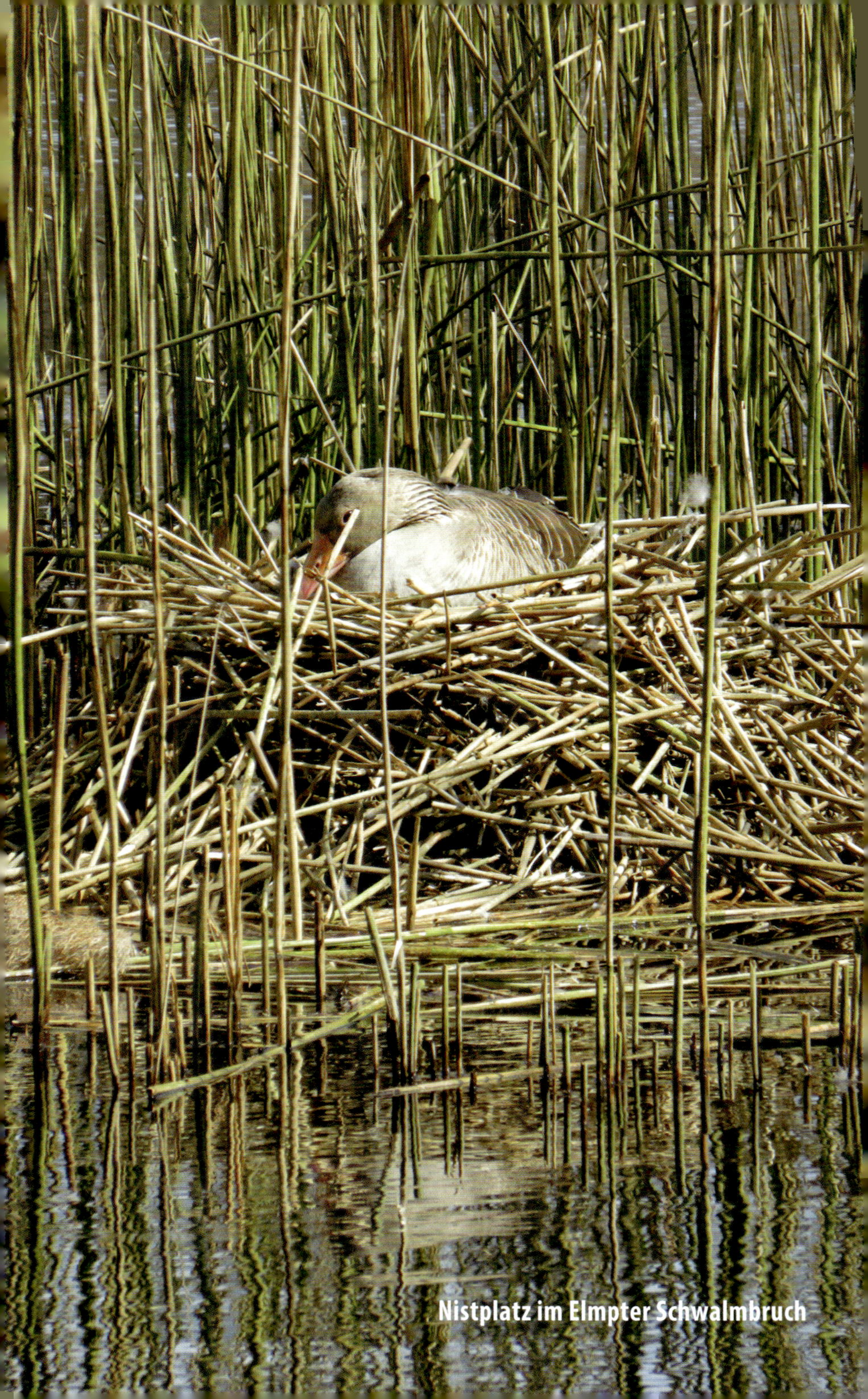
Nistplatz im Elmpter Schwalmbruch

Liebe Genusswanderer,

ein Tagesausflügler sagte zu mir, der Niederrhein sei im Sommer ja sehr schön. „Aber was machen Sie hier im Winter?"

Genießen natürlich! Wer sich auf den manchmal spröden, aber immer reizvollen Charme der niederrheinischen Landschaft einlässt, findet zu jeder Jahreszeit Streicheleinheiten für die Seele.

Am Unteren Niederrhein liegen die Kreise Wesel und Kleve, am Mittleren Niederrhein die Kreise Viersen, Heinsberg und Neuss sowie die Städte Mönchengladbach und Krefeld. Und am Oberen Niederrhein? Den gibt's nicht.

Eine rege Kulturszene verbindet in quirligen Städten und beschaulichen Dörfern Zeitgeist und Tradition. Auf die bewegte Geschichte weisen Relikte aus der Römerzeit und mittelalterliche Kleinode hin. Wallfahrtsorte und der Jakobsweg zeugen von einer jahrhundertealten Sehnsucht nach innerer Einkehr. In die Flussebene mit ihrem Mosaik aus Äckern, Wiesen, Wäldern, Auen und eingesprenkelten Heide- und Moorflächen bringt der Niederrheinische Höhenzug Schwung. Schnee ist eine Rarität, das milde Klima ideal für die im Vogelschutzgebiet Unterer Niederrhein überwinternden arktischen Gänse.

Was aber wäre eine Wanderung ohne kulinarische Genüsse? Wer sein Picknick frisch und regional mag,

NATUR-INFO

KULTUR-INFO

TOUREN-/EVENT-INFO

GENUSS-INFO

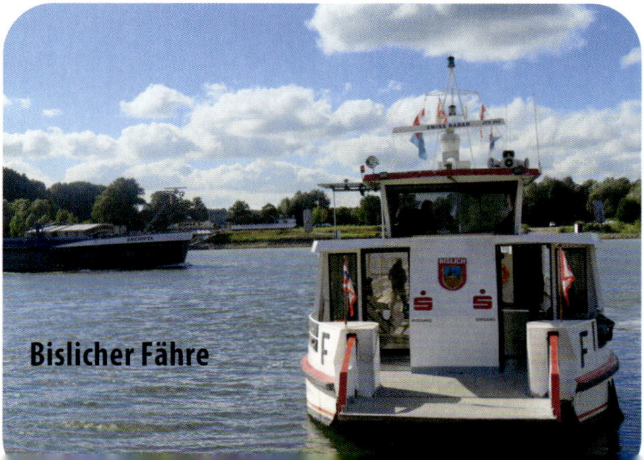

Bislicher Fähre

wird auf Wochenmärkten und in Hofläden fündig. Aus Produkten der Region zaubern Restaurants und Cafés leckere bodenständige Gerichte.

Die Fließrichtung zum Meer bestimmt auch bei Europas verkehrsreichstem Fluss, welches Ufer rechts und welches links liegt. Im täglichen Miteinander wird rechts- und linksrheinisch aber auch gerne mal zur Lebensphilosophie. Brücken und Fähren verbinden zum Glück, was der Strom trennt. So bleibt das andere Ufer nicht unerreichbar und jeder kann selbst entscheiden, welches die persönliche Wohlfühlseite ist.

20 Wanderungen für die Seele laden ein zum Sichaufmachen, Ankommen und Entschleunigen. Mein Tipp: Packen Sie ausreichend Zeit in Ihren Rucksack. Es lohnt sich.

Viele schöne Eindrücke auf den niederrheinischen Wohlfühlwegen wünscht

Ihre Sabine Hauke

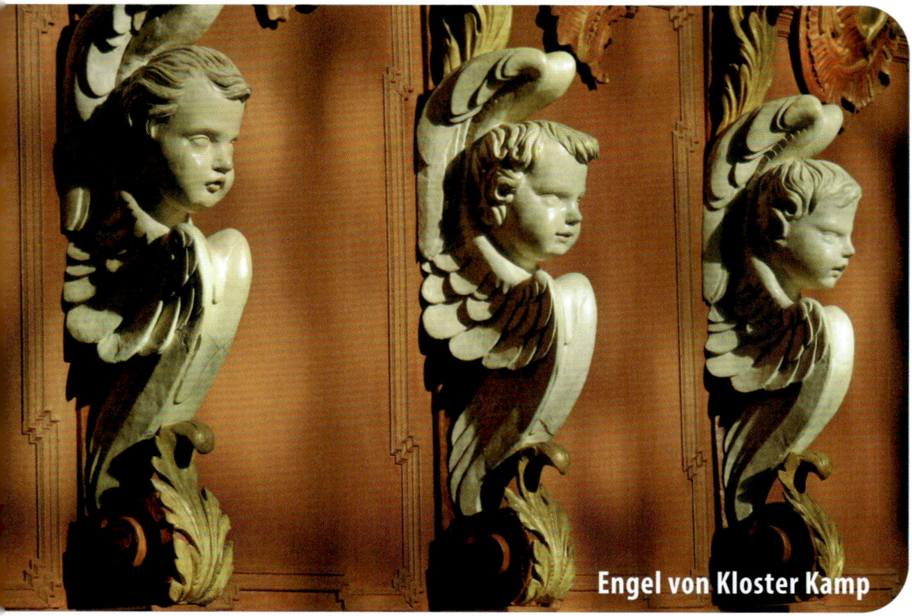

Engel von Kloster Kamp

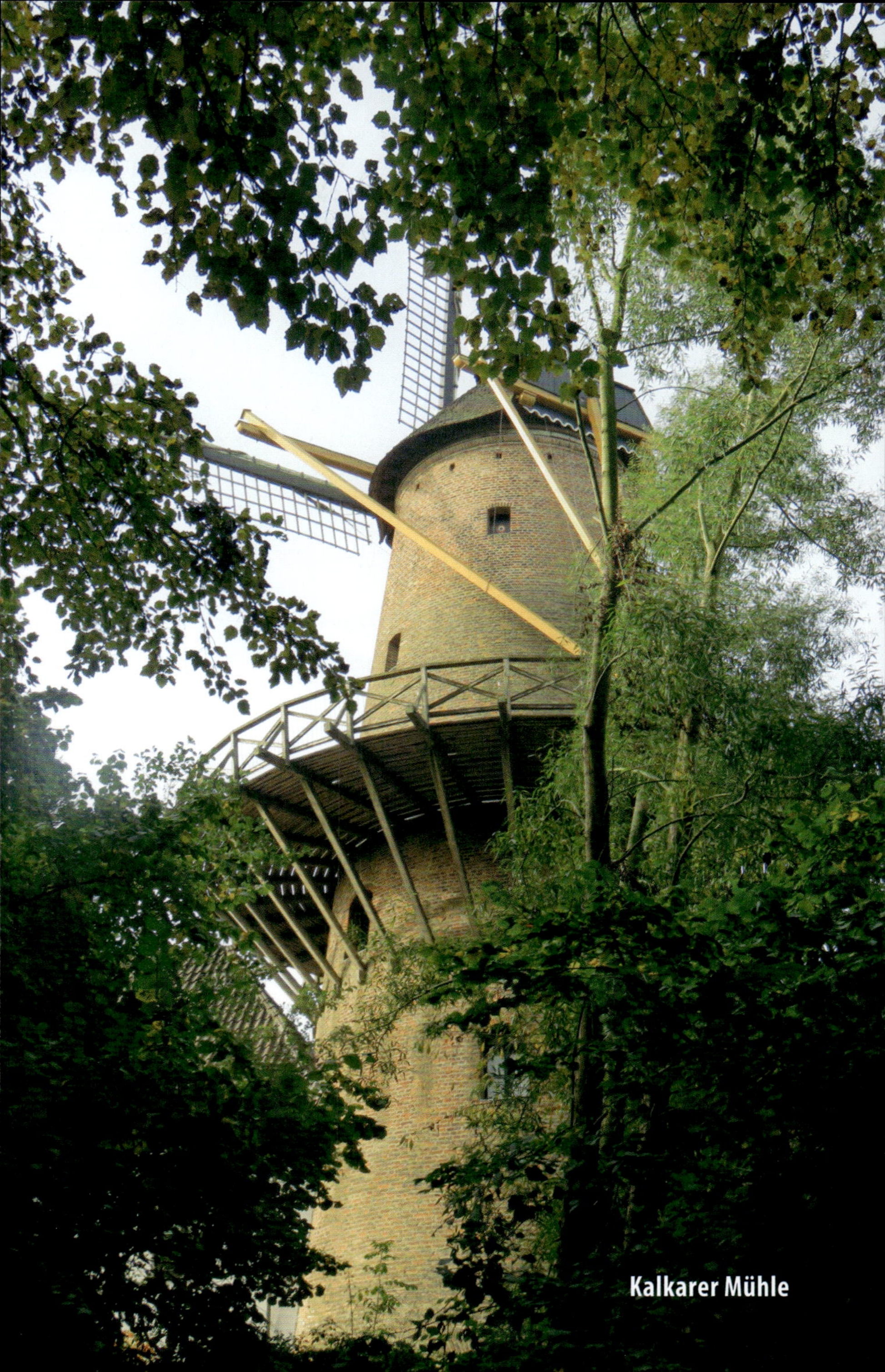
Kalkarer Mühle

- 11,2 Kilometer
- 3 Stunden
- Rundweg

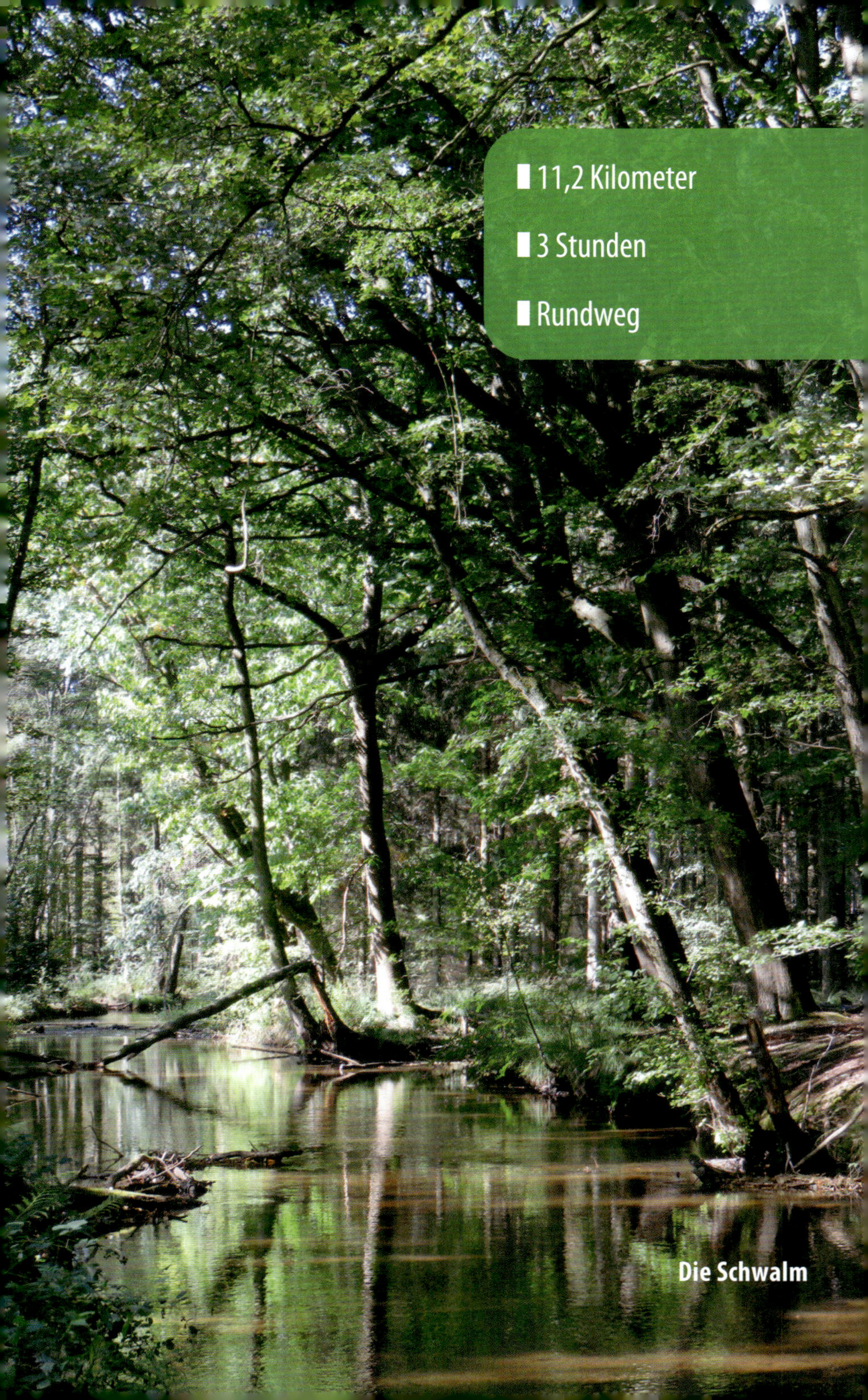

Die Schwalm

Heide und Moor

Unterwegs im Elmpter Schwalmbruch

Vor dem Wanderparkplatz, an dem eine Übersichtskarte uns einen ersten Überblick über das **Naturschutzgebiet Elmpter Schwalmbruch** ❶ gibt, gelangen wir links über den Weidenweg zur Dorfstraße. Sie bringt uns wiederum links und leicht bergab durch eine Siedlung und eine rot-weiße Wegschranke in den Wald. Wir halten uns rechts und ignorieren auf dem leicht abschüssigen Weg die nächsten beiden Abzweige. An der darauffolgenden Gabelung gehen wir links, passieren einen Rastplatz mit Tisch und Bänken und gelangen in einen jungen Mischwald. Dort kommen wir an den **Venekotenbach,** dem wir rechtsabbiegend folgen.

Den Namen verdankt das Naturschutzgebiet Elmpter Schwalmbruch der bei Tüschenbroich entspringenden, rund 45 Kilometer langen Schwalm. Während sie in den Niederlanden bis zur Mündung in die Maas frei mäandern darf, wurde der Flusslauf auf deutscher Seite stark begradigt. Zum Teil hat man die Mäanderschleifen aber inzwischen naturnah wiederhergestellt.

Ein von Röhricht gerahmter See zwingt uns förmlich zum Innehalten. Seerosenblätter bieten Libellen einen Rastplatz, auf der Wasseroberfläche spiegeln sich das Blau des Himmels und das dunkle Grün der Bäume. Uns leitet der Bach durch ein Birkenbruch, in dem leuchtend grüne Seggen einen schönen Kontrast zu den weißen Birkenstämmen bilden. Am Ufer eines Gewässers stehen seltsame Gespinste – es sind die reifen Samen aufgeplatzter Rohrkolben, die an Garnspindeln erinnern.

Gleich hinter der von Gräsern und Birken umgebenen Wasserfläche biegen wir links auf einen unbefestigten Weg ein, bleiben dem See aber noch ein Weilchen treu. An einem Waldstück zweigt rechts unsere Route ab, die schwungvoll durch Wald und Wiesen verläuft und uns im Rechtsbogen einen Rundblick über die offene Landschaft und eine von Gagel umstandene Wasserfläche verschafft (mehr

Heideflächen sind ab dem Mittelalter durch Überweidung der Wälder entstanden. Das Vieh verschmähte jedoch den Wacholder, wohl wegen der ätherischen Öle. Ebendie sind zum Würzen von Speisen aus der Küche kaum wegzudenken und geben hochprozentigen Getränken wie Gin und dem niederländischen Genever ihren unvergleichlichen Geschmack. Die Wacholderheide im Elmpter Schwalmbruch steht seit 1941 unter Naturschutz.

Gagel bietet Panoramatour 5). Eine Bank lädt davor zum Tagträumen ein.

Der **Aussichtsturm** ② in der **Wacholderheide** wurde zwar abgerissen, ein Neubau ist aber für Herbst 2022 geplant. Doch auch ohne Panoramablicke aus luftiger Höhe genießen wir den Anblick der Wacholdersträucher, die mal zypressenartig schlank in die Höhe wachsen, mal buschig in die Breite gehen. Wenn im Spätsommer das Heidekraut blüht, ist dieses Gebiet eine ganz besondere Augenweide.

Wieder unten angelangt, setzen wir unsere Wanderung rechts fort. Das Landschaftsbild ändert sich erneut, Kiefern und Birken nehmen uns auf. Linker Hand dehnt sich ein sumpfiges Gebiet aus, das von Gagel, Heide und Schilf fast verdeckt wird. Während wir still nebeneinander herlaufen, ist das Schilfrascheln das einzige Geräusch.

Im Wald, der uns nun aufnimmt, treffen wir wieder auf den Venekotenbach. Zwar fließt er kurz da-

Blick auf die Wacholderheide

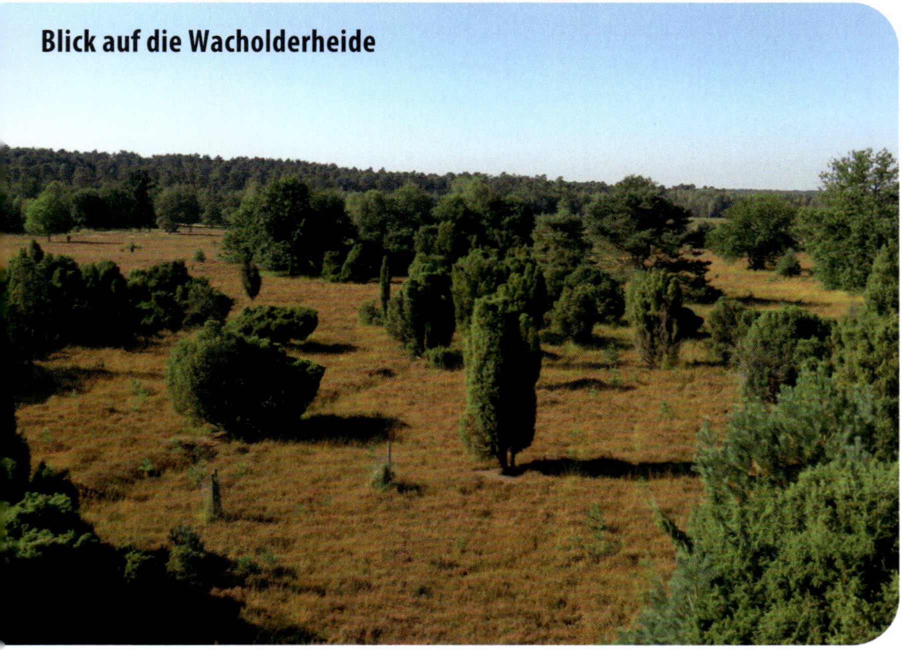

Für die Seele

Farbenprächtige Libellen über schwarzen Moorseen, Bruchwald mit Vogelgezwitscher und Froschkonzert – für diese Wanderung sollte man sich viel Zeit nehmen.

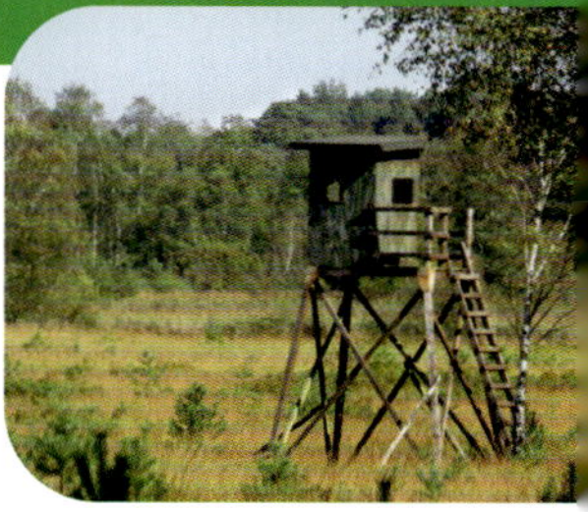

rauf in die **Schwalm,** mündet dort aber nicht. Die beiden Fließgewässer sind durch Verbindungsrinnen verbunden, damit ihre wechselnden Wasserstände in den Sumpfgebieten und Grünlandflächen für Dynamik sorgen und ein Austrocknen des Moors verhindern.

Von Bach und Fluss begleitet biegen wir links ab. Das Gelände wird wasserreich, in einem Bruchwald schillern Sonnenpunkte auf dunklen Miniaturseen. Die Schwalm plätschert über niedrige Wehre, die sich zufällig aus Ästen und Blättern im Flussbett gebildet haben. Umgestürzte Bäume wirken wie fragile Brücken, die ans andere Ufer locken möchten. Dort verraten angespitzte Baumstümpfe nachtaktive Biber.

An einem See entfernen wir uns im Linksbogen von Schwalm und Venekotenbach und wandern geradeaus, bis wir zwei hintereinanderliegende Holzgeländer erreichen. Sie gehören zu einem **Holzbohlenweg ❸,** der ins Moor führt. Wir entscheiden uns für den hinteren Zugang, an dem uns eine Schautafel erklärt, dass wir mit Glück und Geduld Erdkröten, Teichfrösche, Berg- und Teichmolche entdecken können. Im Wasser gibt es Armleuchteralgen, Laichkraut, Wassernabel und am Ufer Sonnentau. Sie alle bleiben unserem ungeschulten Auge verborgen.

Eine runde Bodenplatte bietet Auskunft über das Gebiet per Audioabruf an, verspricht zugleich Wasserblicke – und hält Wort. Der geschwungene Moorerlebnisweg bringt uns in eine andere Welt. Durch hohes Schilf und junge Birken vom Hauptweg abgeschottet richten wir unsere Aufmerksamkeit ganz auf das, was sich vor unseren Augen ausbreitet. Sonnige Lichtreflexe tänzeln auf einem pechschwarzen Moorsee, Überbleibsel einer einst ausgedehnten Niedermoorfläche. Auf uns wirkt das unergründlich dunkle, an den Rändern glasklare Wasser fast magisch. Unglaubliches Glück, dass wir diesen Moment genießen dürfen, ohne durch andere Besucher gestört zu werden. Das Alleinsein öffnet unsere Sinne für die Leichtigkeit des Augenblicks, der mit leisem Vogelgezwitscher und dem Umherflirren farbenprächtiger Libellen angefüllt ist.

Zurück auf dem Hauptweg, laufen wir links zum Abzweig zurück und halten uns links. Aus einem See, der hinter Bäumen liegt, ertönt ein zwar unmelodisches, aber herzerwärmendes Froschkonzert. Der

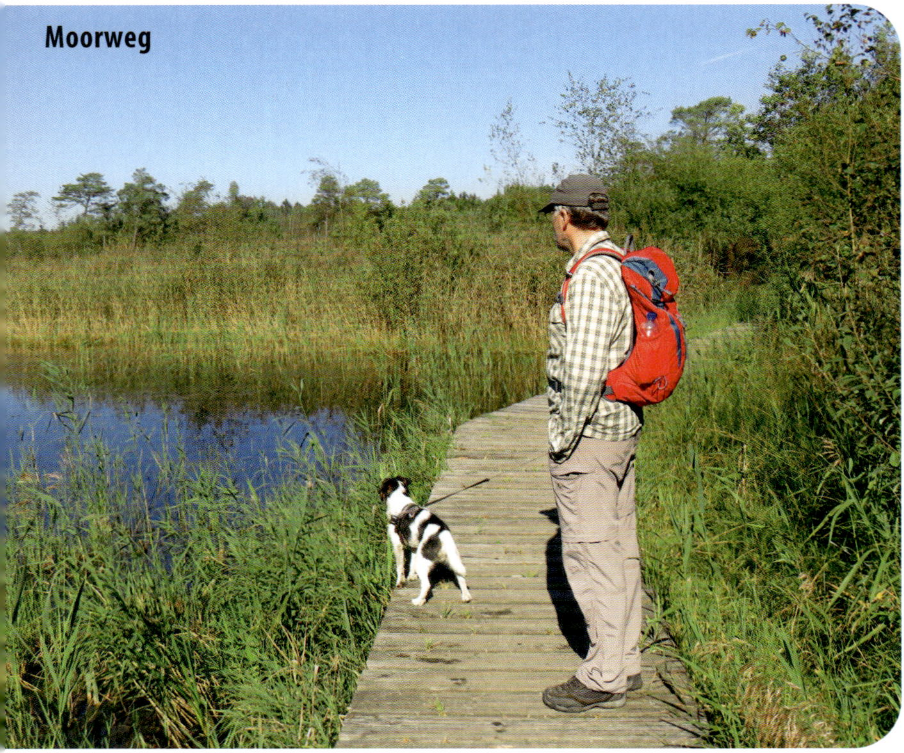

Moorweg

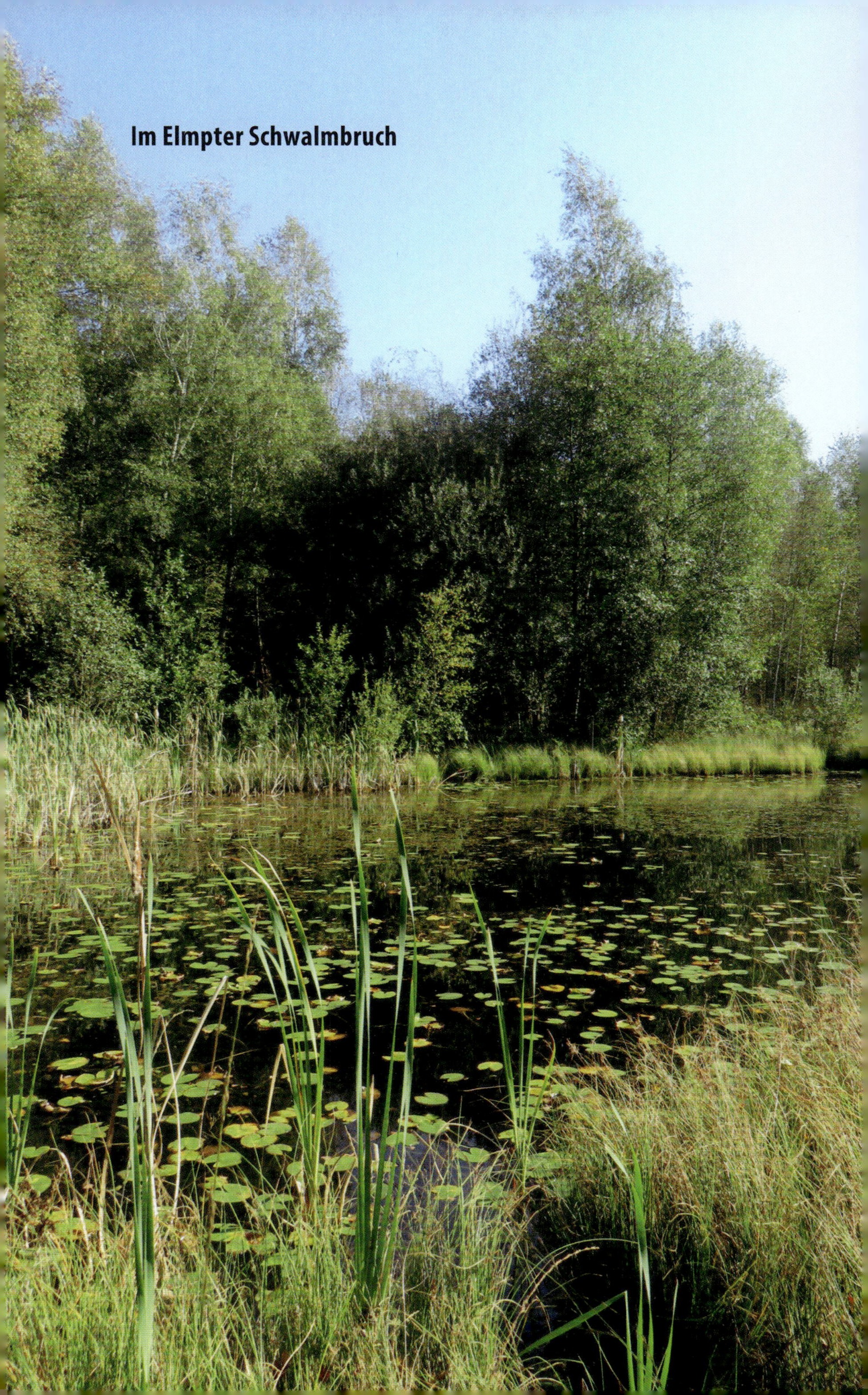

Im Elmpter Schwalmbruch

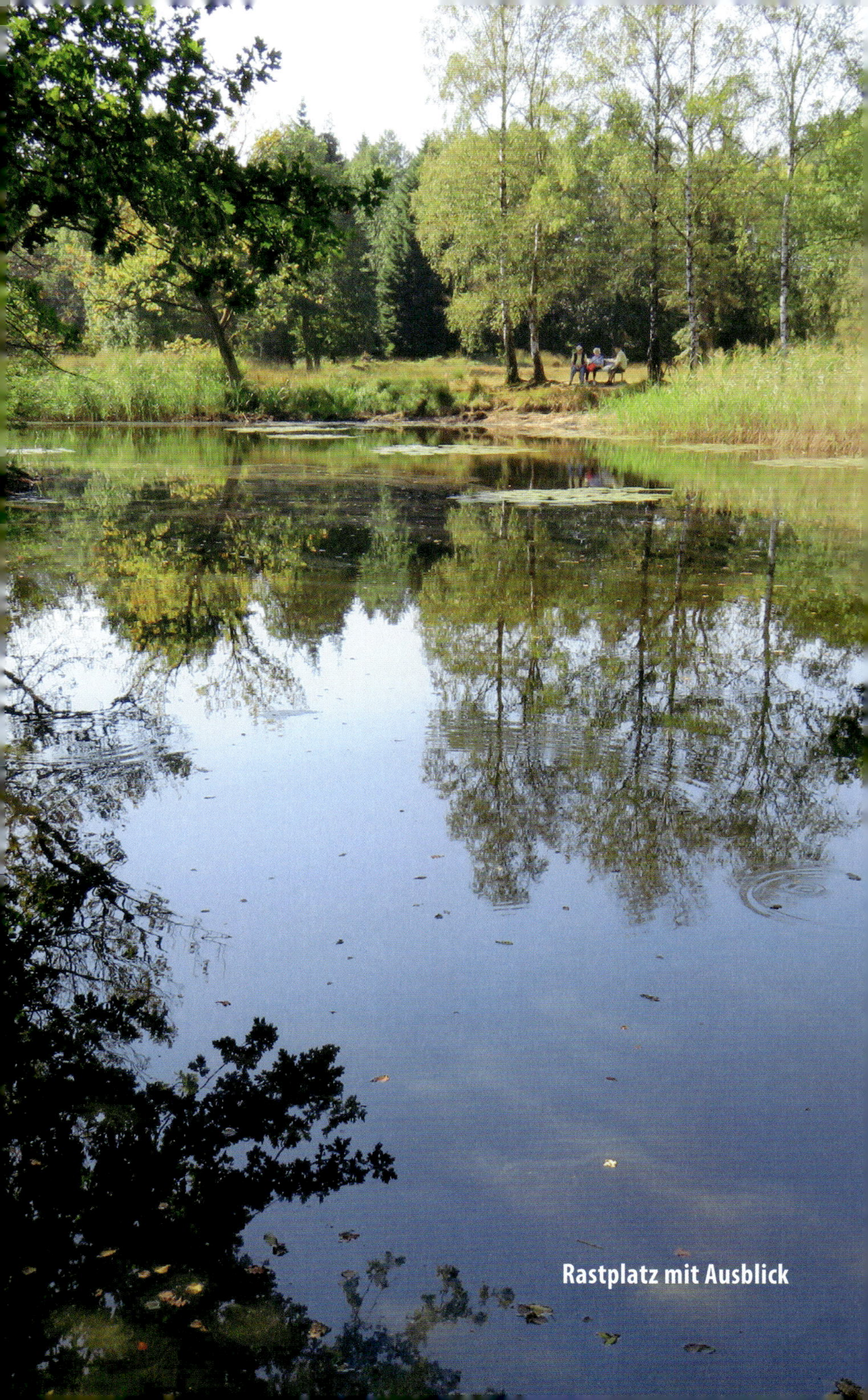

Rastplatz mit Ausblick

Bruchwald wird von Buchen abgelöst, vor uns fließen nun wieder die Schwalm und parallel dahinter der Venekotenbach. Ein **Rastplatz am Ufer** ❹ kommt wie gerufen für ein Picknick. Die Geräuschkulisse ist wunderbar beruhigend, ein Zusammenspiel aus Flussplätschern, Blätterrauschen, Schilfrascheln und Vogelgesang, unterbrochen von leisen Stimmen anderer Wanderer oder Radfahrer.

Unser Weg entfernt sich von den fließenden Gewässern und schwingt sich, mal in Rechts-, mal in Linksbögen, durch Sumpfgebiet, Bruchwald und offene Landschaft mit wassergefüllten Senken. Auf einem Gewässer schwimmen zwischen Seerosen makellose Spiegelbilder der Eichen am Ufer.

Seit wir am T-Abzweig links abgebogen sind, fließt der **Tackenbendener Bach** neben uns her. In einer Wiese verteilen sich auffällig ebenmäßig gewachsene Nadelbäume, während zu unserer Rechten ein Lärchenwald aufragt.

Doch ein Stückchen weiter geradeaus ändert sich das Bild wiederum. Kopfweiden säumen die Feuchtwiesen **In den Tackenbenden.** Pferde traben los, um uns am Zaun ihrer Koppel zu begrüßen, und stupsen uns mit ihren Nüstern an. Diese ländliche Idylle ist ein Genuss für die Seele.

Zwischen Hecken, Kopfweiden und einem Wäldchen gelangen wir zu einer Kreuzung, an der wir links abbiegen. Gleich hinter einem Bauernhof halten wir uns nochmals links. Nachdem wir Ställe und Obstwiesen hinter uns gelassen haben, nimmt uns ein Wald auf.

Unsere Wanderstrecke verläuft jetzt eine ganze Weile geradeaus. Rechter Hand von Wald begleitet, breitet sich bald zu unserer Linken Heide aus. Die lichtdurchflutete Kargheit der Landschaft ist von sehr eigenwilliger Schönheit. Danach umfängt uns das Licht schluckende Grün eines Nadelwaldes, in dem sich ein weicher Teppich aus Moosen und Gräsern ausbreitet. In schwungvollen Bögen führt unsere

Strecke unter hoch aufragenden Nadelbäumen hindurch; das Gelände steigt nun insgesamt etwas an.

Eichen begleiten uns zum Waldrand. Vor uns erstreckt sich eine Anbaufläche mit dunkelgrünem Porree, ein echter Augenschmaus. Geradeaus bringt uns die ansteigende Straße **In Gen Rae** durch eine sanft hügelige Landschaft und im Rechtsbogen über das Areal eines großen Bauernhofs. An der Kreuzung geht es links über den **Weidenweg** durch die Felder zurück zum Parkplatz.

In einvernehmlichem Schweigen lassen wir diesen mit sonnengetupften, federleichten Augenblicken gespickten Wandertag ausklingen.

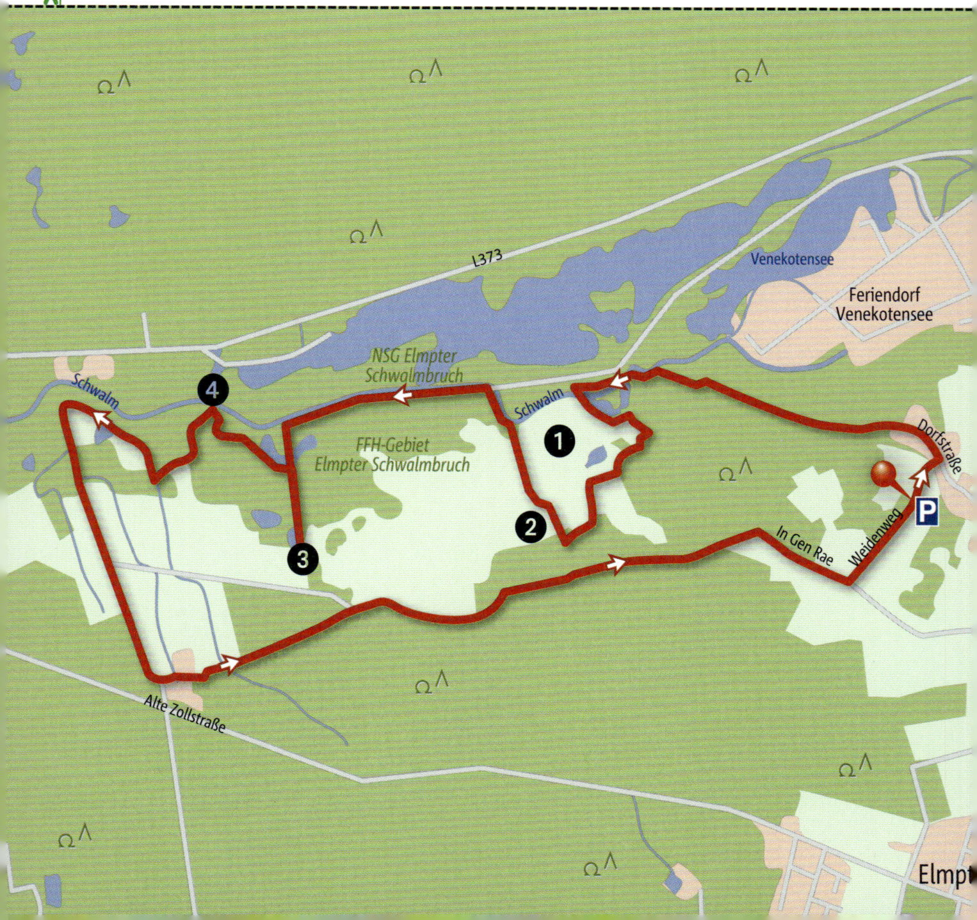

Entspannung ✱✱✱✱✱
Genuss ✱✱✱✱✱
Romantik ✱✱✱✱✱

WIE & WANN:
Überwiegend befestigte Schotter- und unbefestigte Waldwege, einige asphaltierte Straßen; im Frühjahr blüht der Gagel, ab August die Heide, das Schwalmbruch ist aber zu jeder Jahreszeit einen Besuch wert, nur bei Hochwassersituationen können einige Wege überflutet sein

HIN & WEG:
Auto: Parkplatz Weidenweg, 41372 Niederkrüchten-Overhetfeld
(GPS: 51.226248, 6.135341)
ÖPNV: Keine direkte Anbindung an die Strecke

ESSEN & ENTSPANNEN:
Rucksackverpflegung nicht vergessen!

ENTDECKEN & ERLEBEN:
Naturschutzgebiet Elmpter Schwalmbruch ❶
Aussichtsturm ❷
Holzbohlenweg/Moorerlebnis ❸
Rastplatz am Schwalmufer ❹

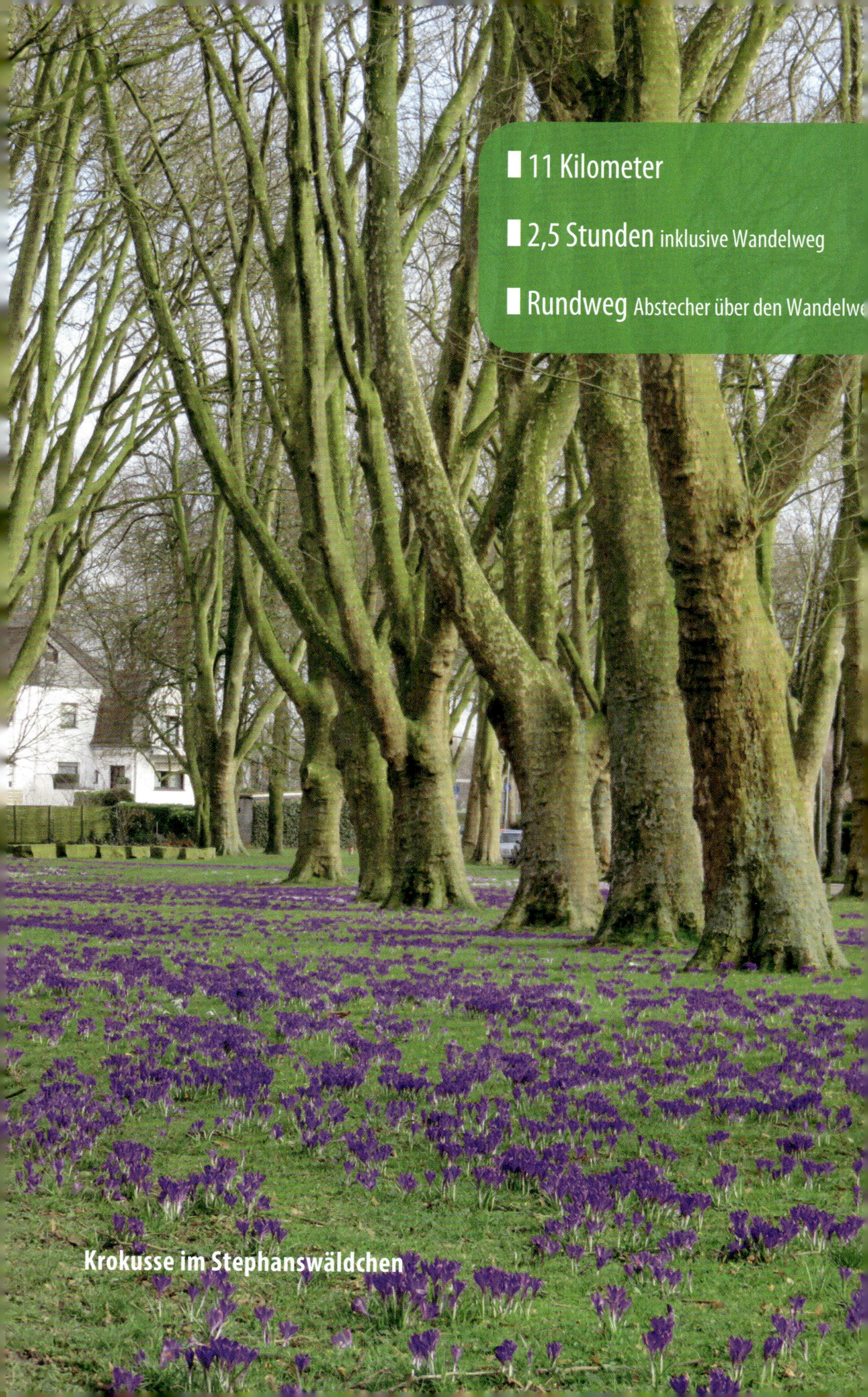

- **11 Kilometer**
- **2,5 Stunden** inklusive Wandelweg
- **Rundweg** Abstecher über den Wandelwe

Krokusse im Stephanswäldchen

Allerlei Natur

Rund um Kloster Kamp

Übersehen kann man den Wanderparkplatz nicht. Ein auffälliges **Immunitätskreuz,** das zu Zeiten der Zisterzienser den Rechtsbezirk des Klosters Kamp begrenzte, steht in der Zufahrt. Uns dient es heute zur Orientierung, denn ihm gegenüber führt am Parkplatzende ein mit rot-weißen Pfosten markierter Forstweg geradeaus in den Wald. Bald sehen wir rechts durch schlanke Buchen hindurch die **Golfanlage Am Kloster Kamp ①,** zu der wir abwärts, unten an der Kreuzung rechts und über die **Saalhoffer Ley** hinweg gelangen.

Nun durchschreiten wir die gezähmte Natur eines 18-Loch-Golfplatzes. Der perfekt gepflegte Rasen wird durch ordentlich aneinandergereihte Bäume und sorgfältig gestutzte Sträucher unterteilt. Auf einem Teich landen inmitten des Golfgrüns elegant zwei Schwäne. Als i-Tüpfelchen thront über dieser Kulisse das Kloster auf dem Kamper Berg.

Ein Schotterweg leitet uns durch das Golferparadies in den Wald, in dem uns rechts ein breiter Weg aufnimmt. Bald führt ein links abknickender, steil ansteigender Wanderweg hinauf auf den dicht bewaldeten **Niersenberg.** Über uns zwitschert und tschilpt eine ganze Vogelschar. Um uns herum wirken Baumwurzeln, umgestürzte Bäume und zu einem Tipi aufgetürmte Äste wie ein Naturkunstprojekt. Unter uns stehen am Fuß des Hügels verwitterte Grabkreuze, die zu einem Soldatenfriedhof gehören. Glockengeläut schallt zu uns herüber und erinnert an das nahe gelegene Kloster. All das wirkt auf uns sehr entspannend und versetzt uns in eine angenehm träge Stimmung.

Wir wandern geradeaus über die Hügelkuppe, bis am Ende zwei Gabelungen unmittelbar hintereinander uns halb rechts hinunter auf die **Niersenberger Straße** bringen, der wir links folgen. Unterhalb des Niersenberges geht es geradeaus an Vorgärten vorbei zu einer Pferdekoppel. Die **Kirchstraße** nimmt uns auf, wir folgen ihr links zum Waldrand. Dort gelangen wir links über die **Kreuzstraße** ins Landschaftsschutzgebiet, in dem uns gleich zu Beginn rechts ein steiler Pfad auf den **Hohen Busch** bringt.

Oben angekommen, geht es geradeaus gleich wieder abwärts zum Waldrand, hinter dem von Baumreihen unterteilte Felder liegen. Wir aber biegen links vor dem Reitweg in einen scharf abknickenden Waldweg ein und folgen ihm, bis er an einem Querweg endet. Links geht es weiter durch den Wald zu

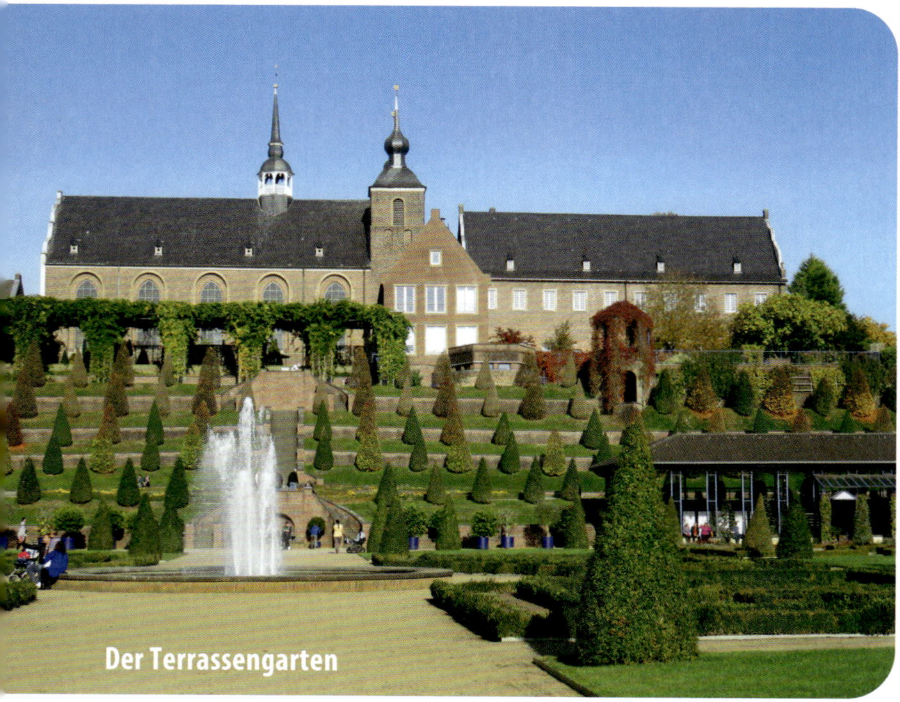

Der Terrassengarten

Für die Seele

Kontrastreich setzen sich Natur und Kultur in Szene: Wir treffen auf dichten Wald, perfekten Golfrasen, barocke Gartenkunst und idyllische Schrebergärten.

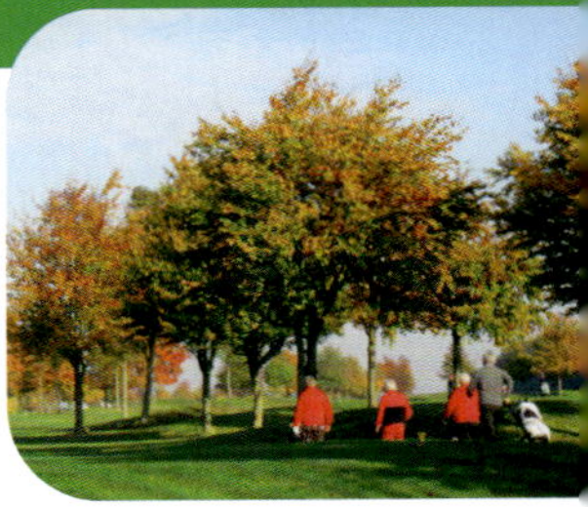

einer Kreuzung, von der aus wir links zum Parkplatz gelangen. Ihn und die **Rheinberger Straße** überqueren wir und erreichen das Ortseingangsschild Kamp.

Am Friedhofseingang vorbei kommen wir auf der rechten Straßenseite an ein denkmalgeschütztes, privat genutztes Haus mit einem Torbogen. Ein stark verwittertes Schild erwähnt den Abt Franziskus, der Mitte des 18. Jahrhunderts dieses Haus als Gerichtsgebäude errichten, die Gefängniszellen im Gewölbekeller aber nie zweckbestimmt nutzen ließ.

Vor dem Haus lotst uns ein Wegweiser in Richtung **Terrassengärten.** Abwärts geht es rechts zwischen Gärten und unter Eichen hindurch zu einer Kreuzung, an der wir links abbiegen. Neben uns erhebt sich der **Kamper Berg.** Rechts begleitet uns ein Waldstück, hinter dem es im Linksschwenk zum Eingangstor der **Terrassengärten von Kloster Kamp** ❷ geht. Auf uns wartet ein Juwel der Gartenarchitektur. Zwischen in strengen Formen angelegten Beeten und spitzkegelig geschnittenen Gehölzen zeigt eine Springbrunnenfontäne, dass auch Wasser Kunst sein kann. Über die breiten Stufen der Terrassen steigen wir zum **Kloster Kamp** ❸ hinauf. Die Aussicht über die Gärten ist ein Genuss für die Seele. Nach wenigen weiteren Treppen links hinauf wartet auf uns im **Kloster Spenden-Café** Genuss für den Leib.

Nach dem Cafébesuch wenden wir uns nach rechts, um in die Stille der **Abteikirche** einzutreten. Ihre Schlichtheit wird durch das weiße Fensterglas unterstrichen, das das Tageslicht ungehindert in den

Kloster Kamp wurde 1123 als erstes deutsches Zisterzienserkloster gegründet und entwickelte sich bis zu seiner Zerstörung in den Kriegsunruhen des 16. Jahrhunderts rasch zu einem geistigen Zentrum. Der Wiederaufbau im 17. Jahrhundert orientierte sich an dem mittelalterlichen Vorgängerbau. Heute will im Kloster ein „geistliches und kulturelles Zentrum" Menschen für Gott begeistern. Ein Orden ist nicht mehr ansässig.

Innenraum fluten lässt. Breite Pfeiler lenken den Blick auf den Chorraum, von dessen hell gestrichenen Wänden sich das dunkle Holz von Chorgestühl und Altar kontrastreich abhebt. An den hinteren Teil der Kirche schließt sich die sechseckige Marienkapelle an.

Rechts um den Kirchenbau herum liegt ein Kräutergarten. Der Klostertradition folgend wird altes Wissen um Heil- und Küchenkräuter weitergegeben, auf moderne Hinweistafeln gedruckt.

Wir kehren um und laufen geradeaus zum Café-Restaurant Haus **Alte Schmiede** ④. Rechts davor bringt uns eine gepflasterte Straße mit angrenzenden Stufen in den **Alten Garten** ⑤. Diesen jahrhundertealten, nach historischen Vorlagen rekonstruierten Nutzgarten verlassen wir links durch die Hecke. In der Streuobstwiese dahinter haben vermutlich schon die Zisterziensermönche Obstanbau betrieben. Das Vereinsheim Bienenhaus heben wir uns für den Rückweg auf.

Rechts kommen wir auf dem Gehweg der **Mittelstraße** an der **St. Josefskapelle** vorbei, die allgemein nur **Heiligenhäuschen** genannt wird. Nachdem wir die **Rheurdter Straße** überquert haben, lässt eine Brücke uns einen Blick auf die **Fossa Eugeniana** ⑥ werfen. Geplant war sie im 17. Jahrhundert als schiffbarer Verbindungskanal zwischen Rhein und Maas, blieb aber unvollendet. Wir überqueren die Straße und folgen gleich neben der Brücke durch zwei Wegpfosten hindurch dem von jungen Bäumen begrenzten **Wandelweg,** der unter dem Motto „Ein Weg erzählt Geschichte" die Gärten des Klosters Kamp mit dem Stephanswäldchen verbindet. Die hinter Gebüsch verborgene Fossa Eugeniana nimmt dort, wo der Weg im Rechtsbogen verläuft, den Bach **Große Goorley** auf, der von nun an neben uns fließt.

Das **Mammutbaumwäldchen** ⑦ ist uns dank Schautafel kein Rätsel geblieben. Der Mammutbaum ist keine heimische Baumart, gilt aber als Nachfahre der Vegetation, aus der die Kohlevorkommen der Region entstanden.

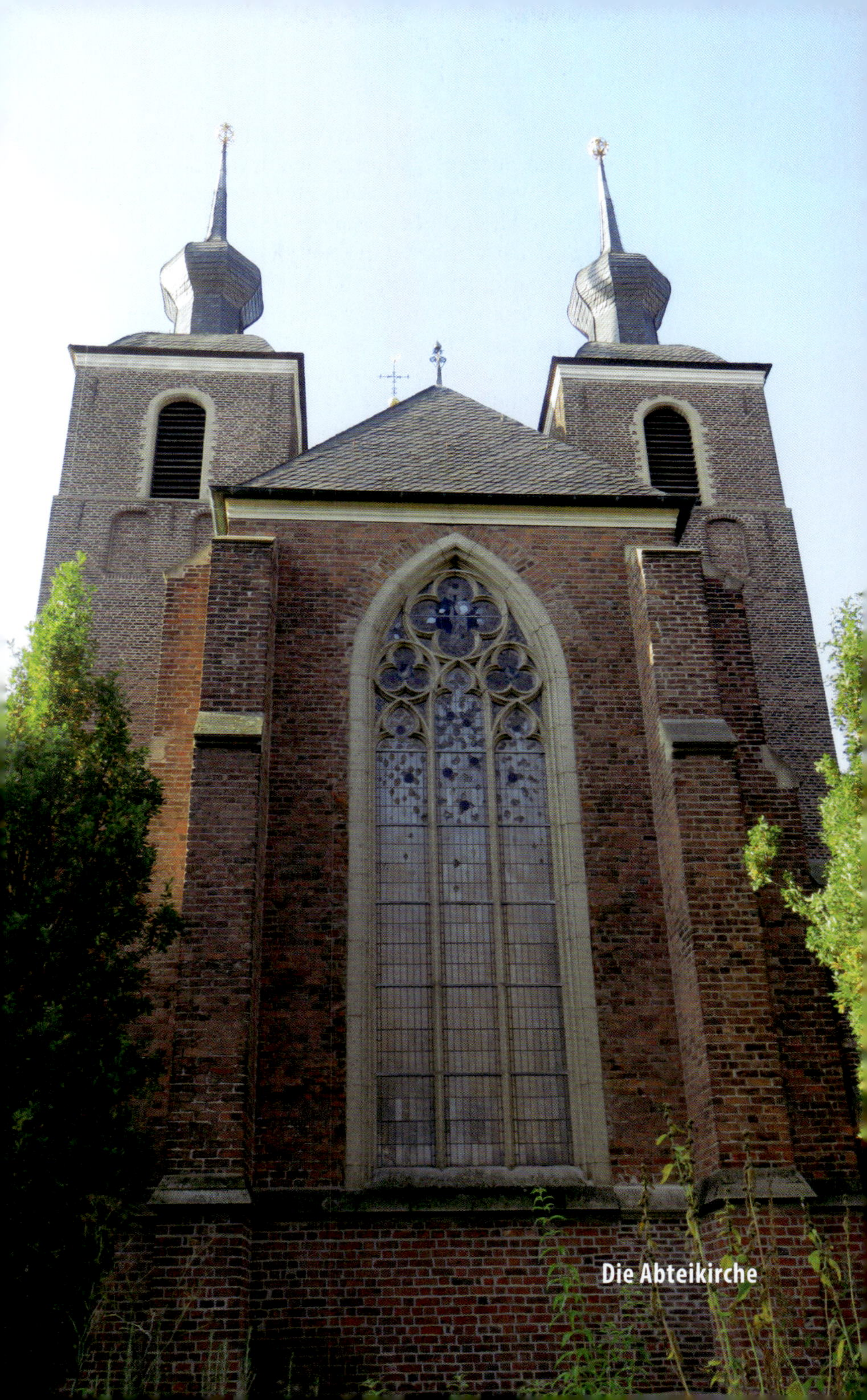
Die Abteikirche

In den Schrebergärten ein Stückchen weiter herrscht reges Landleben. Ziegen meckern, irgendwo kräht ein Hahn. Etwas später riecht es nach Pferd, noch bevor wir die Shetlandponys zu Gesicht bekommen. Was für eine herrliche Kleingartenidylle.

Eine Aussichtsplattform bietet uns einen schönen Ausblick auf den Bach. Nachdem wir die **Eyller Straße** überquert haben, umschließt die Große Goorley hier und da winzige Inselchen und plätschert über angeschwemmte Wehre aus Ästen und Blättern. Ein Silberreiher hält in der Böschung Ausschau nach Beute. Über die **Bertastraße** hinweg erreichen wir das **Stephanswäldchen** ❽ mit seinen mächtigen Platanen. Moosbedeckte Natursteinquader bilden um eine Wiese herum einen ausladenden Steinkreis. Übrigens: Alljährlich ist im zeitigen Frühling das Stephanswäldchen mit Krokussen übersät – ein Traum in Blau!

Begrenzt wird der Park von der **Beamtensiedlung,** die mit dem Bau der **Zeche Friedrich Heinrich** Anfang des 20. Jahrhunderts entstand. Eine Infotafel hat uns zuvor auf dem Wandelweg verraten, dass es in diesen für Bergwerksbeamte bestimmten Häusern Wasserleitungen gab, während die Bergleute in der Werkssiedlung östlich der Zeche ihr Wasser aus Brunnen schöpfen mussten.

Geradeaus über die **Friedrich-Heinrich-Allee** hinweg wandern wir zwischen dem Studierendenwerk und der Hochschule Rhein-Waal zur **Friedrichstraße.** Vor uns ragt der markante **Förderturm** ❾ der im Jahr 2012 stillgelegten Zeche auf, deren Gelände heute als **„Zechenpark Friedrich Heinrich"** für Besucher zugänglich ist. Für uns ist der Förderturm ein echtes Wahrzeichen, das weit über die Stadtgrenze hinaus immer wieder mal zu sehen ist.

Wir halten uns rechts, queren an der Fußgängerampel die **Friedrich-Heinrich-Allee** und erreichen über die **Stephanstraße** wieder das **Stephanswäldchen.** Der **Wandelweg** bringt uns zurück zum **Vereinsheim Bienenhaus** ❿**.** Der Bienenzuchtverein bietet sonntags im Vereins-

Museum Kloster Kamp

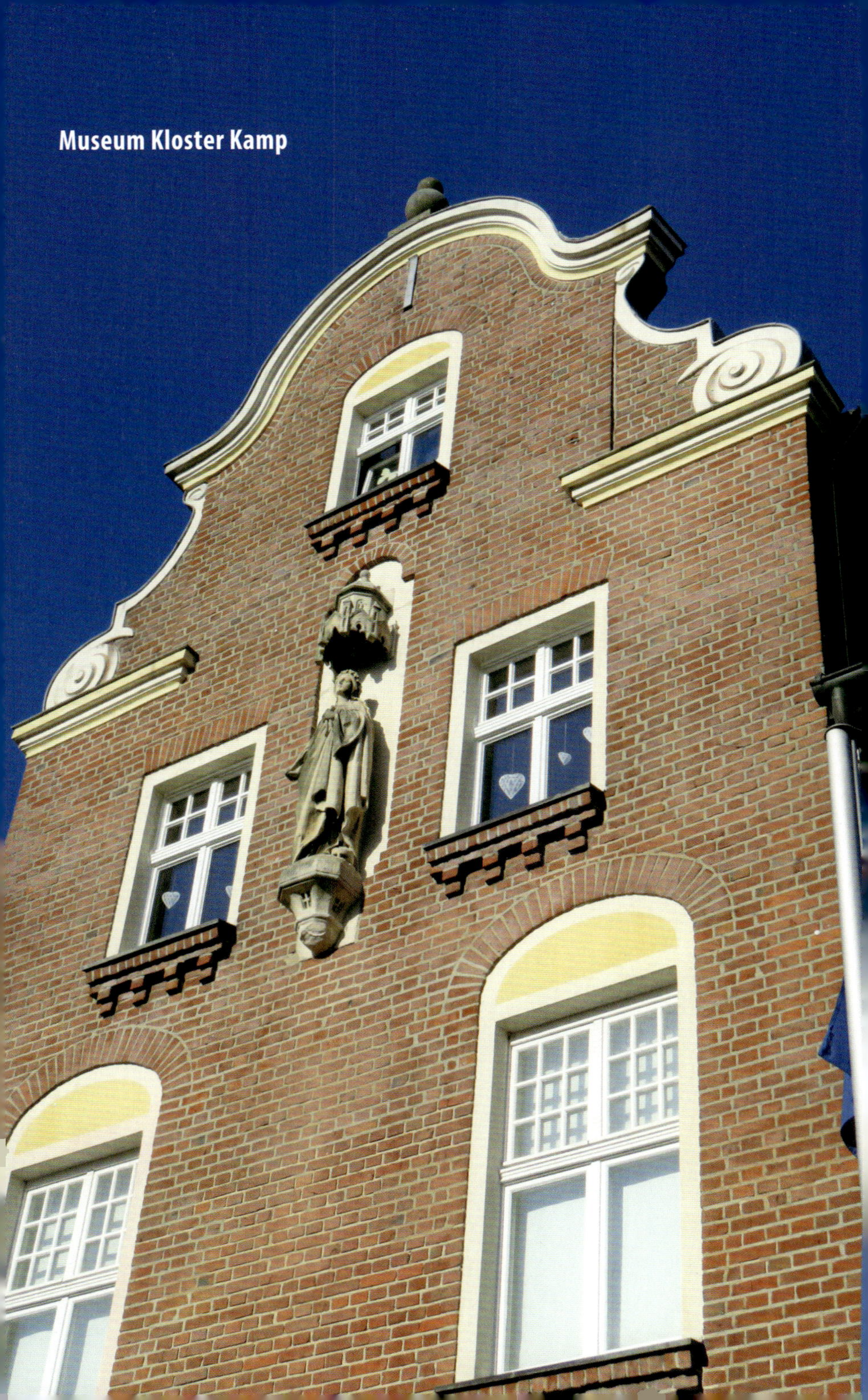

heim Honig und Honigprodukte an, betreibt aber auch ein Spendencafé mit Kaffee und Kuchen, auf den wir uns jetzt freuen.

Durch den **Alten Garten** geht es zurück zum **Haus Alte Schmiede,** an dem wir rechts abbiegen. Am **Abteiplatz** ist im ehemaligen **Agatha-Stift** das **Museum Kloster Kamp** ⓫ untergebracht. Ein Besuch ist lohnend, wenn man mehr über das Kloster und den Zisterzienserorden wissen möchte. Rechts dahinter gelangen wir am Friedhofseingang vorbei zurück zum Parkplatz. Unterschiedlichste Kulturlandschaften und die gegensätzlichen Geschichten des Klosters und der Zeche haben uns auf angenehme Art nachdenklich gemacht. Die Bilder werden sicher noch lange nachhallen.

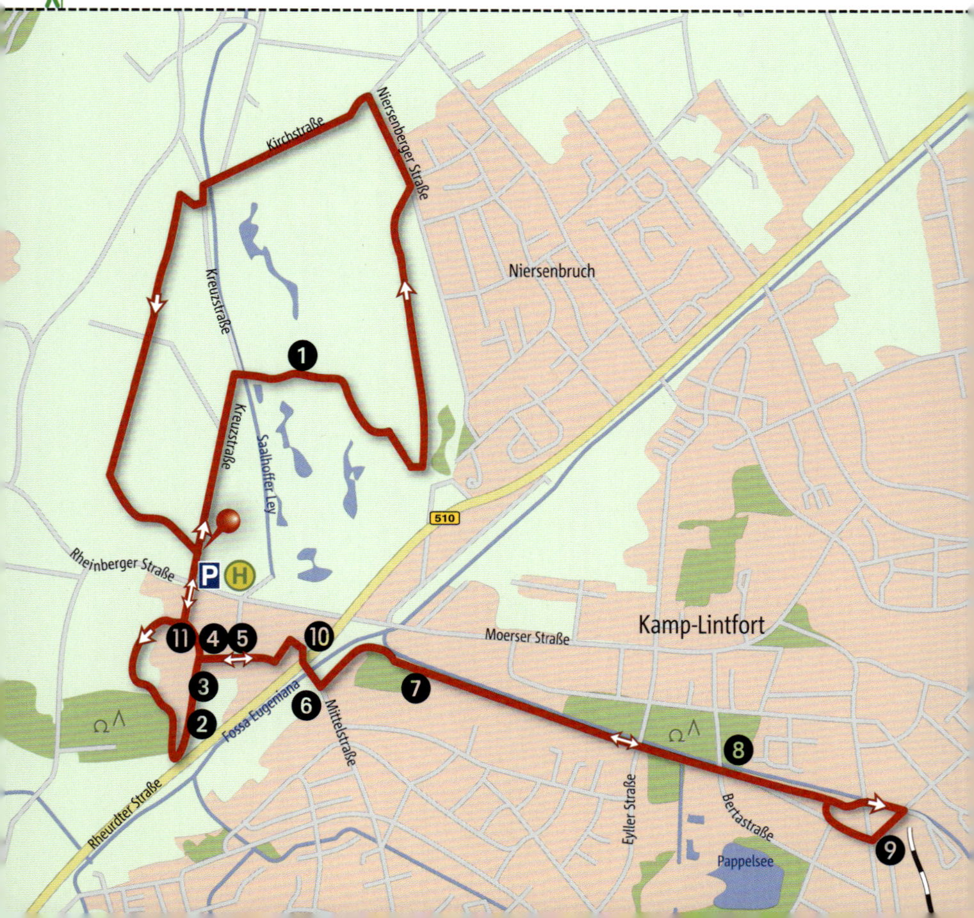

Entspannung ★★★★☆
Genuss ★★★★★
Romantik ★★★☆☆

WIE & WANN:
Waldwege, Straßen und befestigte Wege; die Terrassengärten zu jeder Jahreszeit lohnend, das Stephanswäldchen besonders zur Krokusblüte im zeitigen Frühling

HIN & WEG:
Auto: Parkplatz Rheinberger Straße/Ecke Kreuzstraße (GPS: 51.505727, 6.516197)
ÖPNV: Von Duisburg Hbf Bus SB 30 oder von Geldern Bus 32 bis Kloster Kamp

ESSEN & ENTSPANNEN:
Kloster Spenden-Café & Klosterladen am Kloster Kamp ❸ Abteiplatz 13, 47475 Kamp-Lintfort, Tel. (0 28 42) 92 75 40, www.kloster-kamp.eu
Haus Alte Schmiede ❹ Abteiplatz 15 a, 47475 Kamp-Lintfort, Tel. (0 28 42) 9 03 33 48
Vereinsheim Bienenhaus ❿ Mittelstraße 1, 47475 Kamp-Lintfort, www.bienenzuchtverein-vierquartieren.de

ENTDECKEN & ERLEBEN:
Golfanlage Am Kloster Kamp ❶
Terrassengärten Kloster Kamp ❷
Kloster Kamp mit Abteikirche ❸
Alter Garten ❺
Fossa Eugeniana ❻
Mammutbaumwäldchen ❼
Stephanswäldchen ❽
Förderturm Zechenpark Friedrich Heinrich ❾
Museum Kloster Kamp ⓫ Abteiplatz 24, 47475 Kamp-Lintfort, Tel. (0 28 42) 40 62, www.kloster-kamp.eu

▌11,5 Kilometer

▌3 Stunden

▌Rundweg

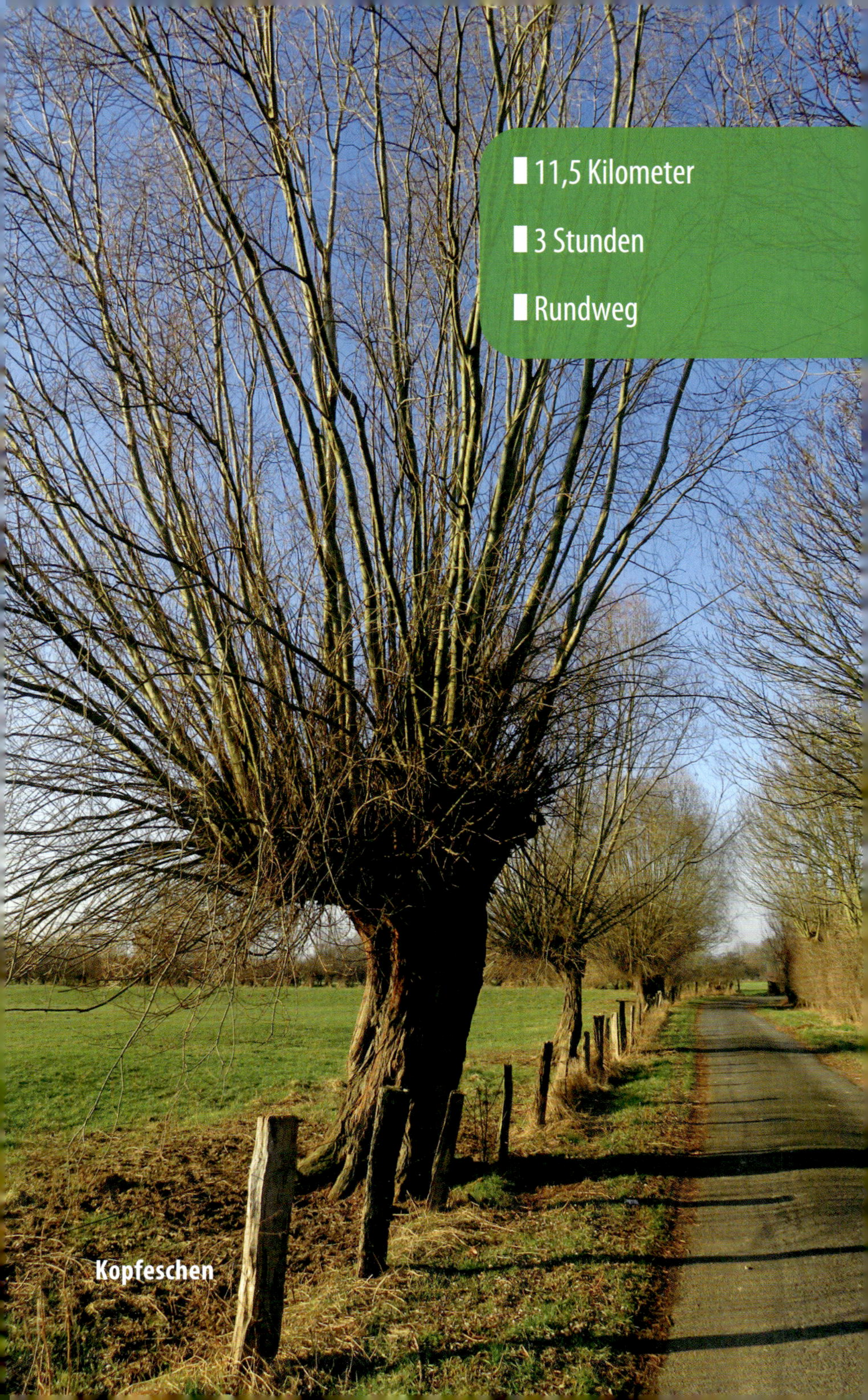

Kopfeschen

Wundersam schön

Der Rhein bei Götterswickerhamm

Da der Parkplatz an der **Dammstraße** direkt hinter dem Deich liegt, starten wir mit einem unübertrefflich schönen Blick von der Deichkrone auf den in einem weiten Bogen verlaufenden **Rhein,** der zu unserer Linken liegt und dem wir flussabwärts folgen. Wir können uns auf diesem Abschnitt unserer Wanderung unmöglich verirren, weil wir schnurgerade dem Fluss folgen und der Schafzaun, der den Deich rechts zur Straße hin begrenzt, nur wenige Ausgänge bietet. Deshalb widmen wir unsere ganze Aufmerksamkeit dem regen Schiffsverkehr und der nahezu unbebauten Flusslandschaft. Bräunlich gefiederte Kanadagänse, die wir an ihrem schwarzen Kopf mit dem weißen Kehlfleck erkennen, beäugen uns vom Rheinufer, einige flüchten sich aufgeregt schnatternd ins Wasser.

Etwas gruselig wird es, als das **Leichenhäuschen** ① unsere Aufmerksamkeit beansprucht. Einige Steinquader und ein Infoschild erinnern daran, dass bis vor etwa 50 Jahren angeschwemmte Wasserleichen bis zu ihrer Identifizierung hier in einem Gebäude am Deich aufbewahrt wurden. Heute werden sie sofort in die Kühlräume der umliegenden Friedhöfe gebracht.

Wir ignorieren das Gatter, das rechts vom Deich auf die Straße führt. An einer Bootsrampe, die den Deich durchschneidet, weicht unser Weg kurz von der Deichkrone ab, auf Rheinblick müssen wir jedoch lediglich ein paar Meter verzichten.

In **Mehrum** trennen wir uns vom Rhein. Dort, wo hinter dem Deich ein paar Häuser stehen, geht es rechts über einen im Boden eingelassenen Viehrost zum **Deichweg,** der uns rechts durch die kleine Siedlung zur **Straßenecke Dammstraße/Schulstraße** führt. Wir biegen links ab, um nach wenigen Schritten die Straßenseite zu wechseln und in die gegenüberliegende **Ettwigstraße** einzubiegen.

Bless- oder Blässgänse sind an dem weißen Fleck über ihrem Schnabel zu erkennen und gehören zu den rund 200.000 arktischen Wildgänsen, die jährlich im Spätherbst das Vogelschutzgebiet Unterer Niederrhein bevölkern, das sich von Duisburg bis Nimwegen erstreckt. Ende Februar fliegen die gefiederten Besucher zurück in ihre sibirischen Brutgebiete. Kanadagänse sind dagegen ebenso wie Grau- und Nilgänse ganzjährig am Niederrhein zu finden.

Den ersten Abzweig links ignorieren wir und biegen an einem Wäldchen links in den **Hofacker** ein, der, wie weitere Straßen auf dieser Strecke auch, unbeschildert ist. Eingebettet in Streuobstwiesen liegt rechts der **Ettwigshof,** auf dem die **Bunzlau Scheune** ❷ an Wochenenden ihren Verkaufsraum für Keramikartikel öffnet. Wir wandern zwischen Eschen und Pappeln geradeaus weiter ins Landschaftsschutzgebiet.

Auf den weiten Grünflächen haben sich Blessgänse eingefunden, die zu den gefiederten Wintergästen am Niederrhein gehören. Warum genau die Beobachtung dieser Vögel uns fasziniert, ist schwierig zu beschreiben. Tatsache ist, dass sie uns an kalten Wintertagen nach draußen locken und wir bei ihrer Betrachtung häufig jedes Zeitgefühl verlieren.

Rechts zweigt Am Rosengarten ab, wir aber blei-

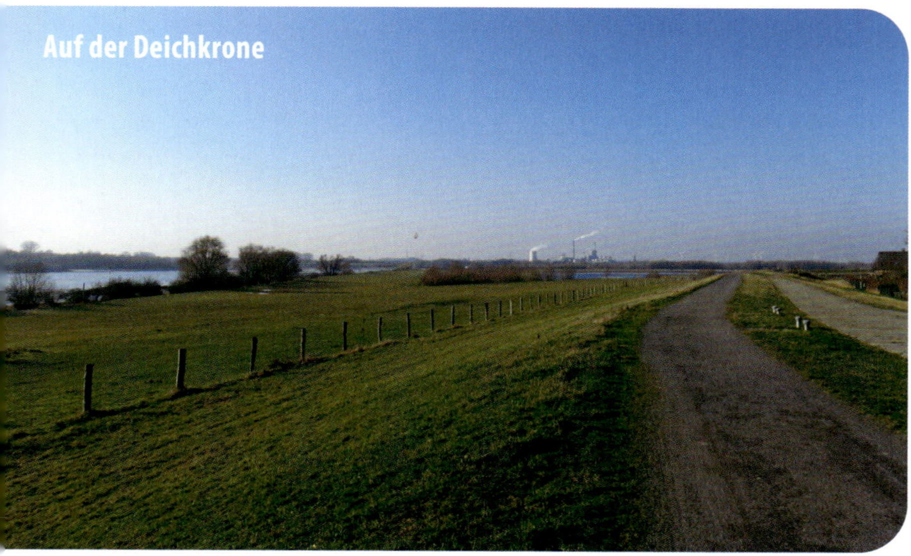
Auf der Deichkrone

Für die Seele

Wir genießen spektakuläre Rheinblicke und durchwandern die urtümliche bäuerliche Landschaft der Momm-Niederung, in der uns vor allem die wundersamen Formen unzähliger Kopfeschen in ihren Bann ziehen.

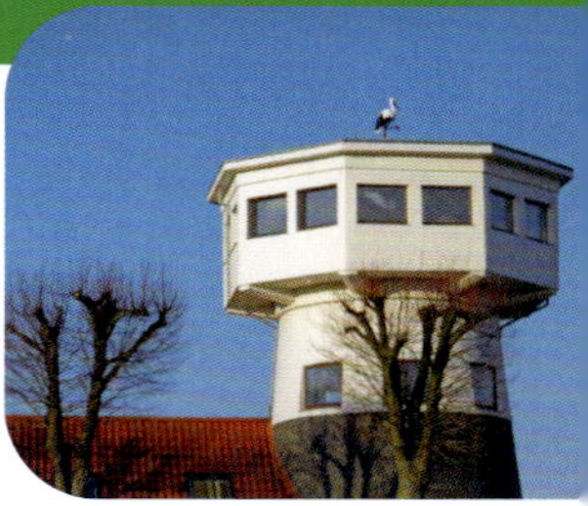

ben links weiterhin dem Hofacker treu. Durch die Felder und an wenigen Häusern vorbei führt uns an der nächsten Ecke rechts der abknickende **Wennenhof** zum Bürgerschützenverein Mehrum. Dort beginnt ein Naturschutzgebiet, in das uns rechts **In der Abtsmiers** mitnimmt. Wir tauchen in der **Momm-Niederung** **3** ins Reich der **Kopfeschen** ein und umwandern es ohne Richtungswechsel in einem weiten Rechtsbogen.

Der Baum als Lebensspender – hier kommt dem Begriff eine tiefe Bedeutung zu. Kopfbäume sind für zahlreiche Tierarten ein Lebensraum. Ob knorrig, auseinandergebrochen, ausgehöhlt oder frisch geschneitelt – ein Kopfbaum birgt auch dort unbändiges Leben, wo man als Hobbygärtner die Hoffnung auf frisches Grün längst aufgegeben hätte. Allen Verletzungen durch Naturgewalten zum Trotz entwickeln diese Bäume eine bewunderungswürdige Überlebensfähigkeit. Ihre erstaunliche Formenvielfalt zeigt sich im Wechsel des Lichts und im Wandel der Jahreszeiten. Im Gegenlicht nehmen wir die Bäume als Silhouette wahr, die Sonnenstrahlen spielen mit den dunklen Zweigen. Im vollen Sonnenlicht wirken die rissigen Stämme wie mit Bronze übergossen. Mit diesen wechselnden Farb- und Lichtspielen durch die Momm-Niederung zu wandern, fühlt sich einfach gut an.

Wir werden von Hecken begleitet, die Felder sind durch hohe Pappelreihen unterteilt und in den Wiesen ist nur hier und da ein Bauernhaus zu sehen. Versteckt von Büschen und Bäumen liegt linker Hand

Kopfbäume sicherten einst die Holzversorgung in waldarmen Gebieten, deshalb sieht man sie in offenen Wiesen, Feldern und feuchtem Weideland. Der Stamm der jungen Bäume wurde in einer Höhe von etwa 2 Metern eingekürzt und die daraus sprießenden Zweige regelmäßig beschnitten – man sagt „geschneitelt" oder „geköpft". Am verbreitetsten sind Kopfweiden, aber die Momm-Niederung ist die Heimat der Kopfeschen. Damit die Stämme nicht unter der Last ihrer Kronen auseinanderbrechen, werden sie auch weiterhin regelmäßig geschneitelt.

ein Wasserwerk, das sich mit einer angrenzenden Streuobstwiese auf dem Werksgelände trotz seiner Zweckmäßigkeit ganz gut in die Landschaft einfügt. Dahinter empfangen uns am Wegrand wiederum mächtige Kopfeschen.

An der nächsten Kreuzung wird aus In der Abtsmiers **In den Schlägen.** Es bleibt beschaulich. Weiterhin nimmt uns die Straße im Rechtsbogen mit durch von Hecken gesäumte Felder und Wiesen, in denen einige besonders alte Kopfeschen stehen. Während uns im Naturschutzgebiet kaum ein Auto begegnet ist, müssen wir ab dem Abzweig **Över de Hölter,** den wir links liegen lassen, wieder mehr auf den Straßenverkehr achten.

Inmitten einer großen, alten Streuobstwiese steht ein Bauernhof zum Schutz vor Hochwasser auf einer Warft. Die Flussniederungen waren, lange bevor sie eingedeicht wurden, bereits besiedelt. Diese Bauweise erinnert daran, schützt aber auch heute noch bei Hochwasser vor nassen Füßen. Links davon führt uns die **Lübdingstraße** im Rechtsschwenk an einem weiteren Gehöft mit ausgedehnten Streuobstwiesen vorbei.

An der nächsten Kreuzung nimmt uns geradeaus die Straße **Oberer Hilding** auf, wo jetzt auch schon die **Rheinpromenade** ausgeschildert ist. Unter efeuberankten Bäumen wandern wir zu einer Gabelung und biegen links auf **Unterer Hilding** ein, der ebenfalls von hohen Hecken und Bäumen gesäumt wird. Ein Rechtsschwenk leitet uns zum Ortseingang von Götterswickerhamm.

Durch eine locker bebaute Siedlung geht es zur **Dammstraße,** auf deren gegenüberliegender Straßenseite links das **Café Restaurant Zur Arche** ❹ liegt, dessen Speisekarte zahlreiche Gerichte für den großen und kleinen Hunger bietet. Die abschüssige Zufahrt zum Parkplatz führt auf die Außenterrasse mit traumhaftem Rheinblick, über Treppen außerdem zur nicht sonderlich breiten **Rheinpromenade,** der wir rechts fol-

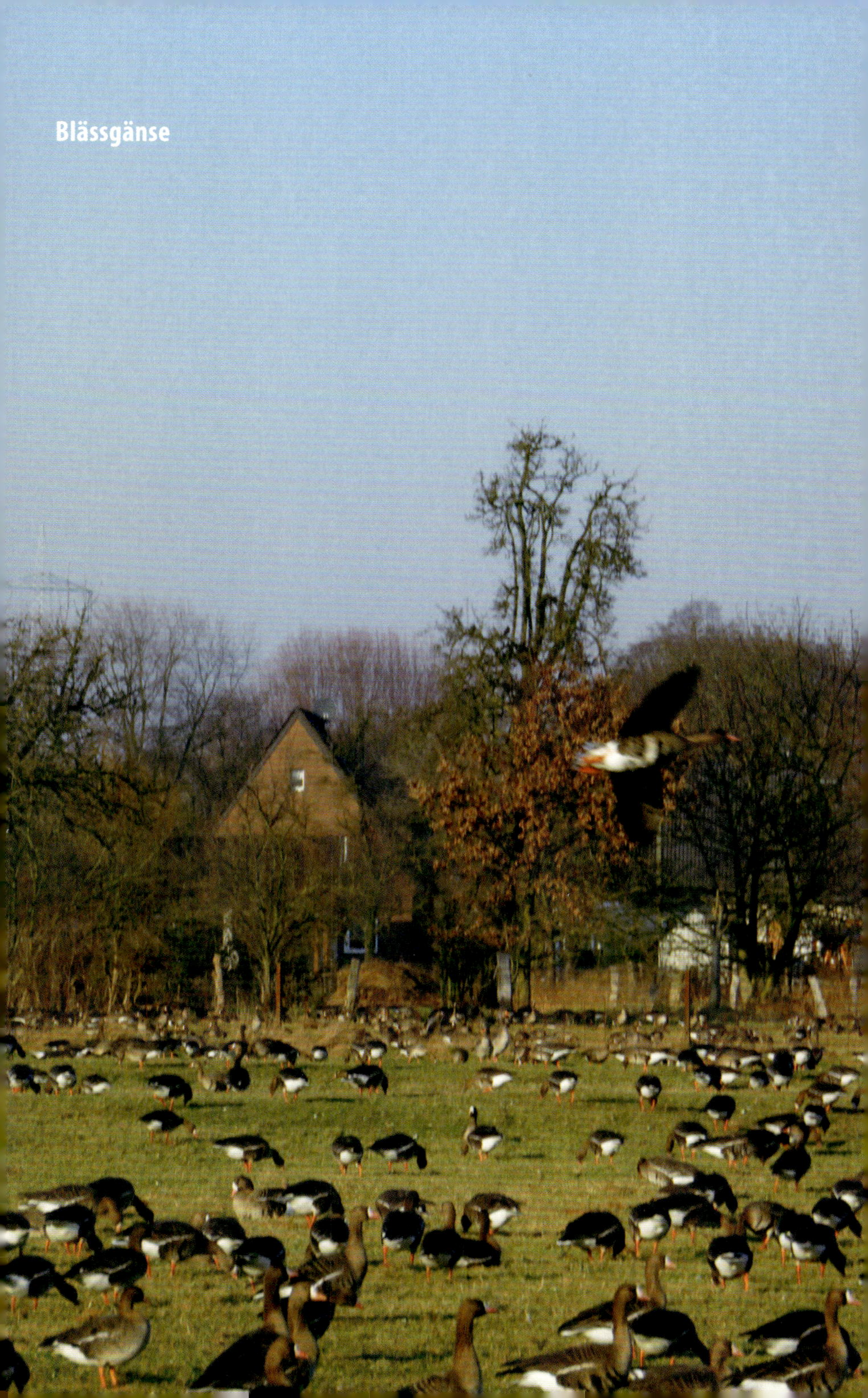

Blässgänse

gen. Wenig später lädt die rustikale **Urweisse-Hütte Rheinwacht** 5 dazu ein, den Blick bei einer herzhaften Kleinigkeit oder bei einem Stück Kuchen über den Fluss schweifen zu lassen.
Wir folgen einem schmalen Fußweg, der ein ganzes Stück oberhalb der Wasserkante verläuft. Buhnen fordern zu unwegsamen Abstechern über abschüssige Böschungen mit losem Sand und Kies heraus, die mit wunderbaren Rheinblicken belohnt werden. Im Rechts-links-Schwenk geht es weg vom Strom und zum Parkplatz zurück. Nicht zu übersehen ist das **Haus Storchennest,** das mit dem überdimensionalen Storch auf dem Wohnturm vor uns auf der anderen Straßenseite liegt und als eines der Wahrzeichen des Ortes gilt.

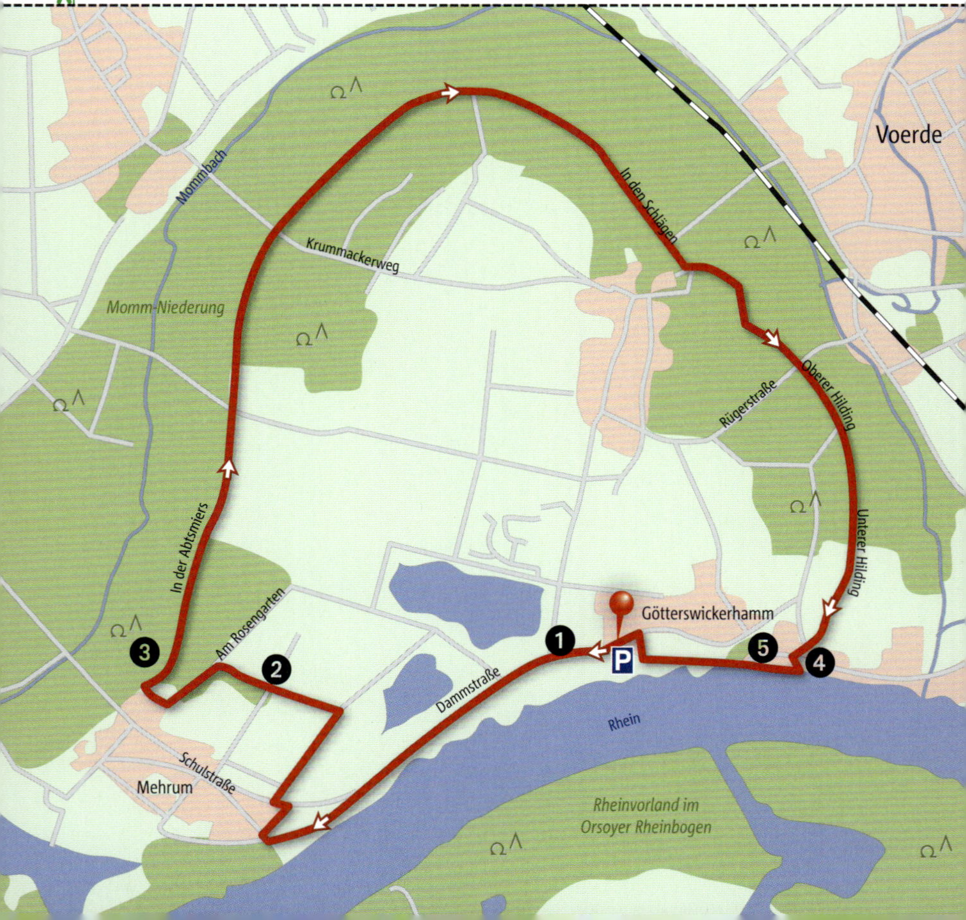

Entspannung ✱✱✱✱✱
Genuss ✱✱✱✱✱
Romantik ✱✱✱✱✱

WIE & WANN:
Kaum oder wenig befahrene Straßen, befestigter Deichweg und befestigte Deichpromenade; die perfekte Winterwanderung, November bis Februar arktische Wildgänse

HIN & WEG:
Auto: Parkplatz am Deich, gegenüber Haus Storchennest, Dammstraße 1, 46562 Voerde-Götterswickerhamm (GPS: 51.580970, 6.654100)
ÖPNV: Keine direkte Anbindung an die Strecke

ESSEN & ENTSPANNEN:
Café Restaurant Zur Arche ❹ Rheinpromenade 2, 46562 Voerde-Götterswickerhamm, Tel. (0 28 55) 1 55 65, www.zur-arche.de
Urweisse-Hütte Rheinwacht ❺ Dammstraße 46, 46562 Voerde-Götterswickerhamm, Tel. (0 28 55) 30 61 63, www.rheinwacht.com

ENTDECKEN & ERLEBEN:
Leichenhäuschen am Rheindeich ❶
Bunzlau Scheune ❷ Bunzlau Scheune, Hofacker 15 (Ettwigshof), 46562 Voerde, Tel. (0 28 55) 3 03 19 55, www.bunzlau-scheune.de
Naturschutzgebiet Momm-Niederung ❸

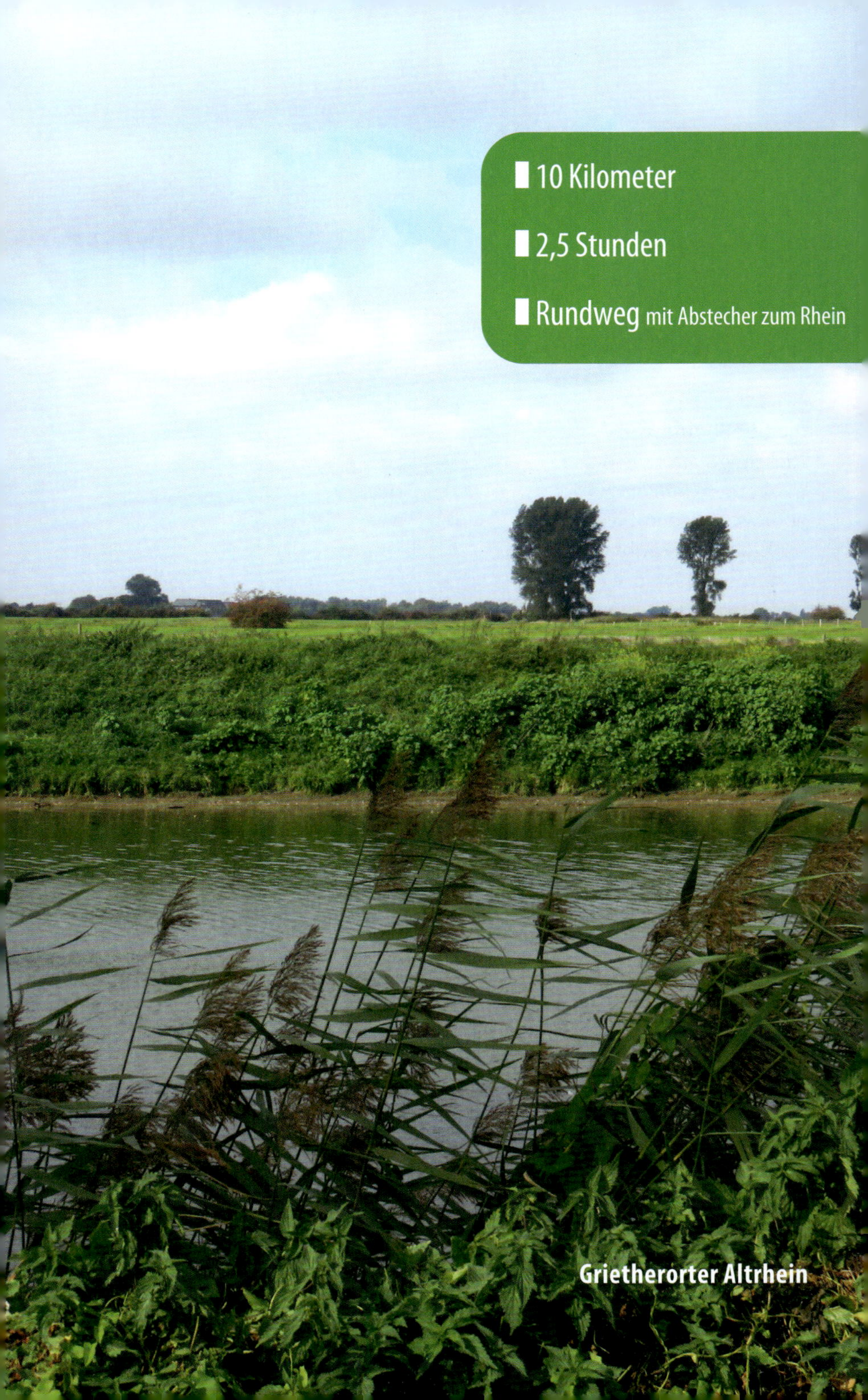

- 10 Kilometer
- 2,5 Stunden
- **Rundweg** mit Abstecher zum Rhein

Grietherorter Altrhein

Weiden und Wolken

Am Grietherorter Altrhein

An der Kirche **St. Katharina** ❶ parken wir, überqueren die Straße und wandern geradeaus, dem Wegweiser Richtung **Grietherort** folgend. Unmittelbar hinter einem markanten weißen Trafoturm, vor dem zwei Bänke zur Rast einladen, biegen wir rechts auf **Grietherbusch** ab.

Eine von Wildblumen gesäumte Wiese trennt uns vom silbergrünen Weidengebüsch, das sich über der dunklen Wasserfläche des **Grietherorter Altrheins** ❷ ausbreitet. Ein Silberreiher lauert regungslos auf Beute, um sich nach erfolgreichem Fang in die Lüfte zu schwingen. Enten ziehen lautlos über das Wasser. In einer Obstplantage leuchten rote Äpfel aus den in dichten Reihen stehenden Bäumen. Der Trecker mit voll beladenen Anhängern verrät uns, dass die Erntezeit begonnen hat. Wir widerstehen der Versuchung, einige Früchte zu stibitzen.

Über die schilfbewachsenen Althreinufer erhebt sich eine hohe Pappelreihe, gegenüber liegen zwei große landwirtschaftliche Betriebe. Hinter dem **Klarenbeckshof** nimmt uns eine Linkskurve durch die Felder mit zu einem kleineren weißen Bauernhaus. Hecken mit reifen Beeren sorgen für dunkelrote Farbkleckse. An der folgenden Gabelung biegen wir links ab. Kühe drängen sich unter die dicht belaubten Kronen mächtiger Kopfeschen mit dicken, rissigen, ausgehöhlten und auch geborstenen Stämmen.

Die nahezu endlos scheinende Pappelreihe verläuft nun quer zu unserem Weg. Hier kommen wir dem Altrhein noch einmal sehr nahe, nur durch eine Wiese hinter einem Weidezaun von ihm getrennt.

Als sich bei Grieth, das aus territorialpolitischen Gründen 1254 Stadtrecht erhielt und Jahrhunderte lang vom Rhein profitierte, eine Rheinschlinge bildete und den Strom vom Ort wegführte, baute man aus wirtschaftlichem Interesse Anfang des 19. Jahrhunderts einen Kanal zur Rheinbegradigung und band die Stadt wieder an den nun befestigten und vertieften Fluss an. Grietherort liegt seither auf der rechten Rheinseite. Die alten Rheinschlingen gibt es als Altarmkomplex noch heute.

Zunächst bleiben wir dem Ufer treu, bis uns ein flacher Rechtsbogen auf einen unbefestigten Privatweg bringt, der auf eigene Gefahr genutzt werden darf. Er führt uns in einem weiten Linksschwenk erst vom Altrhein weg und dann um einen Bauernhof herum und wieder an das Gewässer heran. Einige Pappelstämme wirken dort, wo ein Sturm wohl ganze Arbeit geleistet hat, wie riesige zerknickte Streichhölzer. Weidengebüsch schmiegt sich malerisch an die Ufer.

Im Rechtsbogen geht es um die Stallungen herum und endgültig vom Altrhein weg. In der Ferne ragen weit auseinanderliegend drei Kirchtürme auf. Es sind die einzigen höheren Gebäude weit und breit. Wie so oft am Niederrhein ist es aber der Himmel, der fasziniert. Weiße Wolken jagen über das kräftige Blau, das sich scharf abhebt vom Grün der Felder und Baumkronen.

Im leichten Linksdrall entfernen wir uns vom Hof. Nun führt unsere Route an einem Bauernhof mit einer verfallenen Scheune und alten Obstbäumen vorbei. Der von üppigen Hecken gesäumte Weg verläuft

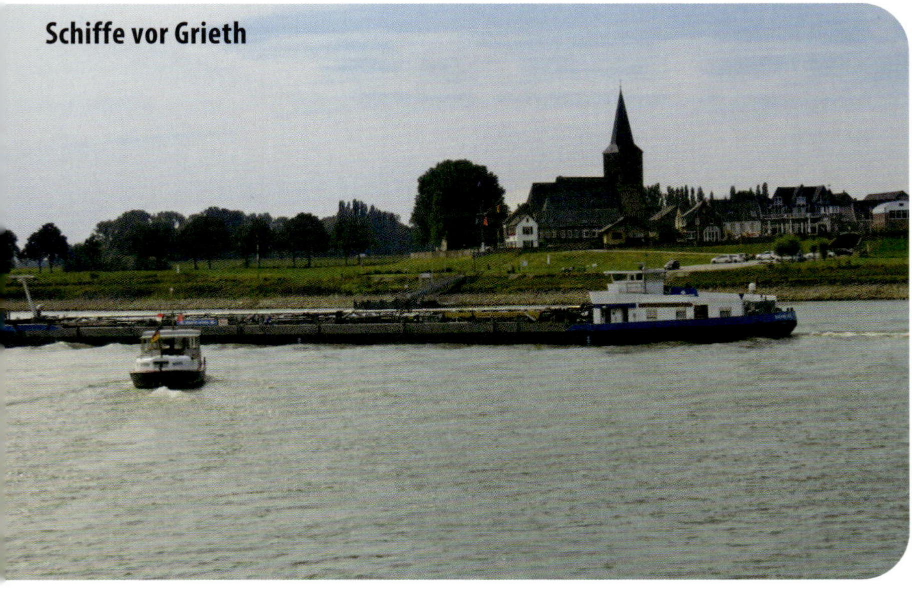

Schiffe vor Grieth

Für die Seele

Die Wanderung am von Weiden und Pappeln gesäumten Grietherorter Altrhein führt durch Wildblumenwiesen und an einer Obstplantage vorbei, aus der uns reife rote Äpfel anlachen.

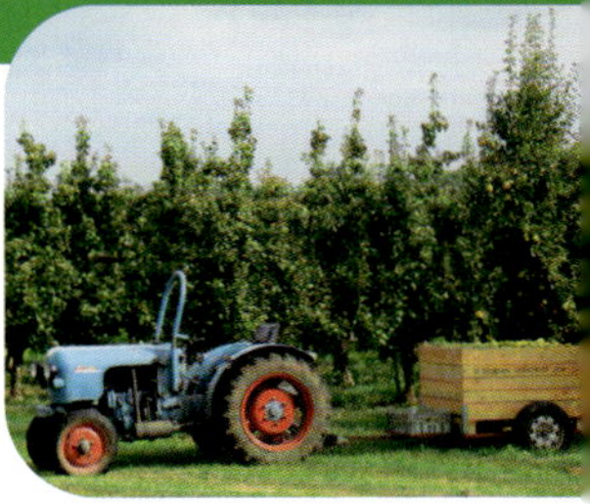

in Bögen durch die Felder. Ein verlassenes, halb verfallenes Anwesen versteckt sich hinter Büschen und Bäumen am linken Straßenrand.

Inmitten der Hecken steht eine mächtige Esche, die mit ihren Ästen die schmale Straße überspannt. Einige verstreute Bauernhöfe tauchen auf, einer liegt unmittelbar an unserer Strecke. Ein Bauerngarten mit Gemüse und Blumen lockert das ansonsten überwiegend grüne Landschaftsbild auf. Im Rechts-links-Bogen wandern wir weiter, rechts taucht hinter dichtem Uferbewuchs ein Stillgewässer auf. Linker Hand sehen wir weit hinten in den Wiesen den **Bienener Altrhein,** ebenfalls Teil dieser typischen und schützenswerten Auenlandschaft. Schafe grasen in der Ferne auf dem Deich.

Nach einer Wegstrecke zwischen Stillgewässern und Wiesen mit Kopfbäumen, an einem Campingplatz und einem großen Rinderstall vorbei, erreichen wir eine Kreuzung. Wir überqueren die **Grietherbuscher Straße,** um auf der gegenüberliegenden Seite weiter auf **Grietherbusch** zu bleiben. Ein Fuß- und Radweg nimmt uns geradeaus auf.

An der rechten Straßenseite liegt eine Reihe dicht an dicht stehender Bauernhöfe und Häuser, auf der anderen Seite dehnt sich unbebautes Grünland mit Kopfbäumen aus. Dort, wo die Häuserreihe auflockert, liegt rechts der **Vriendshof** ③ mit seinem Hofladen, der leicht an einem großen Apfel-Birnen-Duo aus Kunststoff in der Hofeinfahrt zu erkennen ist. Er bereitet uns die Qual der Wahl zwischen zahlreichen

Der für die Vielfalt der Pflanzen und Tiere in der Auenlandschaft lebensnotwendige Wechsel von Hoch- und Niedrigwasser blieb durch die Begradigung und Eindeichung aus. In dem Altarmkomplex, den wir auf unserer Tour berühren, bestehend aus Grietherorter Altrhein, Bienener Altrhein, Millinger Meer und Hurler Meer, ist die natürliche Auendynamik noch weitgehend erhalten.

frisch gepflückten Birnen- und Apfelsorten. Auch ein Glas Pflaumenmarmelade und ein kleiner Kürbis aus hofeigener Ernte wandern in unsere Rucksäcke.

Zurück auf der Straße, folgen wir ihr in Richtung der uns schon bekannten Kirche St. Katharina, die zunächst hinter Bäumen versteckt bleibt, doch bald sehr präsent vor uns steht. Im Rechts-links-Bogen gelangen wir an Kirche und Parkplatz vorbei zum Wegweiser, dem wir erneut Richtung **Grietherort** folgen. Diesmal wandern wir aber am Trafohäuschen geradeaus weiter. Unser Abstecher an den **Rhein** bietet herrliche Ausblicke, Einkehrmöglichkeiten und an Fährtagen die Chance, nach **Grieth** überzusetzen.

Wir überqueren die Altrheinbrücke, unter der sich Weidengebüsch über der dunklen Wasserfläche ausbreitet. Kurz dahinter lotst uns ein Hinweisschild links über einen Trampelpfad durch eine Wiese am Altrhein entlang zu einem **Aussichtspunkt** ❹. Die auf dem kleinen Hügel errichtete Holzwand soll Vögel in dem wichtigen Brut- und Nahrungsraum vor Störungen durch Menschen schützen, schmale Sichtfenster lassen Beobachtungen aber dennoch zu. Von hier aus sind die offenen Weideflächen ebenso gut zu überblicken wie der Altrhein und durch Kiesabbau entstandene Gewässer. Am gegenüberliegenden Rheinufer erhebt sich am Horizont das in den 1970er-Jahren geplante Atomkraftwerk, das nie ans Netz ging und sich als Vergnügungspark Kernwasserwunderland zum Publikumsmagneten gemausert hat.

Wir kehren zur Straße zurück, die uns links in einem Rechtsbogen zu einer weiteren Brücke leitet. An der nächsten Kreuzung bleiben wir unserer links abknickenden Straße treu. Wir laufen an der Einfahrt zum **Campingplatz Grietherort** vorbei, der in der Campingsaison in einem Imbiss mit einem überdachten Biergarten Kleinigkeiten zu essen und trinken anbietet.

An ein paar Häusern vorbei geht es zwischen Wiesen mit Kopfbäumen hindurch weiter. Mit Blick auf die vor uns liegende Griether Kirche St. Peter

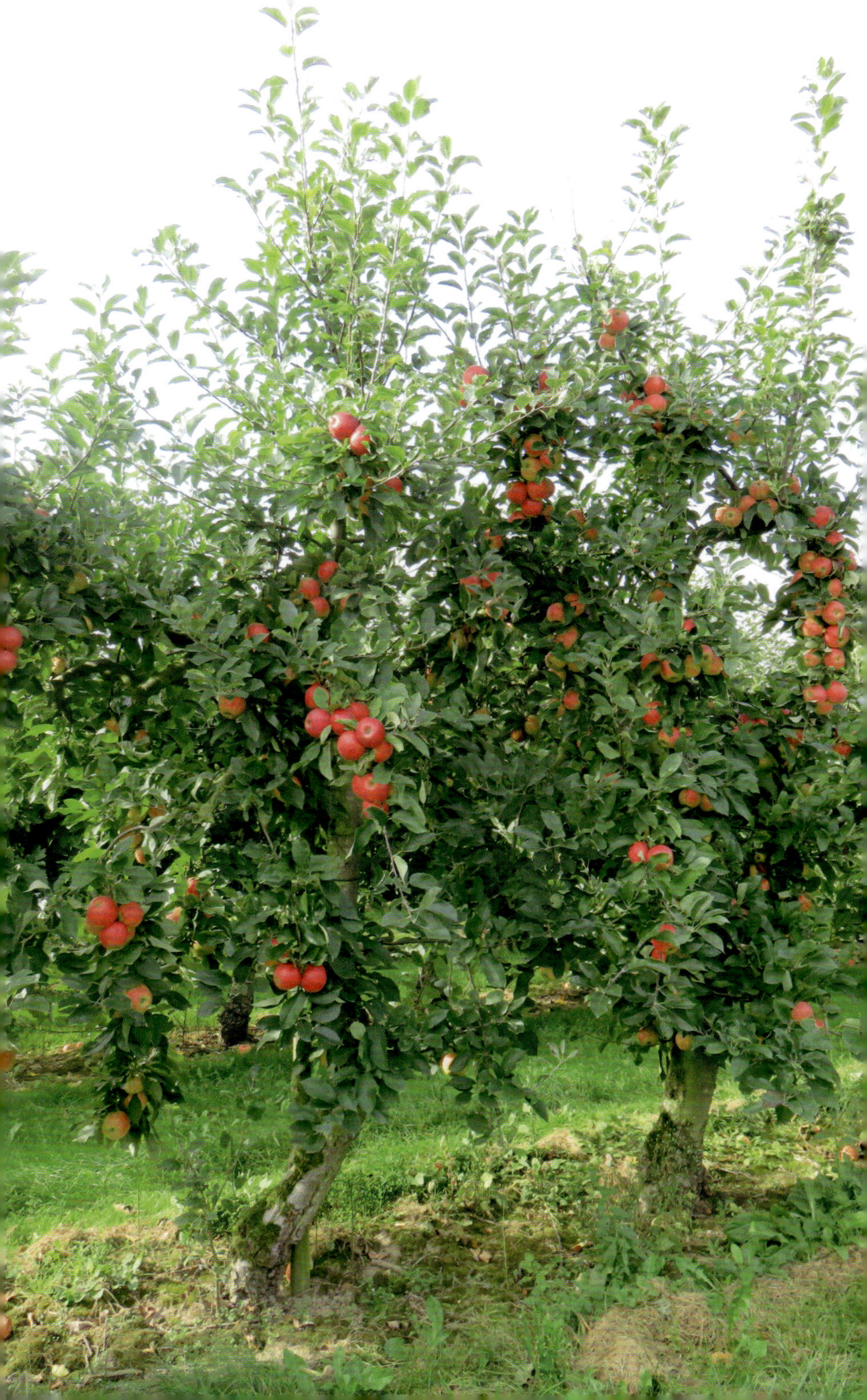

und Paul gelangen wir direkt zum Rhein und zum Anleger der **Fahrrad- und Fußgängerfähre Inseltreue B** ❺. Sie pendelt im Sommerhalbjahr mehrmals in der Woche tagsüber über den Fluss, um Radfahrer und Fußgänger nach **Grieth** überzusetzen. Das einstige **Fischer- und Schifferstädtchen** mit seinen engen Gassen ist heute ein Ortsteil von Kalkar. Wir aber bleiben auf der rechten Rheinseite. Wer Lust auf Fisch hat, ist im traditionellen **Inselgasthof Nass** ❻ ein Stück oberhalb des Fähranlegers gut aufgehoben.

Wir gehen denselben Weg zurück, auf dem wir gekommen sind, und genießen die ruhige Atmosphäre am Althrein. Für uns zählt dieses Naturschutzgebiet zu Recht zu den bedeutendsten und schönsten am Niederrhein.

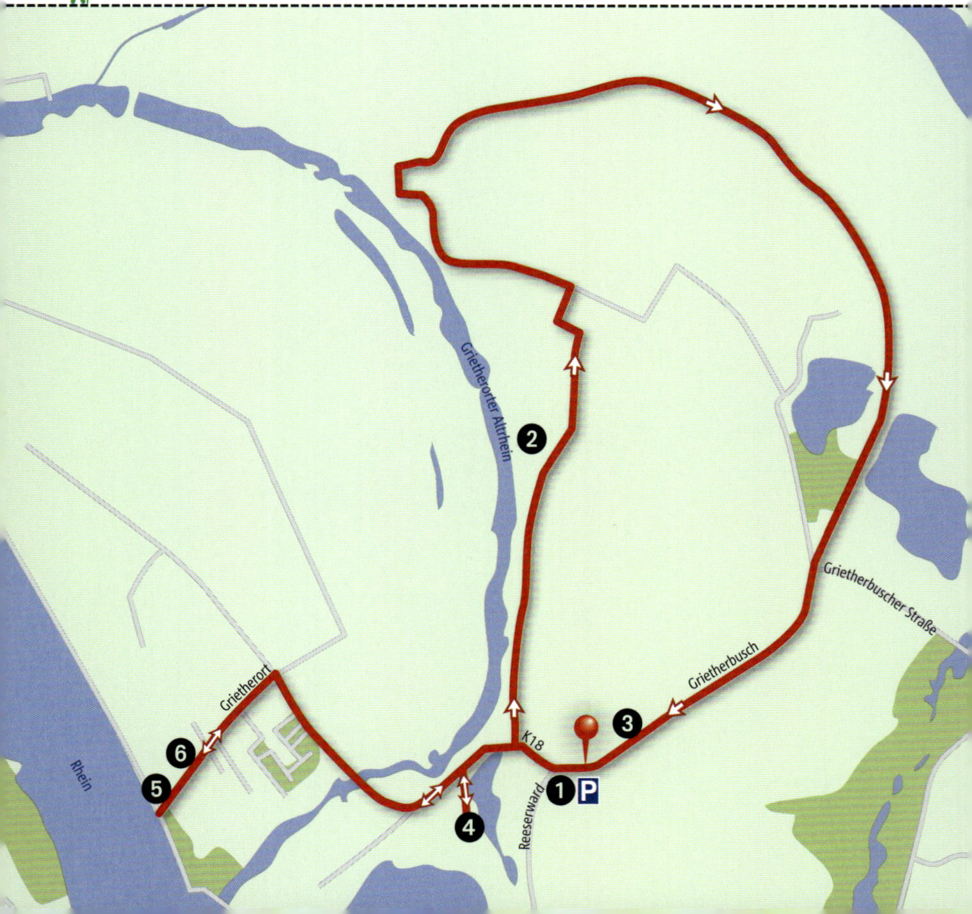

Alles auf einen Blick

Entspannung ✱✱✱✱✱
Genuss ✱✱
Romantik ✱✱✱

WIE & WANN:
Wenig befahrene Straßen, unbefestigte Wege, die bei Hochwasser unzugänglich sein können; November bis Februar arktische Wildgänse, im Frühling Blütenmeer der Wiesen und Obstbäume, im Herbst Genusszeit in den Obstplantagen

HIN & WEG:
Auto: Parkplatz Grietherbusch 1, 46459 Rees-Grietherbusch (GPS: 51.79134, 6.33997)
ÖPNV: Keine direkte Anbindung an die Strecke

ESSEN & ENTSPANNEN:
Vriendshof ❸ Grietherbusch 7, 46459 Rees, Tel. (0 28 51) 98 61 11, www.vriendshof.de
Inselgasthof Nass ❻ Grietherort 1, 46459 Rees-Grietherort, Tel. (0 28 51) 63 24, www.inselgasthof-nass.de

ENTDECKEN & ERLEBEN:
Kirche St. Katharina ❶ Grietherbusch 1 a, 46459 Rees
Grietherorter Altrhein ❷
Aussichtspunkt für Vogelbeobachtungen ❹
Fähranleger der Fahrrad- und Fußgängerfähre Inseltreue B ❺
Tel. (0 28 24) 61 71, www.niederrheinfaehre.de/inseltreue-b

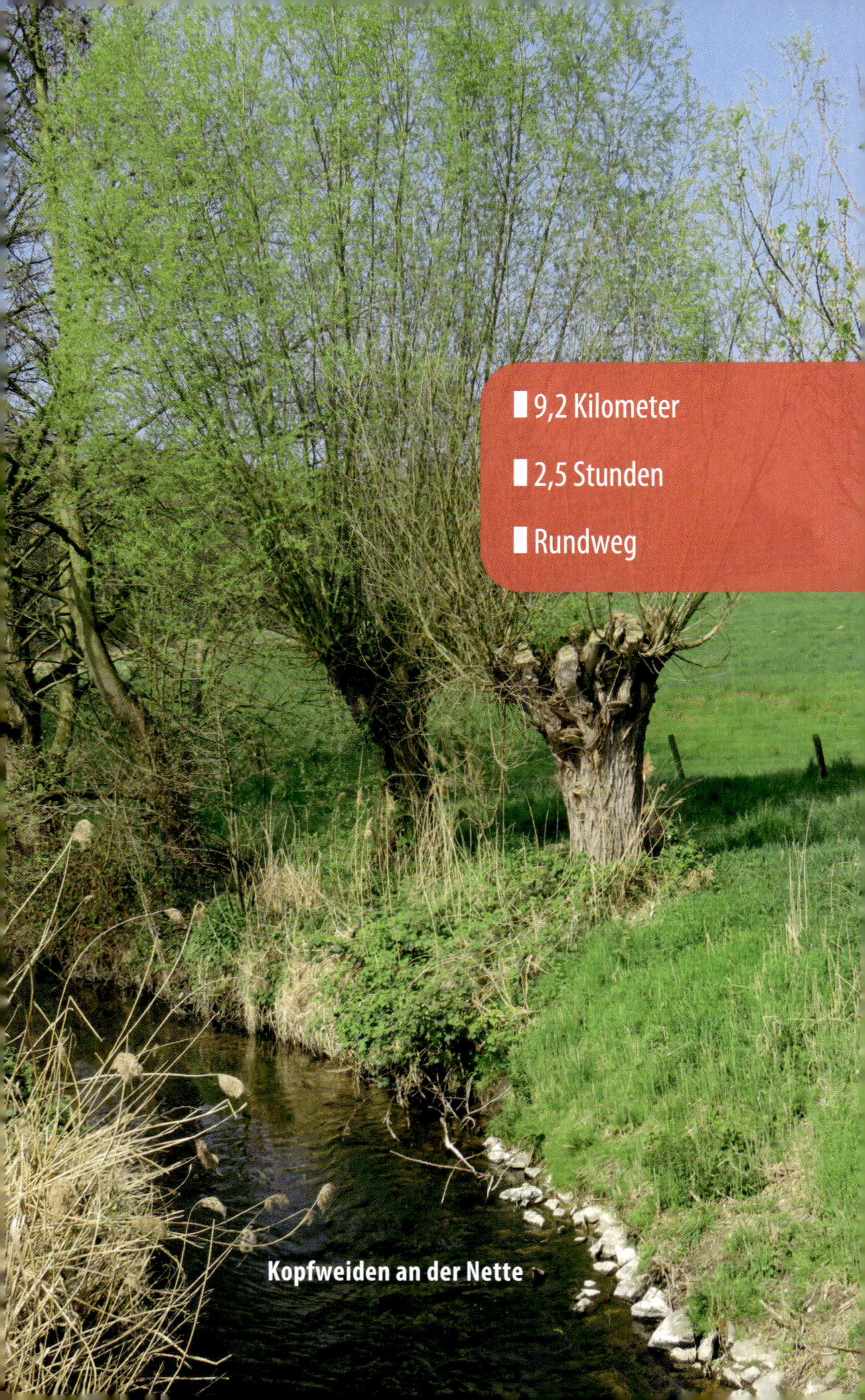

- 9,2 Kilometer
- 2,5 Stunden
- Rundweg

Kopfweiden an der Nette

Mit Blick auf die **Jugendherberge Nettetal-Hinsbeck** biegen wir vor dem Parkplatz links in eine **Allee** mit knubbeligen **Robinien** ❶ ein, die uns in den Wald bringt.

Eine Infotafel erklärt uns am rechten Wegrand an einem Fleckchen Heide, was diesen selten gewordenen Lebensraum auszeichnet. Bald darauf folgen

Der Taubenberg

Unterwegs in Hinsbeck

wir rechts der Wegweisung zum **historischen Gerichtsplatz** ❷, wo man auf Holzsitzreihen nicht nur der zum Tode Verurteilten gedenken, sondern sich auch in Ruhe die eigenen Missetaten durch den Kopf gehen lassen kann. Wir kehren zum Hauptweg zurück, setzen unsere Wanderung fort, halten uns an der nächsten Kreuzung rechts und erreichen den **Galgenberg** ❸. Dort wurden die zuvor besiegelten Todesurteile vollstreckt, und zwar zur Abschreckung an weithin sichtbaren Galgen.

Wir verlassen diesen Ort des mittelalterlichen Schreckens geradeaus über holzbegrenzte Stufen hinab, wo wir Abzweig und Kreuzung ignorieren, um an einer Gabelung unmittelbar am Waldrand den Wald links zu verlassen. Hinter Wiesen und einem von Weidengebüsch überwachsenen Stillgewässer kommen wir links zum **Waldgasthaus Yamas Waldesruh** ❹, das mit gemütlichen Gasträumen und einem einladenden Biergarten bei jedem Wetter den richtigen Einkehrplatz bietet.

Gleich hinter dem Gasthaus, nach einem Teich, auf dem sich allerlei Wasservögel tummeln, führt

Vor gut 300 Jahren hielt die aus Nordamerika stammende Robinie, fälschlich auch Akazie genannt, Einzug in hiesige Parkanlagen und Gärten. Ihre im Frühsommer intensiv duftenden Blüten stehen bei Insekten hoch im Kurs, das sehr feste Holz wird unter anderem im Schiffsbau verwendet.

Niederwälder werden wegen ihrer historischen Bedeutung als schützenswert betrachtet. Während sie uns als Erholungs-orte dienen, hatten sie für unsere Vorfahren einen besonderen wirtschaftlichen Nutzen. Durch das regelmäßige Abschlagen knapp über dem Boden bildete der Baumstumpf zahlreiche neue Triebe und sorgte so auf kleiner Fläche für einen üppigen Holzertrag.

rechts ein Pfad über eine Brücke, unter der ein Bach plätschert. Dahinter nehmen uns Buchen und Fichten auf. An der folgenden Kreuzung wandern wir weiter geradeaus durch einen von Brombeeren und Efeu durchzogenen Mischwald. Rechts breitet sich hinter einer morastigen Fläche Gagel aus.

An einer Gabelung biegen wir rechts ab und wandern in schwungvollen Bögen durch einen jungen Birkenwald, in dem uns einige urig gewachsene Buchen auffallen. Es sind Vorboten des Buchen-Niederwaldes, der uns nach einem scharfen Linksschwenk auf- und für sich einnimmt. Uns faszinieren die fantasievollen Wuchsformen der mehrstämmigen Bäume, die diese Art der Waldbewirtschaftung hervorgebracht hat.

In sanften Schwüngen geht es zunächst abwärts und dann rechts zum **Nordkanal 5**. Ein Bachlauf unterquert unseren Weg und bildet kleine Tümpel in dem ehemaligen Kanal, den Napoleon als schiffbare Verbindung zwischen Rhein, Maas und dem Seehafen Antwerpen plante, aber nie fertigstellte.

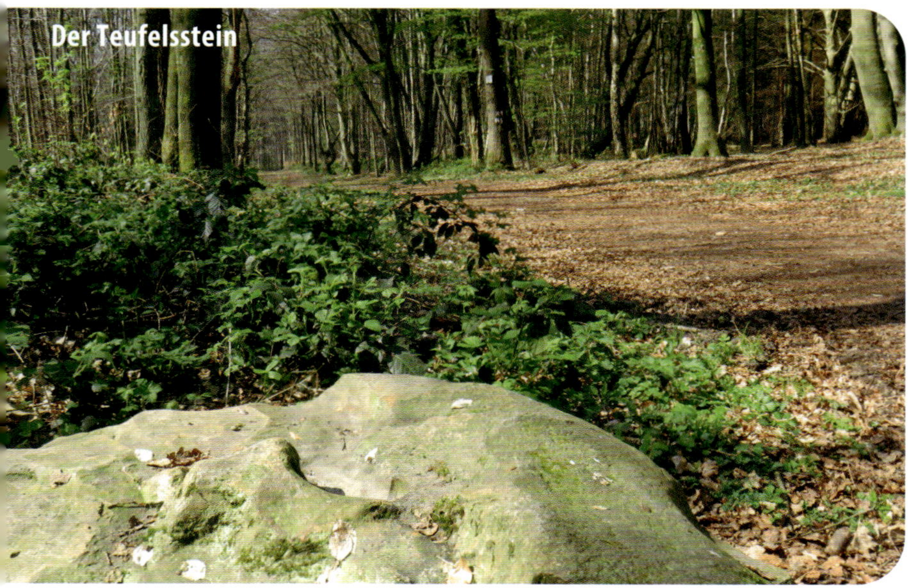
Der Teufelsstein

An der Straße **Voursenbeck** endet unser Weg, doch unmittelbar davor nimmt uns links ein Landwirtschaftsweg mit in eine sanft hügelige Wiesenlandschaft. **Kleine Renne** und **Nette** mäandern durch von Schilf bewachsene Feuchtwiesen. Eine Brücke führt uns über den malerisch von Kopfbäumen gesäumten Fluss zum ehemaligen, heute privat genutzten Müllerhaus der **Kovermühle** 6, die bereits im 14. Jahrhundert als Getreidemühle betrieben wurde.

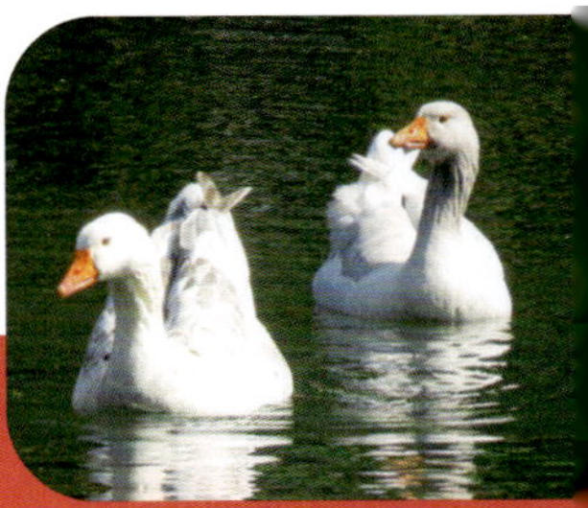

Für die Seele

Mittelalterliche Gerichtsstätten, der alte Nordkanal und ehemalige Mühlen am Ufer der Nette füllen diesen Wohlfühltag mit Bildern aus längst vergangenen Tagen.

Dahinter bringt uns eine links abzweigende Straße hinauf ins **Naturschutzgebiet Wankumer Heide und Heronger Buschberge.** Unter uns breiten sich die vom Wald begrenzten Auen um die Kleine Renne und Nette herum aus. Ein herrliches Bild. Während ein Weg im Rechtsbogen am Feldrand verläuft, zieht es uns geradeaus in den Wald, vor dem eine Bank zum Ausruhen einlädt. Linker Hand fällt das Gelände zur Ebene hin ab. Wir wandern durch einen Mix verschiedener Baumarten und Baumgenerationen, bis wir an einem Fichtenwald links abbiegen.

Unter uns schlängelt sich der **Schürkesbeek** 7 durch den Waldboden. Hinter einer Brücke, die uns einen schönen Ausblick auf den Bach schenkt, geht es geradeaus, bis wir auf eine alte Römerstraße stoßen. Direkt an der Kreuzung wartet der **Teufelsstein** 8 auf aufmerksame Betrachter. Satan höchstpersönlich hat darauf seinen Fußabdruck hinterlassen – das behauptet zumindest die Legende.

Wir hinterlassen zwar keine Spuren, wandern

aber links auf denen der alten Römer. Bis auf Vogelgezwitscher ist es sehr still. Wir folgen den Schlenkern der Straße, die von einem Rinnsal begleitet wird, zur Brücke an der **Flootsmühle** ⑨. Wo heute ein Wohnhaus steht, drehte sich im 16. Jahrhundert am Ufer der Nette das Wasserrad einer Kornmühle.

Eine zweite Brücke bringt uns über die **Renne.** Von der leicht ansteigenden Straße biegen wir rechts ab zu einer Aussichtsplattform, die uns einen wunderbaren Panoramablick auf ein von Wiesen, Röhricht und Bäumen umrahmtes **Kleingewässer** ⑩ erlaubt. Jede Menge Kaulquappen schwimmen im seichten Uferbereich, wo es sehr wahrscheinlich bald frühsommerliche Froschkonzerte geben wird.

Wir kehren um, wandern weiter und biegen an einer Kreuzung rechts ab. Wie eine grüne Perlenschnur reihen sich junge Kopfbäume am Ufer eines Baches aneinander, der munter plätschernd aus dem Wald kommt und unter uns hindurch in die Wiese fließt.

Hinter einem einzeln stehenden Haus nimmt uns wieder Wald auf, dessen Bäume aber nicht über die Straße ragen, was uns einen freien Blick auf die über den Himmel jagenden Schäfchenwolken ermöglicht. Bald lotst uns links ein Wegweiser auf die **Hinsbecker Höhen** mit dem Aussichtsturm. An einer Kreuzung biegen wir rechts ab, ignorieren links den ersten Aufgang auf den Taubenberg und betreten rechts eine Aussichtsplattform im **Gagelhangmoor** ⑪. Der Gagelstrauch liebt sonnige, feuchte Plätze, die er in diesem von einem Quellband gespeisten Hangmoor findet.

Etwas unscheinbar erinnern Flachsrösten an die mühselige Verarbeitung von Lein, auch Flachs genannt, zu Gewebe für Textilien. Die Pflanze wurde aus dem Boden gerupft und aufgebrochen zum Rösten (Verrotten) in solche wassergefüllten Gruben gelegt. Erst wenn sich die Fasern vom harten Pflanzenkern lösten, konnten weitere Arbeitsschritte folgen. Schlussendlich wurde Lein wohl auch wegen dieser aufwendigen Vorgänge von der weitaus leichter zu verarbeiten-

Gagel bildet im Frühling braun-gelbe Pollenkätzchen, die zum Gelbfärben verwendet wurden. Mit ihren aromatischen ätherischen Ölen lindern die zerriebenen Blätter des Strauchs den Juckreiz von Mückenstichen, während ihr Sud Ungeziefer vertreibt. Bierbrauer nutzten die stark berauschende Wirkung des Gagels, auch Grut genannt. Später setzte sich das Reinheitsgebot, nach dem Bier nur Wasser, Malz, Hopfen und Hefe enthalten darf, deutschlandweit durch – der Todesstoß für das Grutbier.

Aussichtsplattform Kleingewässer

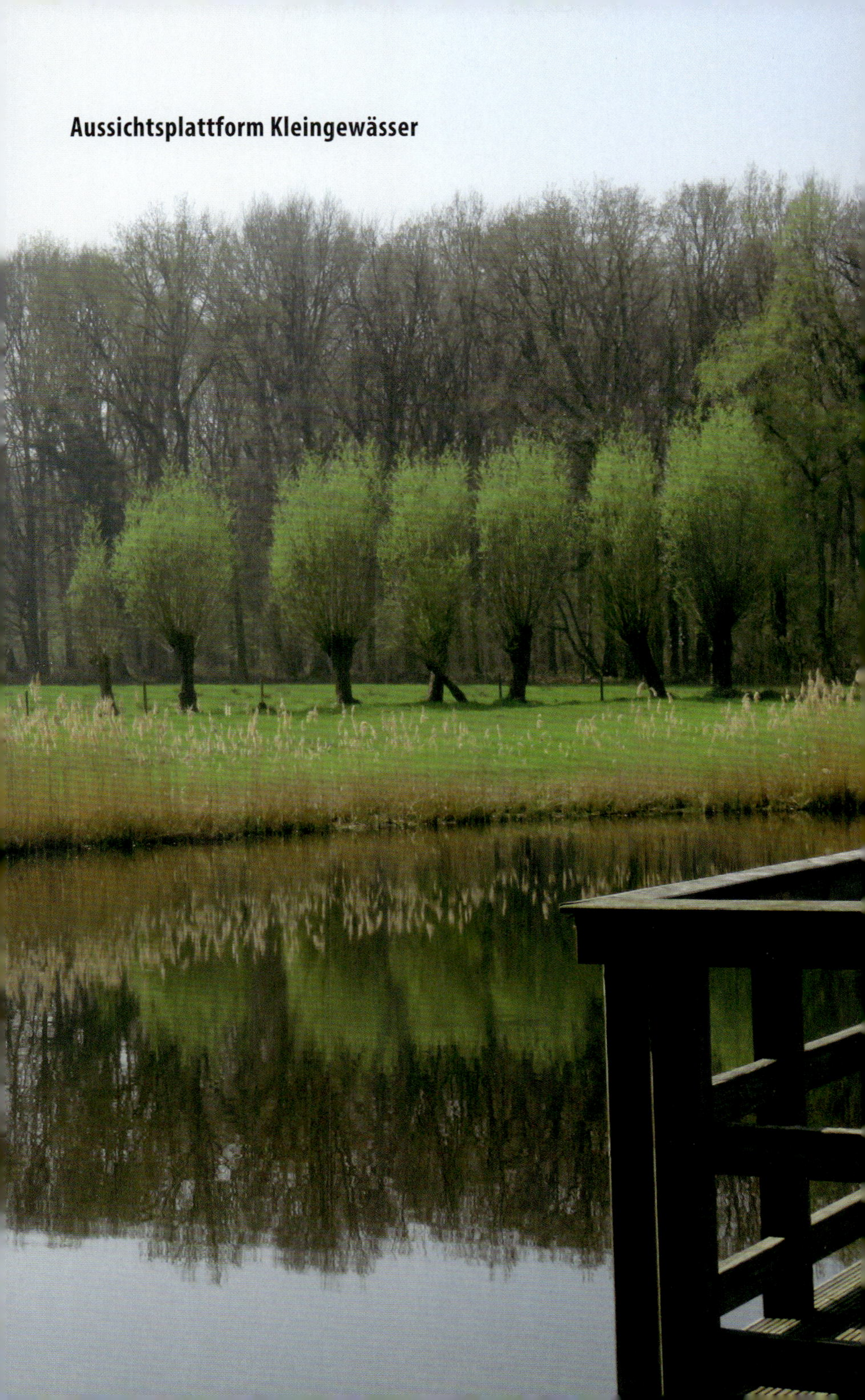

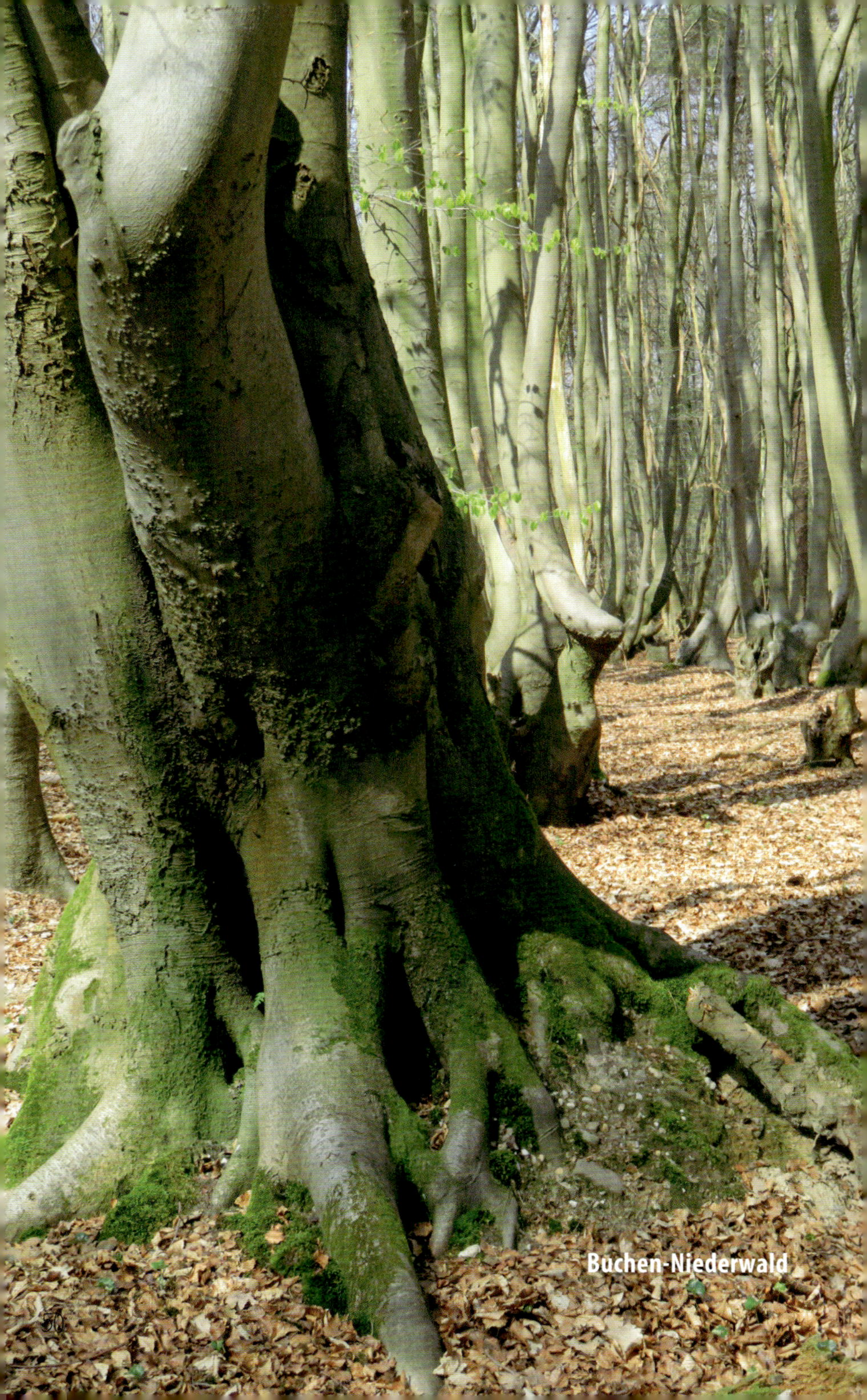

Buchen-Niederwald

den Baumwolle verdrängt, wohingegen das Leinöl wegen seiner wertvollen Inhaltsstoffe und der vielseitigen Verwendbarkeit kaum ersetzbar sein wird.

Wir setzen unsere Wanderung fort und nehmen links den steilen, unbefestigten Pfad hinauf auf den **Taubenberg.** Dort fordert uns der hölzerne **Taubenturm** ⓬ mit zahllosen Stufen heraus. Doch die Mühe wird belohnt. Auf der Plattform in über 100 Meter Höhe liegen uns das deutsch-niederländische Grenzland und die Krickenbecker Seen mit dem Krickenbecker Schloss zu Füßen.

Nachdem wir die Stufen wieder hinabgestiegen sind, wenden wir uns nach links. Hinter dem Turm steht an einer Gabelung eine Bank, wo uns der linke, unbefestigte Abzweig (mit einem **X** markiert) hügelabwärts wieder zur Gagelmoor-Plattform bringt, an der wir diesmal geradeaus vorbeilaufen.

Im Linksdreh geht es den Taubenberg hinunter. Im dichten Wald sind bald hinter Bäumen Wiesen zu sehen, dann verläuft unter uns eine tief in das Waldgelände eingegrabene Furche. Unten angekommen, steigt die Strecke gleich wieder an. Am folgen-

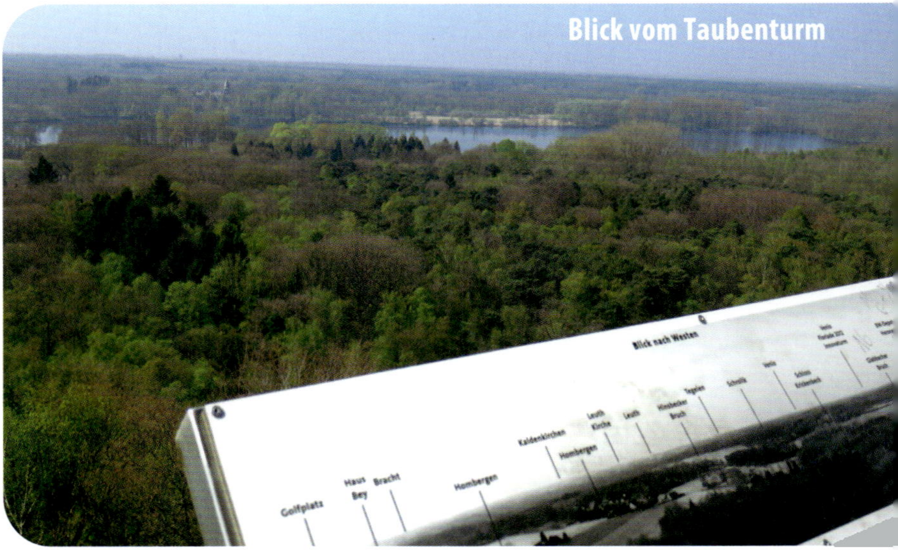

Blick vom Taubenturm

den Abzweig gelangen wir rechts ab an einer Lichtung vorbei zum Waldrand.

Der nächste Abzweig bringt uns leicht links zwischen Wald und Wiesen zu einem links abknickenden Weg. **Rabennest** ist in den Findling gemeißelt, an dem es aufwärts durch ein stark zerfurchtes Waldgelände geht. Linker Hand sehen wir wieder Buchen in einem Niederwald. Dahinter gelangen wir über eine Kreuzung zum Spielplatz an der Jugendherberge und an der übernächsten Gabelung rechts zurück zum Parkplatz.

Schöne Ausblicke und historisch interessante Plätze haben uns auf dieser Wanderung in die Geschichte und Geschichten der Region eintauchen lassen.

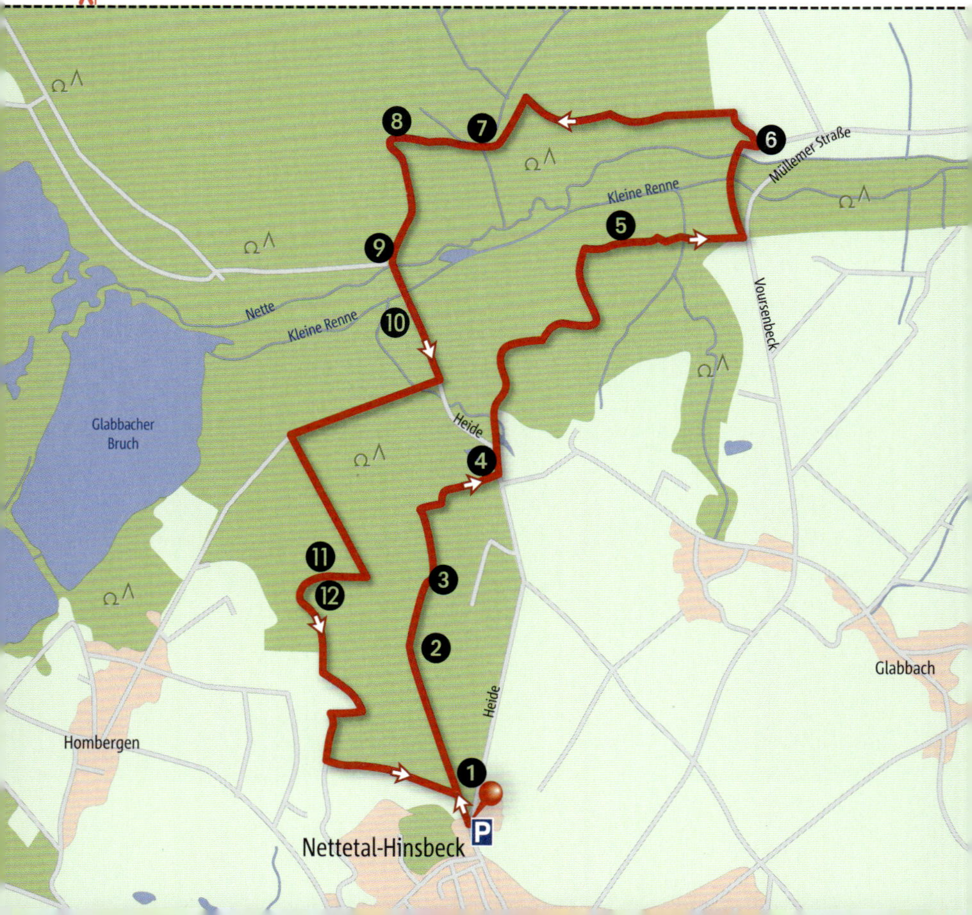

WIE & WANN:
Wald- und Feldwege, befestigte Wege und wenig befahrene Straßen; besonders schön von März bis Oktober

HIN & WEG:
Auto: Parkplatz DJH-Jugendherberge Nettetal-Hinsbeck, Heide 1, 41334 Nettetal (GPS: 51.340948, 6.279123)

Entspannung ✱✱✱✱✱
Genuss ✱✱✱✱✱
Romantik ✱✱✱✱✱

ÖPNV: Ab Kaldenkirchen Bus 095 bis Nettetal Johannesstraße, von dort zu Fuß weiter (ca. 1 km):
Der Johannesstraße Richtung Schloßstraße folgen, dort rechts auf die Oberstraße einbiegen,die geradeaus zur Straße Heide und zur Jugendherberge führt

ESSEN & ENTSPANNEN:
Waldgasthaus Yamas Waldesruh ❹ Heide 7, 41334 Nettetal-Hinsbeck, Tel. (0 21 53) 1 39 44 03, www.yamas-waldesruh.de

ENTDECKEN & ERLEBEN:
Robinienallee ❶
Historischer Gerichtsplatz ❷
Galgenberg ❸
Nordkanal ❺
Kovermühle ❻
Schürkesbeek ❼
Teufelsstein ❽
Flootsmühle ❾
Kleingewässer ❿
Gagelhangmoor ⓫
Taubenturm ⓬

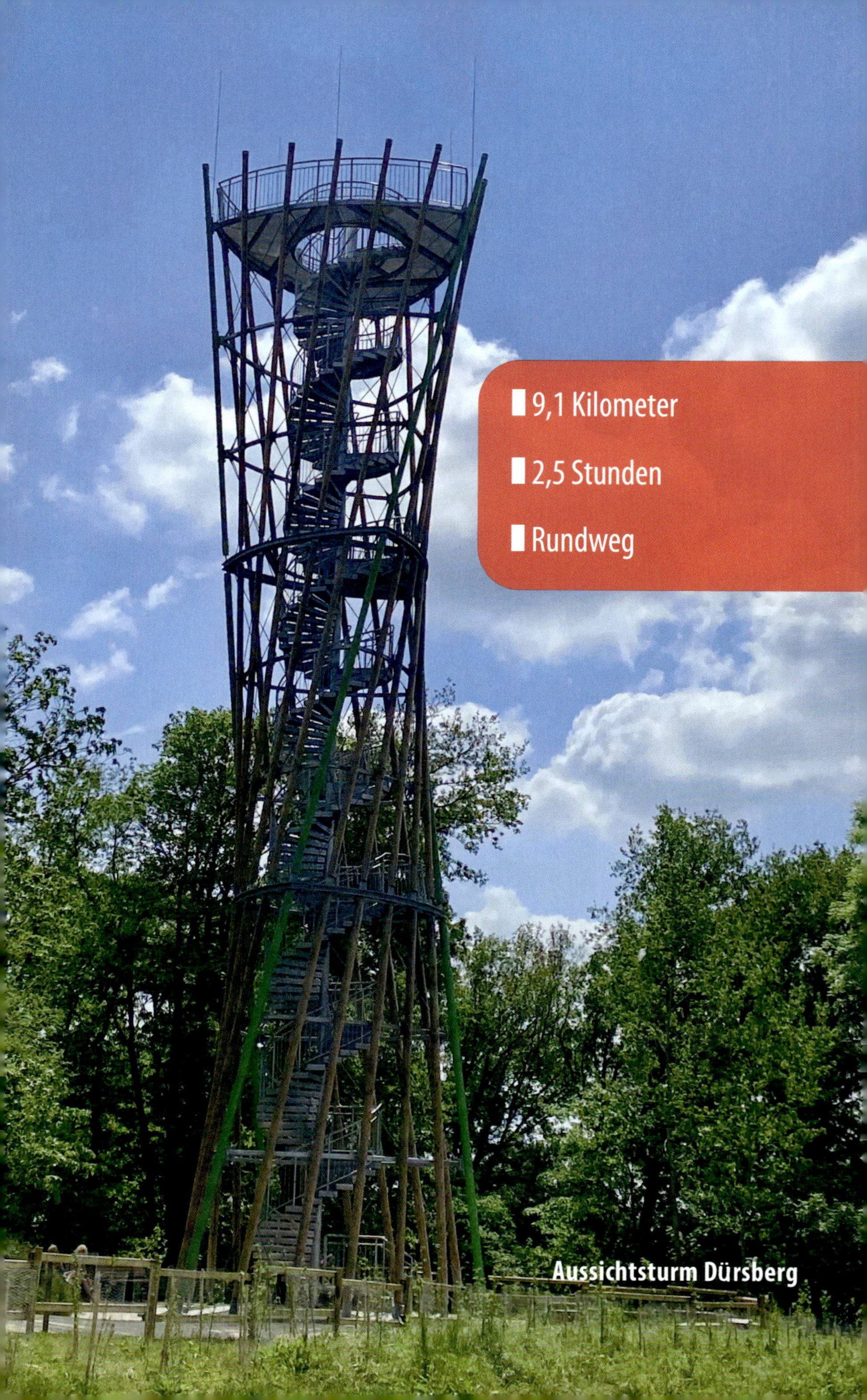

9,1 Kilometer
2,5 Stunden
Rundweg
Aussichtsturm Dürsberg

Sanfte Hügel

Sonsbecker Schweiz und Tüschenwald

Gleich am Friedhofsparkplatz beginnt am **Bögelschen Weg** der **GeoPfad** ❶. Er bringt uns aufwärts an einer von Hecken und Eichen gesäumten Böschung entlang. Dort, wo links der **Findlingsweg** beginnt, gibt uns der geologische Lehrpfad mit einem Bohrprofil und einer Schautafel erste Informationen zu der Landschaft, durch die wir uns bewegen. Wir bleiben weiter geradeaus.

Es geht aufwärts, um uns herum ist viel Grün. Einige große Bauernhöfe liegen in der buckeligen Landschaft verstreut. Wir sind auf dem Dürsberg angekommen, der es auf eine für den Niederrhein stattliche Höhe von 87 Meter über Normal Null bringt. Rechts erhebt sich der **Aussichtsturm Dürsberg** ❷, dessen Aussichtsplattform uns in einer Höhe von 100 Metern ü.NN eine herrliche Fernsicht über die Niederung schenkt. Besonders markant erhebt sich dort der Doppelturm des Xantener Doms Sankt Viktor.

Ein Lehr-Rundpfad beginnt am Fuße des Turms und klärt spielerisch über Klimaschutz-Themen auf. Wir aber kehren um auf die ansteigende Anliegerstraße und setzen dort unsere Wanderung fort. Vor uns können wir über dem Uedemer Hochwald ein eiförmiges Gebilde erkennen, unter dem sich eine Radaranlage für die Luftraumüberwachung verbirgt. Ihr kommen wir auf einer unserer nächsten Wanderungen ganz nah (siehe S. 107).

Weiter geradeaus verliert sich der Bögelsche Weg

Entstanden ist der Niederrheinische Höhenzug in der vorletzten Kaltzeit. Damals drang Gletschereis aus Skandinavien bis ans wild verästelte Flusssystem zwischen Rhein und Maas vor, kam zum Stillstand und schmolz. Das aufgeschobene Geröll, Sand und Sediment stauchte sich an der Vereisungsgrenze zu einem Wall auf – zur sogenannten Stauchendmoräne. Über die Entstehungsgeschichte klärt der Sonsbecker GeoPfad auf, ergänzend dazu werden auf dem Findlingsweg dreizehn unterschiedliche Gesteinsarten beschrieben.

und wir folgen im Linksbogen der **Sporenstraße.** Noch sehen wir im leichten Dunst den **Xantener Dom,** aber die Aussicht verliert sich. Um uns herum steigt das Gelände an, ein Schild verrät, dass wir am **Bögelskath** angekommen sind.

An der nächsten Kreuzung zeigt ein Radwegweiser in für uns verwirrend viele Richtungen. Wir wandern im leichten Linksbogen auf ein Buswartehäuschen zu und folgen geradeaus dem **Kervenheimer Weg,** der uns zwischen einem Bauernhof und einem Wohnhaus bergab mitnimmt.

Hinter dem einzigen, rot geklinkerten Haus am Straßenrand kommen wir leicht aufwärts zu einem schmalen Waldausläufer, der bis an die Straße heranreicht. Dort bringt uns der an einem Stahlpfosten

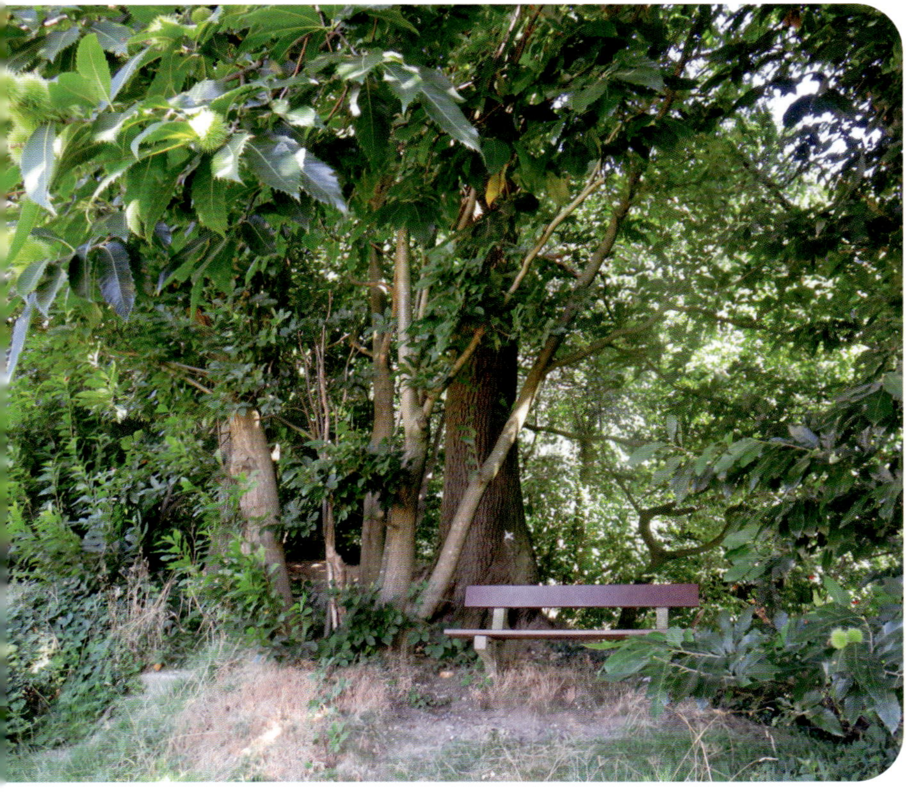

mit einem X markierte Hauptwanderweg rechts ab zu einer Bank. Wir legen eine Rast ein und staunen, wie unglaublich grün die Ebene ist.

Über wenige Steinstufen gelangen wir unter zwei hohen Eichen hindurch auf einen unbefestigten, stark von Brombeergebüsch und Brennnesseln überwucherten Waldpfad, der bald breiter wird. Der Duft

Für die Seele

Im leichten Auf und Ab geht es zu verwunschenen Fischteichen, bevor die Wanderung zum guten Schluss durch einen malerischen Hohlweg führt.

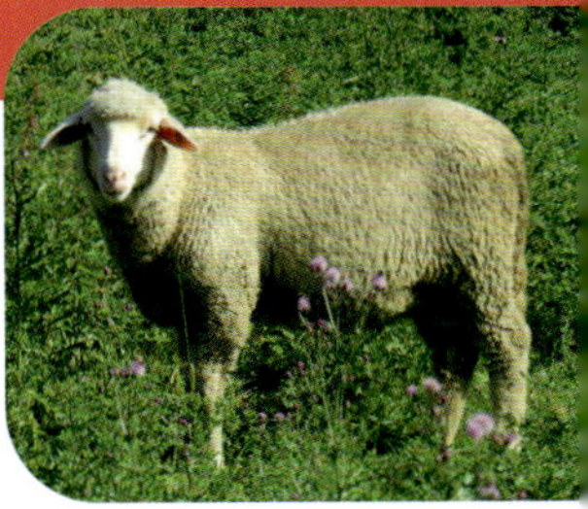

von Nadelholz und Waldboden umfängt uns und rührt uns an. Wir spüren eine tiefe Verbundenheit mit der Natur.

An der nächsten Kreuzung biegen wir rechts auf einen Schotterweg ein, der uns sanft bergab durch dichten Wald bringt. Hinter einer kleinen Lichtung mit einem Hochsitz folgen wir links einem abschüssigen Weg. An der großen Weggabelung halten wir uns rechts, biegen aber nicht rechts zu dem Taleinschnitt ein, der unterhalb unseres Weges liegt, sondern wandern oberhalb weiter. An der nächsten Gabelung bleiben wir rechts dem Hauptweg treu. Buchen breiten nun schützend ihr dichtes Blätterdach über uns aus. Auf einer Bank ruhen wir eine Weile aus. Wir atmen den würzigen Waldduft ein, nehmen das Rauschen der Bäume und leises Vogelgezwitscher wahr und spüren, wie gut uns das tut.

Weiter bergab schlängelt sich der Weg, bis wir an einer Weggabelung rechts das **Forsthaus Hasenacker** sehen, das heute als Jugendbildungsstätte dient. Wir wenden uns aber nach links und betreten die gemauerte kleine Staustufe, die den ersten von zwei **Fischtei-**

Die im Tüschenwald entspringenden Quellen versorgten vor mehr als 2000 Jahren die römische Stadt Colonia Ulpia Traiana, das heutige Xanten, über ein Leitungssystem mit Wasser. Auch die Fischteiche aus dem 19. Jahrhundert, die für das Forsthaus Hasenacker angelegt wurden, werden durch im Wald entspringende Quellen gefüllt.

chen ③ begrenzt. Die Uferbereiche sind stellenweise mit Schilf bewachsen, auf der dunklen Wasseroberfläche spiegeln sich Wolken, Wasserläufer flitzen hin und her. Das Wehr speist einen Bach, der sich über den von Farn und Brombeergebüsch bedeckten Waldboden schlängelt.

Am gegenüberliegenden Ende der Staumauer stehen Bänke mit einem Tisch, ein idealer Picknickplatz. Wir aber kehren zu unserem Waldweg zurück, halten uns rechts und steigen neben einer mächtigen Buche über Steinstufen hinunter zum zweiten Teich, der vollständig mit grünen Wasserlinsen bedeckt ist. Wasser plätschert, Vögel zwitschern und Enten landen platschend auf dem Teich. Eine Weile lassen wir die schöne Stimmung auf uns wirken, bevor wir zurückgehen.

Neben den Fischteichen her steigt unsere Route an, unterhalb verläuft ein von kleinen Waldquellen durchzogenes Tal. Sobald wir die Hügelkuppe erreichen, verlieren wir das kleine Tal aus den Augen. Nun geht es abwärts und, unten angekommen, gleich über einen steilen Schotterweg hinauf zu einem Wanderparkplatz. Wir schwenken scharf nach links und wandern über einen Forstwirtschaftsweg zurück in den Wald.

Geradeaus kommen wir zurück auf vom Hinweg bekanntes Terrain. Den ersten Abzweig, der wieder zu den Teichen führt, lassen wir links liegen und biegen am nächsten Abzweig rechts ab. Schmetterlinge tänzeln in Sonnenstrahlen, die durch das Blätterdach fallen. Ein beschwingter Moment.

Sanft geht es zunächst bergan, bevor wir bergab wieder an die Lichtung mit dem Hochsitz kommen. Kurz dahinter zweigt links der stark überwucherte, leicht zu übersehende Pfad ab. Hilfreich ist es, wenn man auf den mit einem **X** gekennzeichneten Baum am rechten Wegrand achtet.

Die zwei Eichen entlassen uns an der Bank wieder aus dem Wald und in die liebliche Hügellandschaft.

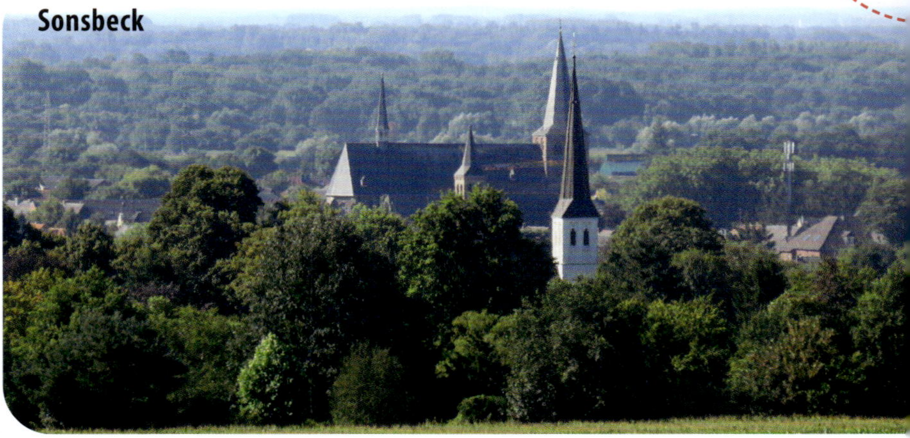

Sonsbeck

Wir gehen links und verlassen später die uns bekannte Route, indem wir rechts in die Wiegestraße einbiegen. Sie führt leicht ansteigend an Bauerngärten vorbei, in denen bunte Sommerblumen das Grün der Umgebung auflockern. Über sanft abfallende Wiesen können wir weit in die Ebene schauen. Unter einer ausladenden Eiche steht am Feldrand eine Bank, auf der wir die großartigen Ausblicke genießen.

An der Kreuzung biegen wir links auf den **St.-Annen-Weg** ein. Wenig später nimmt uns ein **Hohlweg** **4** in seine grüne Schattenwelt auf. Das ausladende, dichte Blätterdach der Bäume wölbt sich über die mehr als mannshohen, mit Moos, Farn und Efeu bewachsenen Böschungen. Durch jahrhundertelange Nutzung hat sich dieser abschüssige Wirtschaftsweg tief ins Gelände eingegraben. Menschen und Fuhrwerke haben genauso Spuren hinterlassen wie Viehherden und vom Hang abfließendes Wasser.

Wir gelangen zur Einmündung in den nicht beschilderten **Dassendaler Weg,** dem wir rechts folgen. Nach Queren des **Findlingswegs** wandern wir weiter auf der von Pappeln und Robinien gesäumten Straße bis zu einer Gabelung, von der aus wir links rasch den Parkplatz erreichen.

Panoramatour 6

Wer Lust auf eine Kaffeepause hat, kann sich stattdessen wenige Meter nach rechts wenden. Unmittelbar neben der etwa 2 Fußminuten entfernten **Wallfahrtskapelle St. Gerebernus** bietet das vom Caritasverband geführte **Gerebernus Bistro-Café** 5 je nach Tageszeit Mittagsgerichte oder Kuchen. Die Kirche weist als Besonderheit einen **Kriechaltar** auf. Seit dem 15. Jahrhundert können Pilger durch einen etwa 1 Meter hohen und 80 Zentimeter breiten Durchlass im Unterbau des Altars hindurchkriechen, um dem Heiligen ganz nah zu sein.

Diese Wanderung durch die Hügellandschaft des Niederrheins mit Fernblick, Waldduft und lauschigen Plätzen war Balsam für die Seele und hat unseren Tag wunderbar entschleunigt.

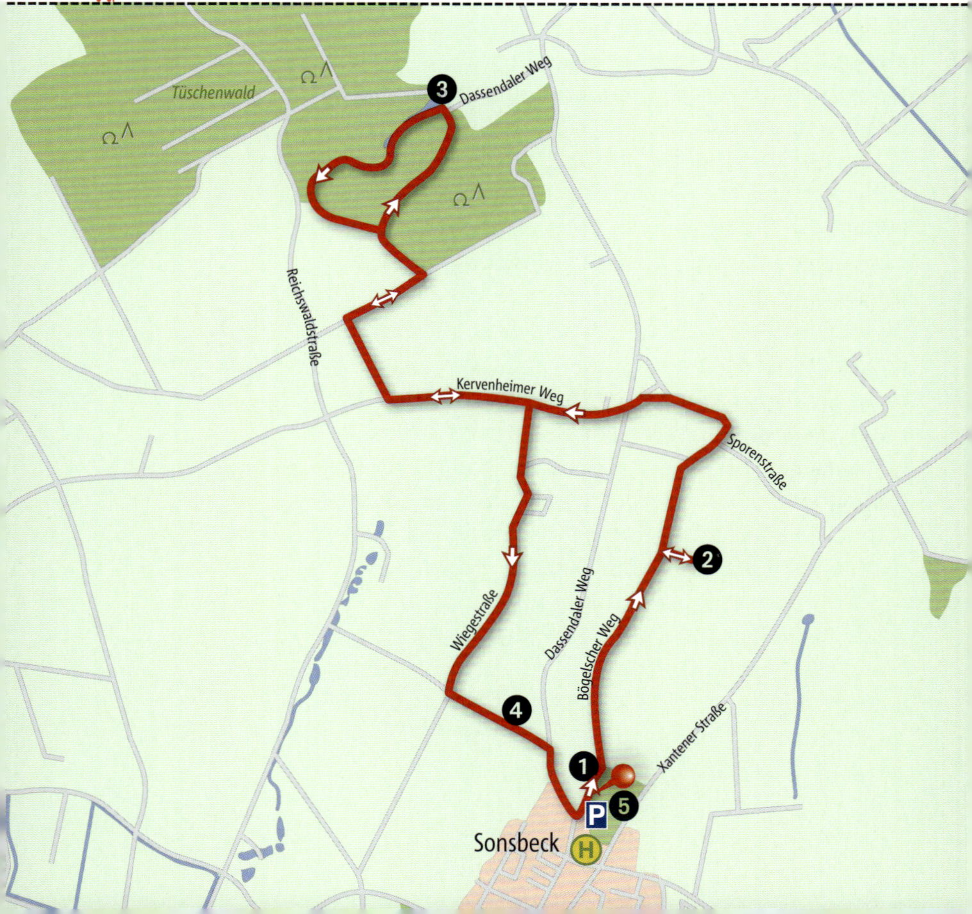

WIE & WANN:
Wenig befahrene Straßen, unbefestigte Pfade, Wald- und Schotterwege; ganzjährig möglich.

Entspannung ✱✱✱✱✱
Genuss ✱✱✱✱✱
Romantik ✱✱✱✱✱

HIN & WEG:
Auto: Parkplatz am Friedhof, Dassendaler Weg, 47665 Sonsbeck (GPS: 51.6174, 6.3784)
ÖPNV: Von Geldern Bf. Bus 36 bis Gerebernushaus, Sonsbeck, dann wenige Fußminuten über Dassendaler Weg und Bögelschen Weg zum Einstieg in die Wanderstrecke

ESSEN & ENTSPANNEN:
Gerebernus Bistro-Café ❺ Dassendaler Weg 10, 47665 Sonsbeck,
Tel. (0 28 38) 77 61 40

ENTDECKEN & ERLEBEN:
Geologischer Lehrpfad GeoPfad ❶
Aussichtsturm Dürsberg ❷
Fischteiche ❸
Hohlweg ❹

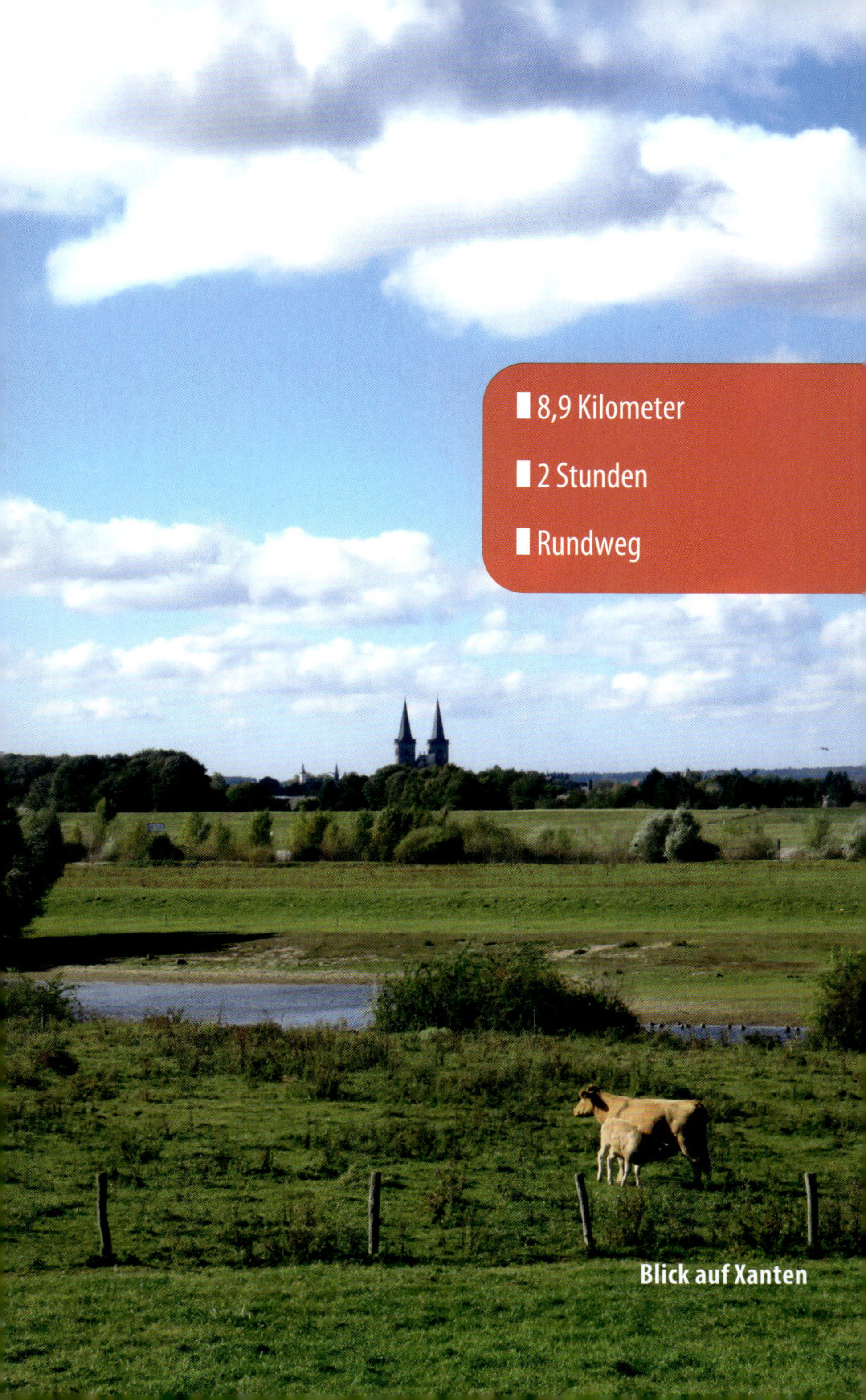

- 8,9 Kilometer
- 2 Stunden
- Rundweg

Blick auf Xanten

Deichwanderungen haben ihr Gutes: Man kann sich nicht verlaufen. Keine verwirrenden Weggabelungen, die einem das Leben schwer machen – man sollte sich nur merken, ob man mit dem Strom oder gegen ihn läuft, ob der Rhein rechts oder links vom Weg liegt. So können wir mit viel Ruhe und Muße

In Pastors Garten

Den Rhein entlang bei Bislich

dem gemächlichen Tuckern der Schiffe lauschen und den Weitblick genießen. Den haben wir, sobald wir den Parkplatz verlassen und links vorbei an der **Kirche St. Johannes** ❶ und am **Myriameterstein** den Deich hinauflaufen.

Dort erwartet uns eine echte Augenweide. Auf sattgrünen Wiesen stehen in der Rheinaue friedlich wiederkäuende Kühe, auf längst von der Natur eroberten Kiesgewässern tummeln sich Wasservögel. Unmittelbar vor uns fressen Schafe das Gras kurz, verdichten mit ihren Hufen das Erdreich und betreiben so aktive Deichpflege. Über den Deich geht es stromaufwärts, der Rhein liegt also rechts von uns. Am gegenüberliegenden Ufer ragt über die Auen und den Fluss hinweg der Doppelkirchturm des **Doms St. Viktor** in Xanten auf.

An der **Pietà** führt uns eine Lindenallee rechts hinunter zum **Fähranleger** ❷. In einer Nebenrinne des Rheins markieren drei hoch aufragende Dalben und ein Schiffermast den Liegeplatz der Fähre, die dort auch bei Hochwasser sicher vertäut werden kann. Ohne Fähre oder eigenes Boot kommt man sonst nur

Im 19. Jahrhundert wurde der Rhein ab Basel bis zur Nordsee vermessen und die Vermessungspunkte mit Myriametersteinen gekennzeichnet. Die Angaben sind in Stein gemeißelt: die Nummer des Steins, die Höhe über NN nach dem Amsterdamer Pegel, die Entfernung von Basel und bis Rotterdam sowie die berg- bzw. talseitige Entfernung zur nächsten Landesgrenze.

Im Mittelalter pilgerten die Menschen zu den Heiligen, „ad sanctos". Daraus wurde im Sprachgebrauch Xanten. Die Schutzpatrone sind in dem Ort, der 1228 Stadtrecht erhielt, noch immer präsent. Der Schrein des heiligen Viktor ist in dem nach ihm benannten gotischen Dom zu bewundern, dessen Grundstein im Jahr 1263 gelegt wurde und der als der größte Dom zwischen Köln und der Nordsee gilt.

über die Brücken in Wesel und Rees ans andere Flussufer.

Linker Hand spenden Weiden mit ihren üppigen silbrig-grünen Blättern einem, je nach Rheinpegel mehr oder weniger breiten, Kiesstrand Schatten. An heißen Tagen mag es verlocken, dort im Rhein zu baden. Aber der Sog der Schiffe und die hohe Fließgeschwindigkeit des Stromes machen selbst einen nur knietiefen Aufenthalt im Wasser zu einem lebensgefährlichen Unterfangen. An der Rampe der Fähre ziehen wir aber doch unsere Schuhe aus und lassen die Rheinwellen sachte über unsere nackten Zehen schwappen.

Anstatt überzusetzen, wandern wir rechtsrheinisch weiter. Die Straße führt uns ein kurzes Stück

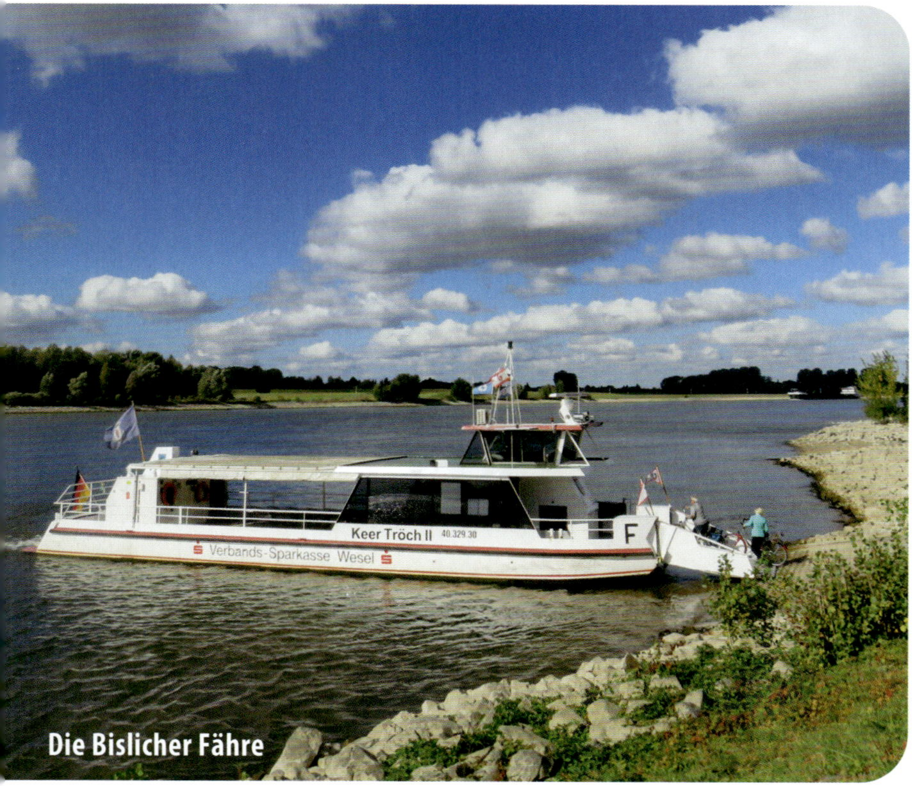

Die Bislicher Fähre

aufwärts zurück. Rechts beginnt der **Alte Postdeich,** der Hochwassern trotzt und einst für Postreiter die einzige Verbindung zu den umliegenden Häusern war. Ihre Pferde fanden eine Unterstellmöglichkeit im **Fährhaus 3,** das 1823 erbaut und 1898 zum Gasthaus wurde. Sicher war der tolle Rheinblick damals schon eine Attraktion.

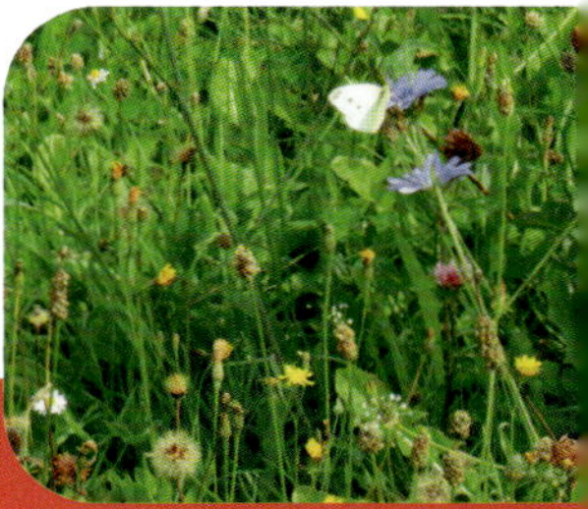

Für die Seele

In Bislich bieten rheinferne Deiche wunderschönen Weitblick, engen den Fluss aber nicht ein. Die Auenlandschaft lässt dem Wasser, der Natur und unseren Gedanken viel Raum.

Der Alte Postdeich ist der älteste erhaltene Deich am Niederrhein und hat bisher dem Hochwasser standgehalten. Den eigentlichen Hochwasserschutz übernimmt aber längst ein höherer, rheinferner Banndeich. Da der Alte Postdeich seiner eigentlichen Aufgabe enthoben ist, dürfen sich – sonst an Deichen verpönt – an der Böschung Wildrosen, Weißdorn und andere Heckengewächse ausbreiten. Das freut vor allem Vögel und Insekten, für die Knospen, Blüten und Früchte eine wichtige Nahrungsquelle sind.

Wir genießen den Ausblick. Ein Schild am gegenüberliegenden Ufer weist auf **Rheinkilometer 823** hin. Der Fluss ist hier nicht eingeengt, er kommt in einem weiten Bogen von Wesel und fließt als breiter Strom durch die flache Auenlandschaft. Links von uns erstrecken sich weite, von Pappeln und Kopfbäumen gesäumte Wiesen, weiter hinten im Feld steht eine einzelne mächtige Eiche.

Am Abzweig **Auf der Laak** verlassen wir den Deich nach links und biegen gleich darauf rechts in die Straße **Leckerfeld** ein. Nach etwa 900 Metern folgen wir an einer Gabelung rechts der **Westerheide** (Achtung: Es

!

Von Palmsonntag bis Ende Oktober pendelt die Fähre Keer Tröch II mehrmals in der Woche tagsüber über den Fluss, um Radfahrer und Fußgänger überzusetzen. Mit ihr rücken Xantens historische Altstadt, der Archäologische Park Xanten und die Auenlandschaft der Bislicher Insel in wanderbare Entfernung.

gibt kein Straßenschild!), bis rechts ein Verkehrsschild **„Durchfahrt verboten"** signalisiert. Der Weg links bringt uns zum **Café Landluft** ❹, das in einer geschmackvoll umgebauten Scheune untergebracht ist. In den modern gestalteten Innenräumen und auf der großzügigen Terrasse kann man leckeren Kuchen genießen, während ein kleiner Hofladen mit Dekoartikeln zum Stöbern einlädt.

Von hier geht es weiter zur Bislicher Straße, wo wir uns rechts halten, um gleich in der scharfen Linkskurve abermals rechts der Straße zum Deich hinauf zu folgen. Oben angekommen, bietet sich uns ein herrlicher Blick auf Wiesen und Stillgewässer. Der Rhein liegt weit hinter dem Naturschutzgebiet und ist zwischen den Auenwaldresten kaum sichtbar.

Den Rhein links liegen lassend treten wir stromabwärts den Rückweg an. Bald taucht der Alte Postdeich wieder vor uns auf, wir biegen aber vorher rechts ab. An dem **Findling,** der das **Deutsche Eck** kennzeichnet, schwenken wir rechts ab auf den Banndeich, von dem vorher schon die Rede war und der hier beginnt. Mit ihm entfernen wir uns vom Fluss, aus den Augen verlieren wir den Rhein aber nicht. Wir können im Feld neben dem Deich nun die alte Eiche aus der Nähe betrachten, die wir vom Alten Postdeich aus in der Ferne sehen konnten. Mit etwas Glück und zur richtigen Jahreszeit lassen sich Weißstörche in eigens für sie aufgestellten Nestern beobachten. In den weiten Feuchtwiesen finden diese großen Zugvögeln ideale Lebens- und Brutbedingungen. An der **Schmiede Kock** ❺ vorbei erreichen wir bald wieder die Pietà. Hier folgen wir geradeaus der bereits bekannten Strecke über den Deich.

Die St.-Johannes-Kirche lotst uns als Orientierungspunkt geradeaus den Deich entlang zu einem als Engel stilisierten **Ehrenmal.** Eine Bank lädt uns dort zu einem letzten Blick auf den Rhein ein, bevor wir an der Wiese rechts die Straße hinunter den Deich und somit die Strecke des Hinwegs verlassen. Jetzt noch an dem bepflanzten Beet am Ende der Straße

Das denkmalgeschützte Häuschen auf dem Deich fällt ins Auge. Eine Hinweistafel verrät, dass es sich um die restaurierte Schmiede Kock handelt. In dem kleinen Raum hängen um eine Feuerstelle mit einer Esse Gerätschaften des Schmiedehandwerks. Im Sommerhalbjahr zeigt ein Schmied jeden dritten Sonntag im Monat, wie in dieser gut 200 Jahre alten Werkstatt einst gearbeitet wurde. Außerhalb dieser Zeiten kann eine Besichtigung im Museum Bislich angefragt werden.

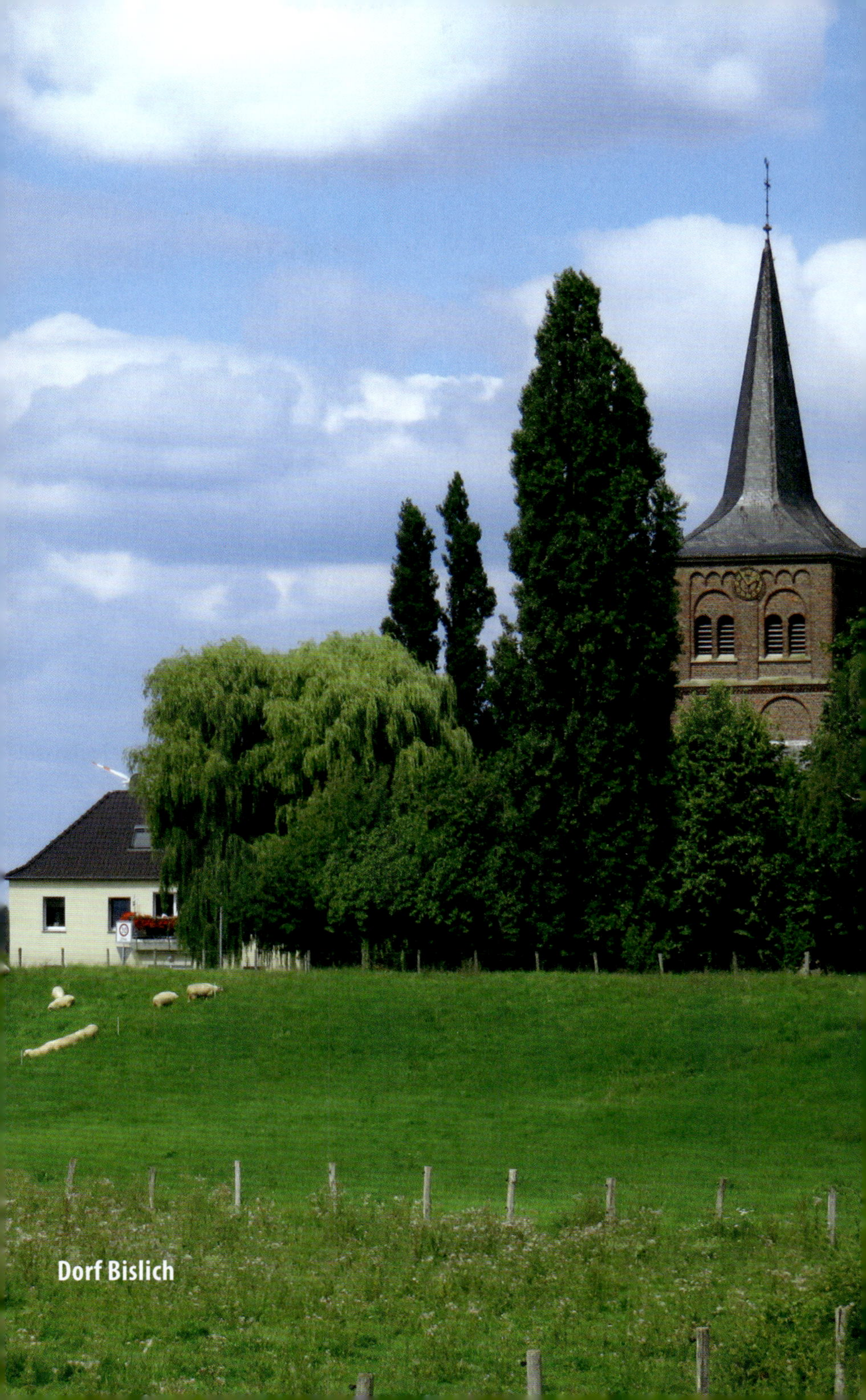

Dorf Bislich

vorbei, und die Kirche St. Johannes ragt wieder vor uns auf. Folgt man dem Weg zum Hauptportal noch ein Stückchen weiter, gelangt man unmittelbar hinter der Kirche in den Kirchengarten.

Die Pfarrkirche St. Johannes, deren älteste Teile aus dem 12. Jahrhundert stammen, wurde als dreischiffige romanische Pfeilerbasilika errichtet. Bei Renovierungsarbeiten fand man im Jahr 1928 Reste des Fundaments eines vermutlich aus der Karolingerzeit stammenden Vorgängerbaus. Die Kerck an den Dick – die Kirche hinter dem Deich – mit dem angrenzenden Kirchengarten wird von knorrigen Linden umrahmt.

Pastors Garten 6 klingt zwar privat, aber dieses kleine Idyll ist für Besucher frei zugänglich. Die von niedrigen Hecken gesäumten Kieswege und Blumenbeete erwecken eher den Eindruck, dass wir eine Parkanlage betreten haben.

Eine Schautafel klärt gleich am Eingang über die Geschichte des Gartens auf, in dem es christliche Symbolik und verstreut an den Wegrändern liegende bemooste Sandstein-Fratzen zu entdecken gibt. Mehrere Sitzgruppen und Ruhebänke signalisieren, dass ein längeres Verweilen der Besucher durchaus

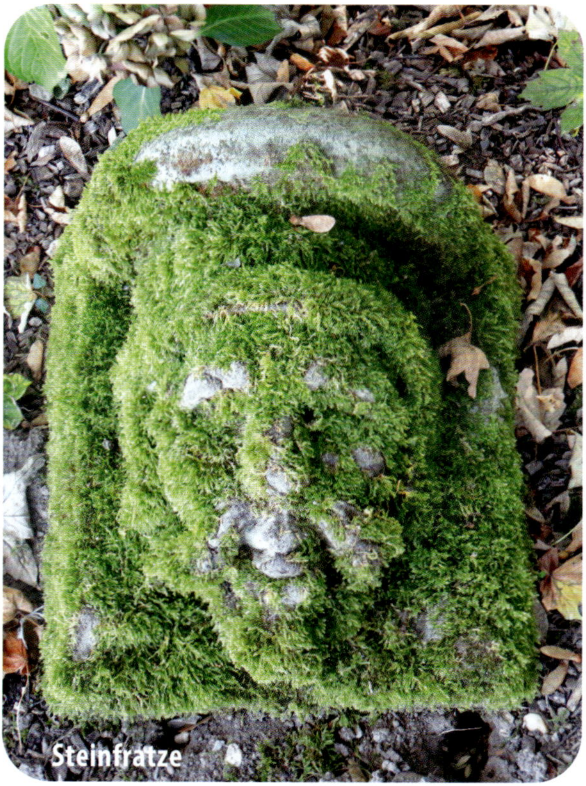

Steinfratze

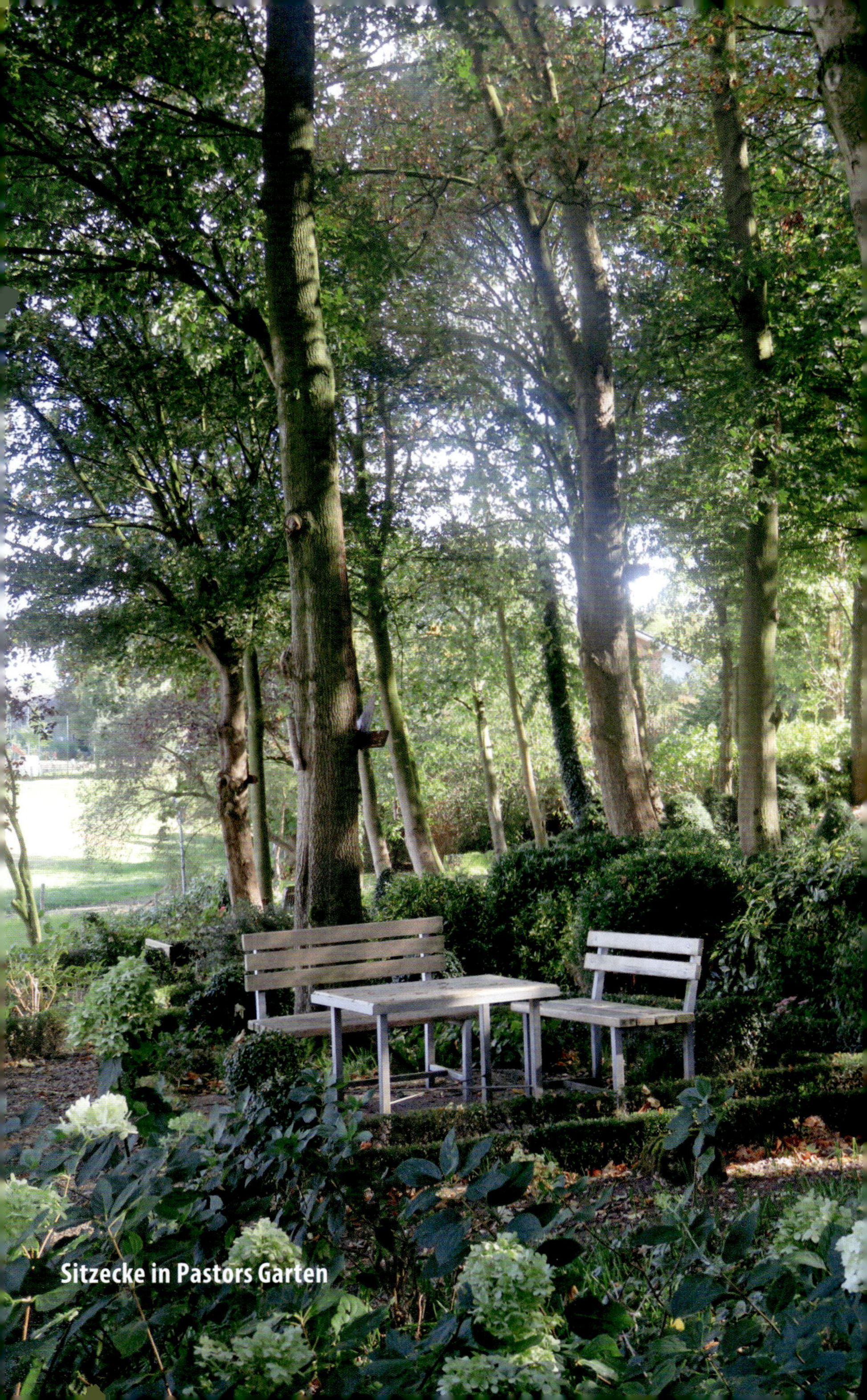
Sitzecke in Pastors Garten

erwünscht ist. Vom hinteren Teil des Gartens blickt man auf die Kirchenwoy mit einem Storchennest, das seit 2011 bisher jedes Jahr Storcheneltern mit ihren Jungvögeln beherbergt hat.

Bevor wir Pastors Garten verlassen und zum Parkplatz zurückkehren, lassen wir uns unter den Bäumen auf einer Bank von der friedlichen Stimmung in diesem kleinen Refugium einfangen. Die Alternative wäre, wenige Schritte die **Dorfstraße** hinaufzugehen und im **Haus Pooth** 7 einzukehren, dessen Bäckerei wegen ihrer Gebäck- und Kuchenspezialitäten beliebt und für ein besonders leckeres Schwarzbrot bekannt ist. So oder so: ein perfekter Ausklang für einen sehr entschleunigten Tag am Rhein.

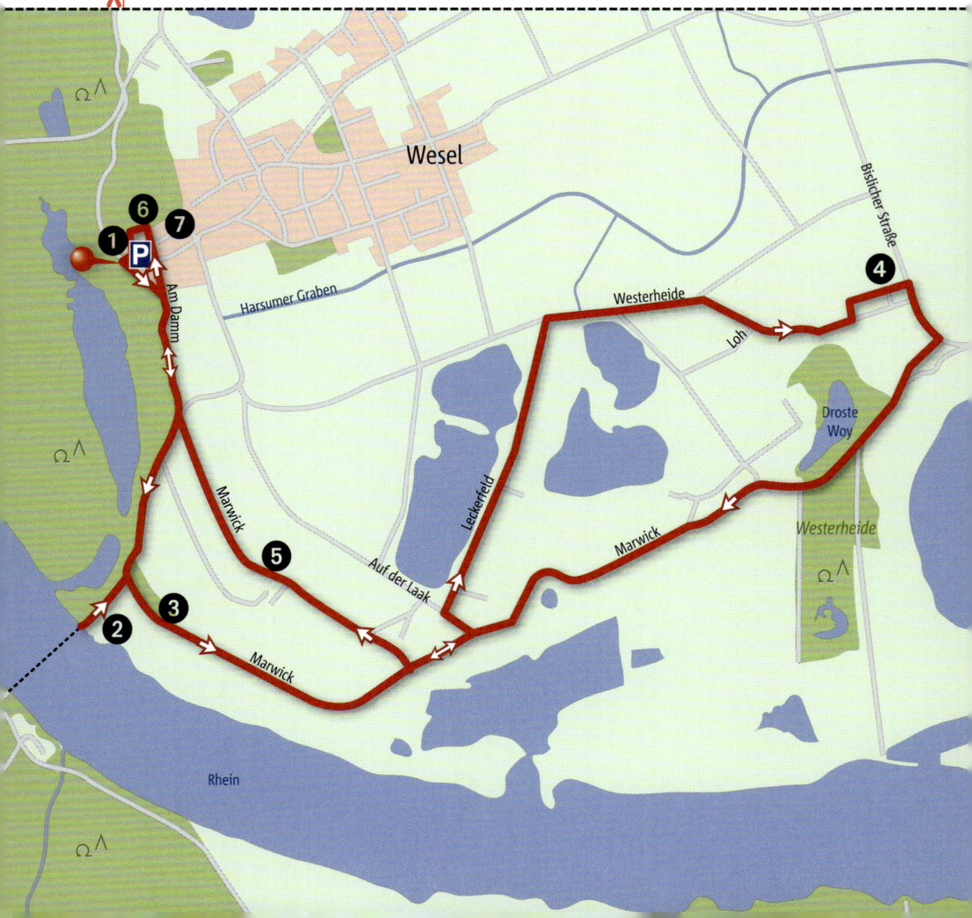

Alles auf einen Blick

WIE & WANN:
Befestigte Deichwege, wenig befahrene Straßen; von November bis Februar arktische Wildgänse, im Frühling Weißstörche

Entspannung ✱✱✱✱✱
Genuss ✱✱✱✱✱
Romantik ✱✱✱✱✱

HIN & WEG:
Auto: Parkplatz am Pastor-Kühnen-Platz 1, 46487 Wesel-Bislich (GPS: 51.67683, 6.48575)
ÖPNV: Von Wesel Bf. Bus 86 bis Bislich, Dorfmitte, zu Fuß in wenigen Minuten über Dorfstraße Richtung Kirche St. Johannes bis Pastor-Kühnen-Platz

ESSEN & ENTSPANNEN:
Café-Restaurant Fährhaus ❸ Marwick 26, 46487 Wesel, Tel. (0 28 59) 9 01 02 76, www.faehrhaus-bislich.de
Café Landluft ❹ Westerheide 15, 46487 Wesel, Tel. (0 28 59) 90 18 25, www.cafe-landluft.de
Café & Bäckerei Haus Pooth ❼ Dorfstraße 3, 46487 Wesel, Tel. (0 28 59) 2 35, www.haus-pooth.de

ENTDECKEN & ERLEBEN:
Kirche St. Johannes ❶ Pastor-Kühnen-Platz 4, 46487 Wesel
Fähranleger der Personenfähre Keer Tröch II ❷
Schmiede Kock ❺ Besichtigung auf Anfrage beim Deichdorfmuseum Bislich, Tel. (0 28 59) 15 19)
Pastors Garten ❻

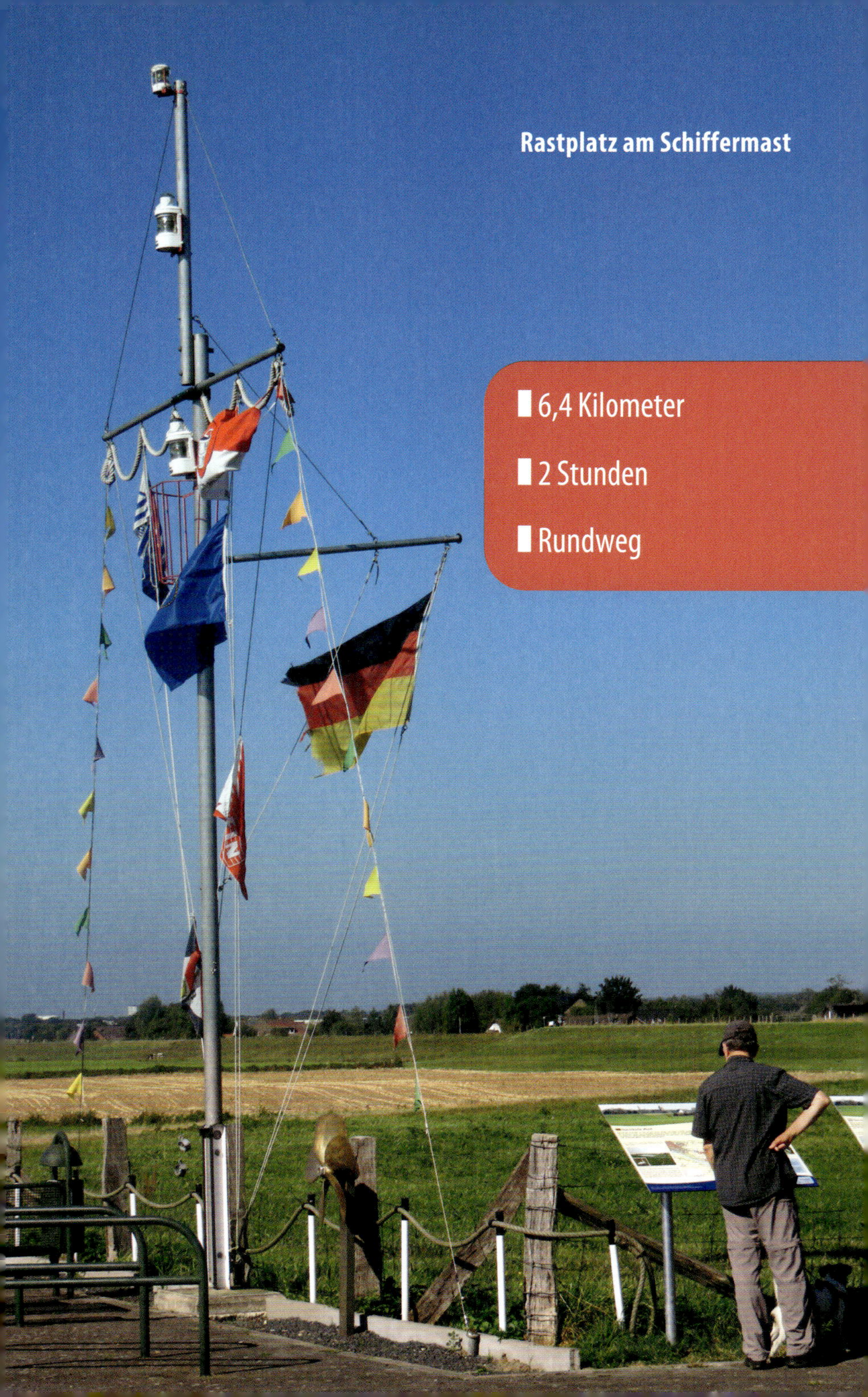

Rastplatz am Schiffermast

- 6,4 Kilometer
- 2 Stunden
- Rundweg

Los geht es am **alten Forsthaus** ❶. Ein Schild weist die im 19. Jahrhundert erbaute und heute privat genutzte Backsteinvilla als Geburtshaus des Heimatschriftstellers Hugo Otto aus, dessen Vater königlicher Förster war. Wir biegen, das Schriftstellerhaus im Rücken, links in die vor uns liegende **Dornicker**

Wandern mit Geist

Unterwegs in der Dornickschen Ward

Straße ein. Sie bringt uns zu einer weiteren denkmalgeschützten **Backsteinvilla** und zur ehemaligen **Dornikker Dorfschule,** beide ebenfalls mit Hinweistafeln zur Historie versehen.

Die rechts abknickende **Kampshofstraße** führt uns durch ausgedehnte Wiesen zur **Pionierstraße,** deren Name auf den bis vor wenigen Jahren von der Bundeswehr betriebenen Wasserübungsplatz zwischen Deich und Altrhein hinweist. Wir halten uns links und werden nach wenigen Metern rechts von **Am Steeg** aufgenommen. Zwischen Gärten und einem Bauernhof gelangen wir zu einer rot-weißen Wegschranke und dahinter auf den Deich. Dort verläuft unterhalb der Deichkrone rechts ein gepflasterter Weg und führt im weiten Linksbogen zu einer weiteren Wegschranke, hinter der links die Straße hinab zum **Grietherorter Altrheinarm** (siehe S. 37) führt.

Unten angekommen wandern wir links zur **Bootsrampe.** Dieses Relikt des ehemaligen Pionierübungsplatzes lässt uns direkt ans Wasser und bietet einen herrlichen Blick über den Altrhein. Die flache Landschaft dehnt sich unbebaut bis zum Horizont aus, nur durchbrochen von Kopfbäumen, Weidengebüsch und Hecken. Haubentaucher nutzen die Wasseroberfläche mal zum Schwimmen, mal zum Abtauchen. Am Ufer lassen Kormorane ihr Gefieder mit abgespreizten Flügeln in der Sonne trocknen. Heimische Graugänse fühlen sich in den angrenzenden Wiesen zwischen Kopfweiden wohl.

Wir kehren zur Straße zurück und laufen geradeaus am Altrhein weiter zum kleinen Hafen, der ebenfalls zur Bundeswehranlage gehörte und heute keinen Nutzen mehr hat. Von hier aus können wir die Schiffe auf dem Rhein sehen. Der Deich liegt links hinter einem schmalen bewaldeten Streifen vor unseren Blicken verborgen. Bald darauf versperren Büsche und Bäume am Ufer die Sicht auf den Fluss,

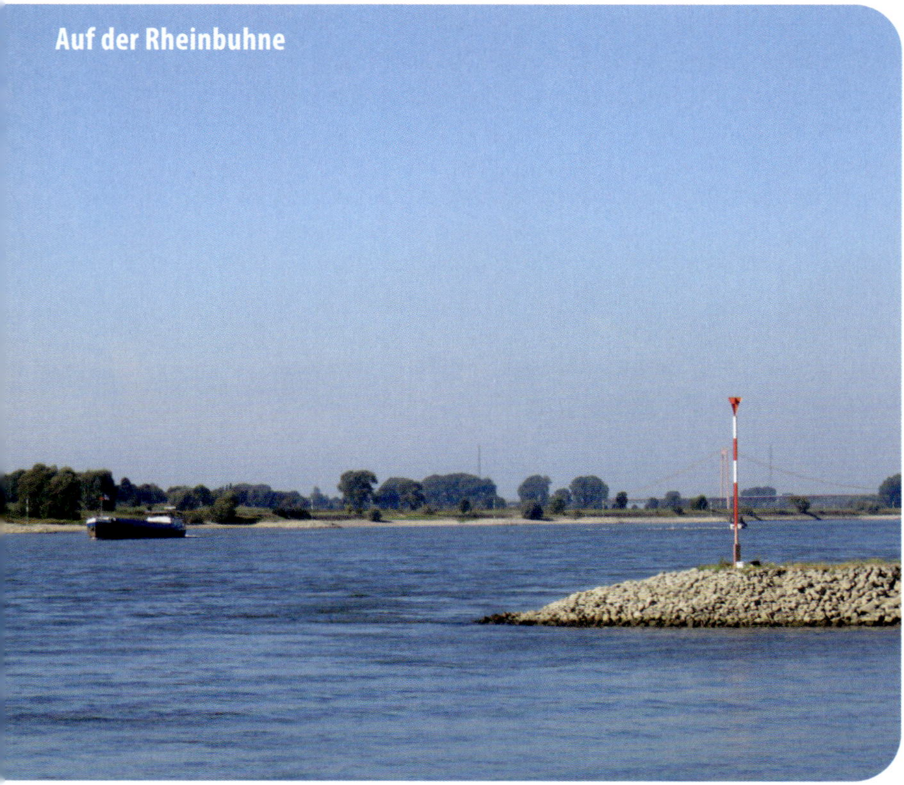

Auf der Rheinbuhne

während der Deich und die umliegenden Wiesen wieder in unser Blickfeld rücken.

Die Straße geradeaus bringt uns im Linksbogen zu einer Gabelung, an der wir uns zwischen Sträuchern, Hecken und Weidengebüsch links halten. Der Bewuchs endet an einer weiteren **Bootsrampe,** ebenfalls Relikt des Wasserübungsplatzes. Wir stehen nun di-

Für die Seele

Hier weitet sich die niederrheinische Landschaft und mit ihr unsere Wahrnehmung. Backsteinvillen geben uns eine Ahnung vom Dorfleben in früheren Zeiten, während die Niederrhein-Destille nicht nur mit edlem Geist aufwartet.

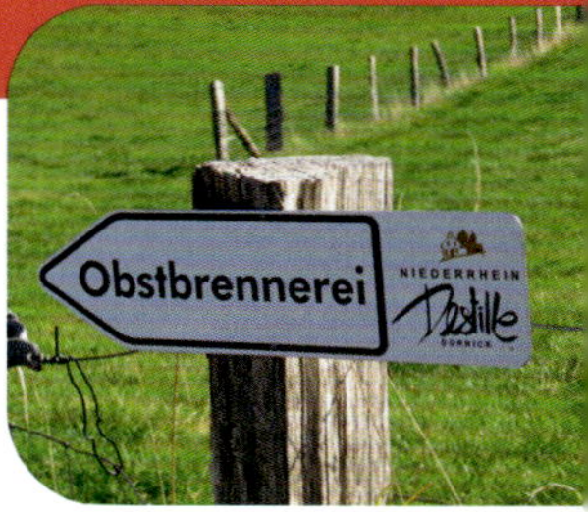

rekt am **Rhein.** Die Uferbereiche in der Dornickschen Ward sind ein besonders schützenswerter Lebensraum für zahlreiche Wasservögel und eine wichtige Rast- und Überwinterungsstätte für arktische Wildgänse. Bitte Hunde unbedingt anleinen und auf den befestigten Wegen bleiben.

Die Aussicht überwältigt uns, sie zählt wohl zu den schönsten am Niederrhein. Breit und mächtig fließt der Strom durch die idyllische, unbebaute Auenlandschaft. Flussabwärts ragen im leichten Dunst zwei rote Pfeiler auf, die zu Deutschlands längster Hängebrücke gehören. Seit 1965 überspannt sie den Rhein zwischen Emmerich und Kleve.

Wir laufen zurück, bis wir links einen schmalen Abzweig erreichen. Der zunächst unbefestigte, dann gepflasterte und von jungen Kopfweiden gesäumte Weg führt hinauf auf den Deich. Ein bunt beflaggter **Schiffermast** ❷ erinnert an frühere Zeiten, als ein Großteil der Dorfbewohner Rheinfischer oder Schiffer war oder – bis zum Aufkommen der Dampfschiffe – vom Treideln lebte. Auf dem gepflasterten Platz laden Tische und Bänke dazu ein, in Ruhe über alte

Zeiten zu sinnieren oder bei einem Picknick die Schönheit der Landschaft auszukosten.

Die **Dornicker Straße** bringt uns geradeaus an wenigen, überwiegend neu gebauten Einfamilienhäusern vorbei, die aneinandergereiht auf dem Deich stehen. Dazwischen sticht die Architektur des 1902 erbauten, denkmalgeschützten **Pfarrhauses** ③ mit weißem Putz und roten Ziegeln hervor.

Wir folgen dem Linksbogen der Straße und erreichen links einen Zugang auf die Deichkrone. Der Fahrrad- und Fußgängerweg gewährt einen uneingeschränkten Ausblick in die von Kopfbäumen, hohen Pappeln und Hecken durchzogene Auenlandschaft. Das sanfte Wummern der Schiffsmotoren ist zu hören, doch die Schiffe und der Rhein bleiben die meiste Zeit hinter dichtem Uferbewuchs verborgen. Vor uns liegt die Kulisse der nur wenige Kilometer entfernten Stadt Emmerich mit ihren markanten Kirchtürmen und den Aufbauten des **Containerhafens.**

1640 wurde der Emmericher Rheinhafen erstmals urkundlich erwähnt. Heute ist der Rhein-Waal-Terminal Emmerich ein wichtiger Umschlagplatz mit internationaler Anbindung per Schiff nach Rotterdam und Antwerpen sowie per Bahn nach Basel.

Weit hinten im Feld steht eine hoch aufragende Pappel, deren Blätter sich so stark im Wind bewegen, dass es wie das Rauschen eines Baches klingt (warum das so ist, ist auf S. 183 erklärt). Hecken mit roten Beeren sorgen für Farbtupfer im Deichvorland, in

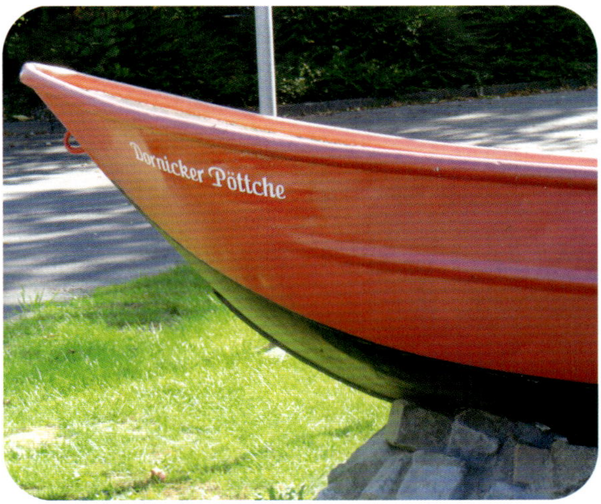

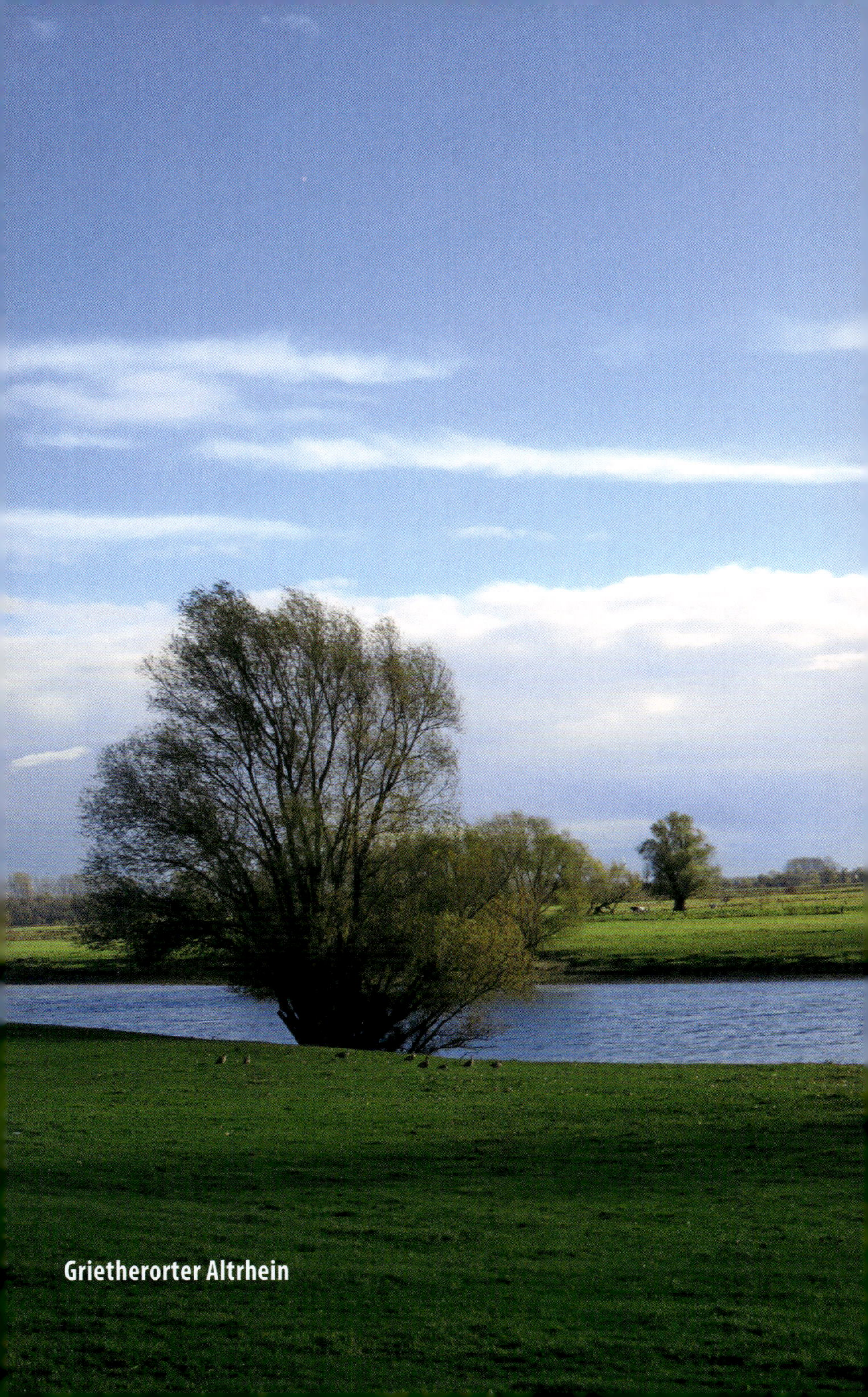
Grietherorter Altrhein

dem Kühe träge wiederkäuend im Gras liegen. Bauernhöfe stehen geduckt hinter dem Deich. Seit Jahrhunderten ist die Landwirtschaft ein wichtiger Erwerbszweig; die bestellten Felder und Viehweiden zeigen, dass sich daran bis heute nichts geändert hat.

Rechts erhebt sich ein mit Efeu und wildem Wein bewachsener Turm. Er ist das Überbleibsel einer **Holländermühle** aus dem 17. Jahrhundert und dient als Wohnraum. Wenige Meter dahinter endet unser Weg an einer Wegschranke, hinter der wir der **Deichstraße** weiter folgen, bis uns an der übernächsten Möglichkeit rechts der **Niersweg** aufnimmt.

Menschen treffen wir nicht, dafür blicken wir in unzählige Vogelaugen. Heimische Graugänse sitzen in einer Wiese und haben ihren Blick auf uns gerichtet. Die Gänseschar entspannt sich, als wir uns von ihr entfernen und rechts in die **Lange Straße** einbiegen.

Gegenüber der großen Hofanlage, die als **Lange Straße 139** gekennzeichnet ist, bringt uns die **Erftstraße** rechts wieder auf den Deich. Wir folgen der **Deichstraße** Richtung Kirche, schwenken aber lange vorher links in die **Dorfstraße** ein, die uns vom Deich hinunter und an einem denkmalgeschützten Backsteinhaus aus den Anfängen des 20. Jahrhunderts vorbeiführt. Geradeaus kommen wir zur **Niederrhein Destille** ❹, der wir einen Besuch abstatten.

In der Niederrhein Destille entstehen aus regionalem Obst edler Geist und feine Brände, aber es gibt auch niederrheinischen Whisky und Gin. Säfte aus Keltereien der Region werden ebenso zum Verkauf angeboten.

Wir verlassen den Verkaufsraum und laufen links zur Mühle. Über den Deich geht es links zur **Dornicker Straße.** Wir entscheiden uns allerdings kurz vorher für den sehr schmalen Durchgang, der uns direkt hinter dem Eckhaus links zur **Kirche St. Johannes Baptist** ❺ bringt.

Wir betreten den Kirchenraum, dessen dunkel gebeizte Kassettendecke in reizvollem Kontrast zum hellen Anstrich des Kreuzrippengewölbes und den zarten Farben der Fenster im Chorraum steht. Es ist angenehm kühl und wir verweilen einige Minuten, um dann die Kirche und den kleinen Vorplatz zu verlassen. Rechts gelangen wir zur **Alten Schule Dornick,**

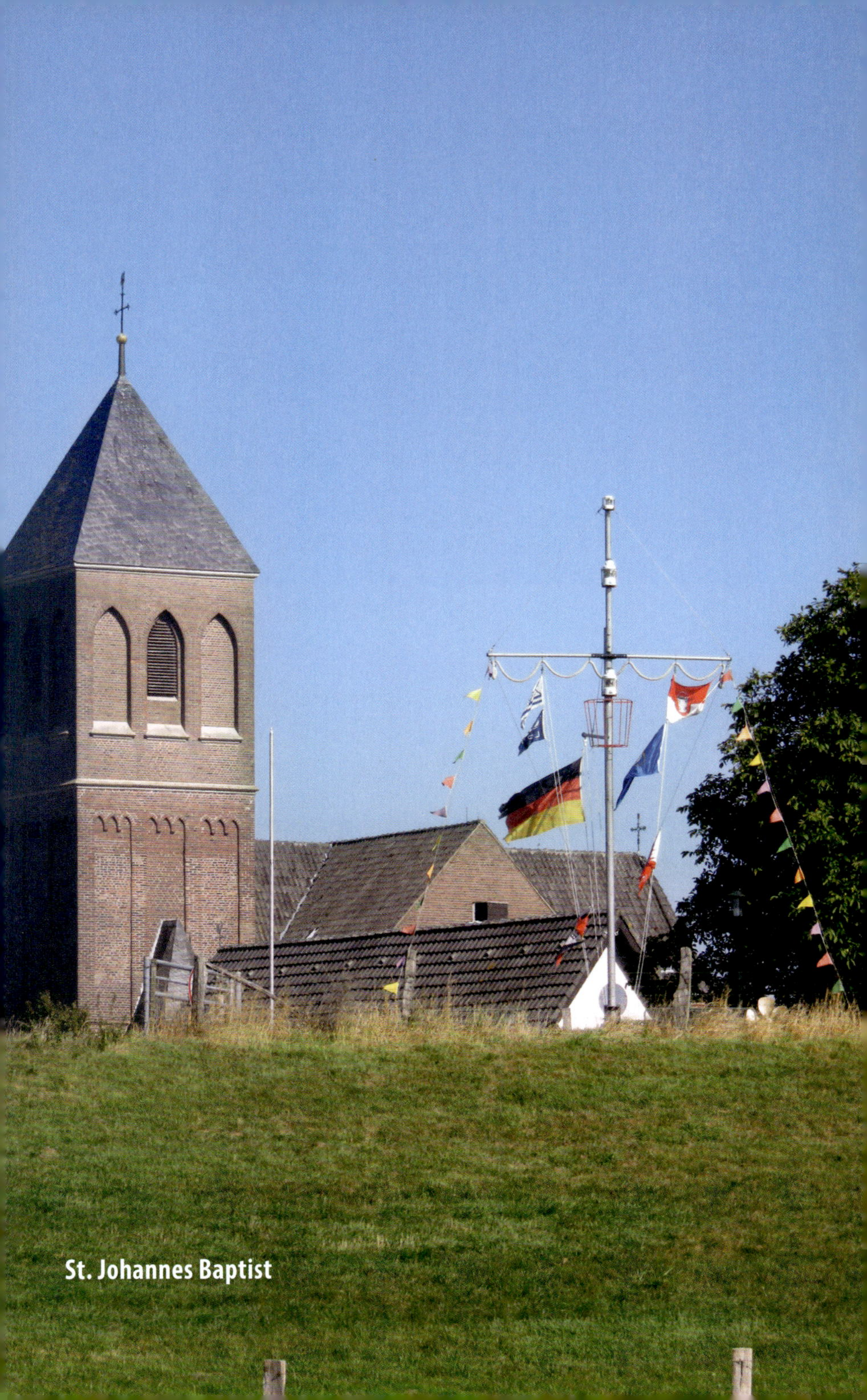

St. Johannes Baptist

die heute in Privatbesitz ist und zur ursprünglichen Ortsbebauung gehört.

Danach erreichen wir hinter der Dorfschänke wieder den Parkplatz. Zu Beginn der Wanderung war uns schon auf einer kleinen Rasenfläche ein Findling aufgefallen, der die Aufschrift „Dornick 1188" trägt. Jetzt erst nehmen wir wahr, dass das Boot und der Schiffsanker gleich daneben die Hinweise auf die mehr als 800 Jahre währende Geschichte des kleinen Ortes vervollständigen, in dem einst Fischer und Schiffer zu Hause waren.

Eine kleine, feine Wanderung liegt hinter uns. Wir hören eine Spaziergängerin zu ihrem Begleiter sagen, dass sie Dornick sehr schnuckelig findet. Das finden wir auch.

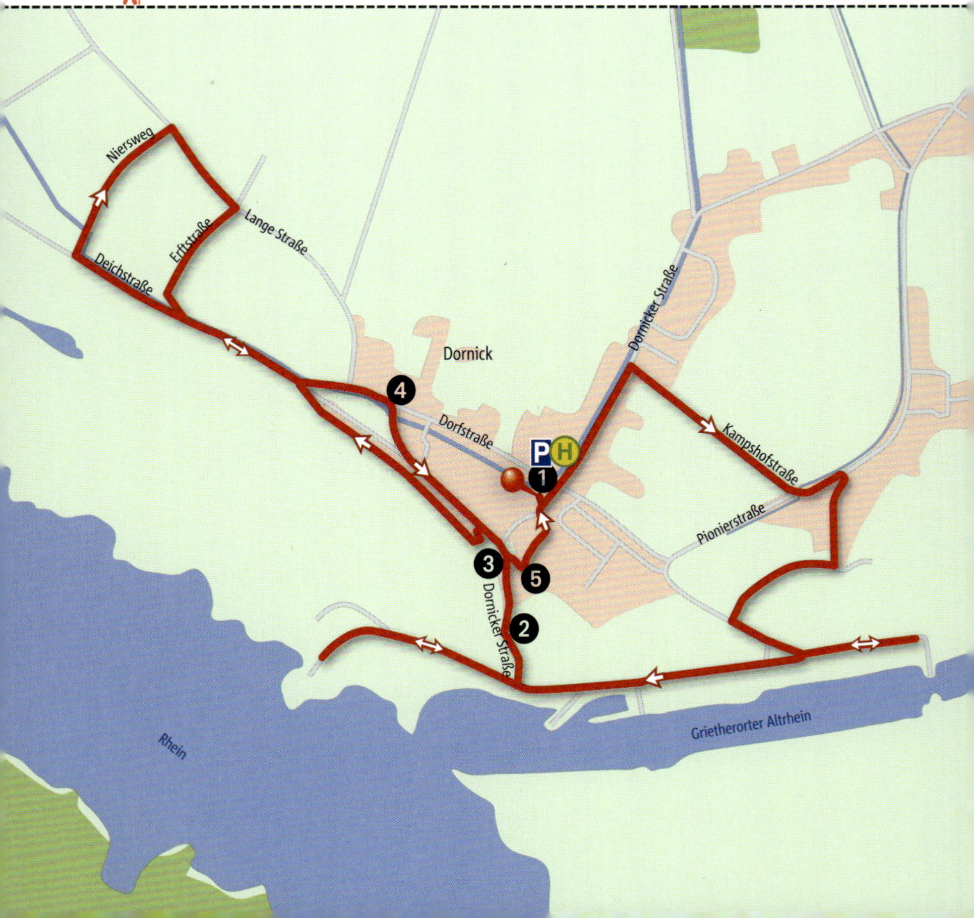

Alles auf einen Blick

WIE & WANN:
Asphaltierte, wenig befahrene Straßen und befestigte Rad- und Fußgängerwege; zahlreiche Vogelarten, November bis Februar arktische Wildgänse. Die Auenlandschaft wird von der natürlichen Überschwemmungsdynamik des Rheins geprägt, bei Hochwasser sind einige Wege nicht begehbar.

Entspannung ✸✸✸✸✸
Genuss ✸✸✸✸✸
Romantik ✸✸✸✸✸

HIN & WEG:
Auto: Parkplatz Dornicker Straße/Ecke Dorfstraße, 46446 Emmerich (GPS: 51.8124, 6.3063)
ÖPNV: Von Emmerich Bf. Bus 93 bis Dornick Dorfplatz (nicht täglich)

ESSEN & ENTSPANNEN:
Niederrhein Destille ❹ Dorfstraße 59, 46446 Emmerich, Tel. (0 28 22) 46 27, www.niederrhein-destille.de

ENTDECKEN & ERLEBEN:
Altes Forsthaus Dornick ❶
Schiffermast ❷
Altes Pfarrhaus ❸
Kirche St. Johannes Baptist ❺

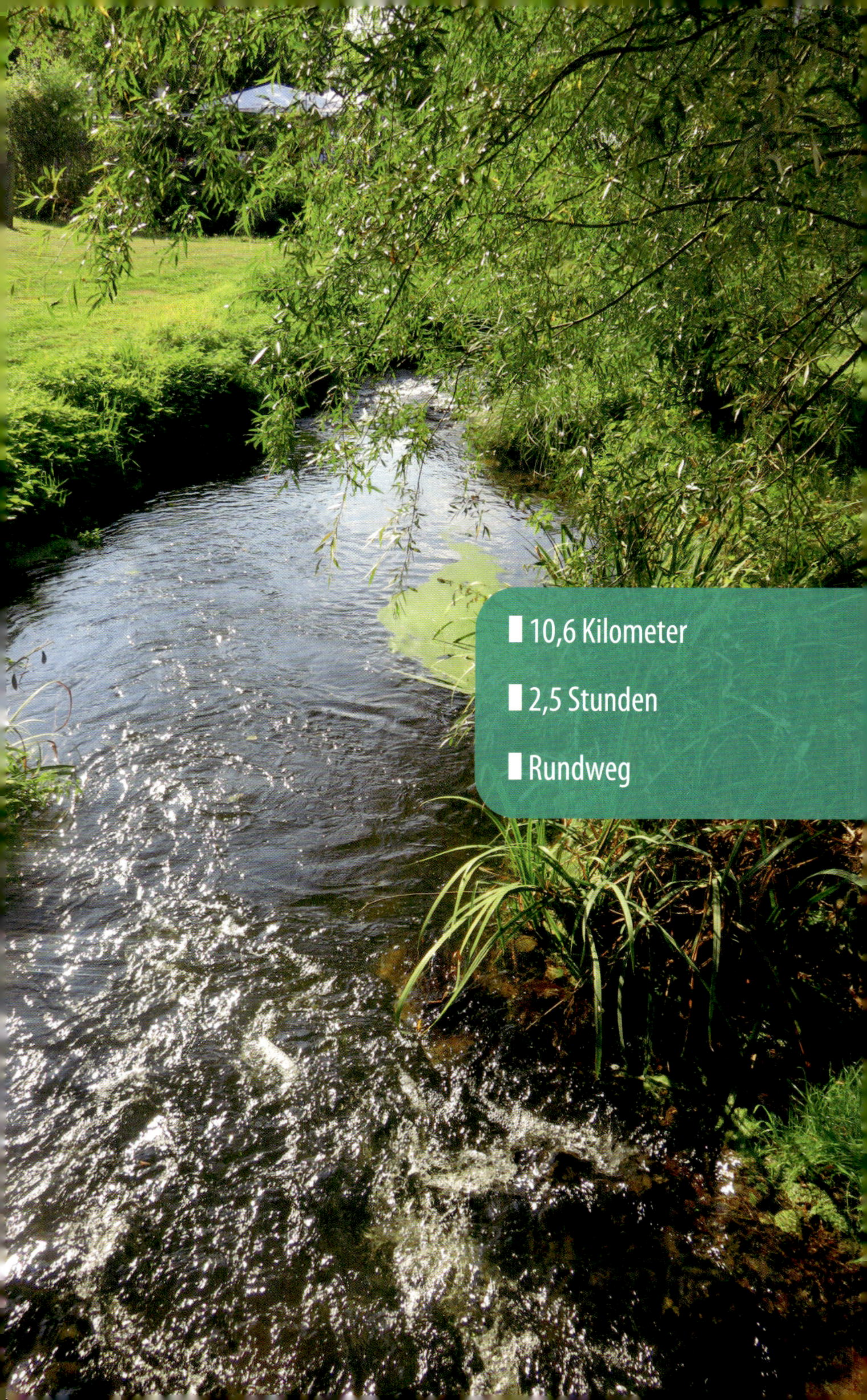

- 10,6 Kilometer
- 2,5 Stunden
- Rundweg

Vor dem Parkplatz zwischen Borner Festwiese und Friedhof biegen wir links auf **Stapp** ein, wo uns gleich links Wegweiser die Richtung zum Borner See weisen.

An der leicht abschüssigen Straße liegt die spätgotische **Pfarrkirche St. Peter ①**, die von einem ummauerten alten Friedhof umgeben ist. Links hinter **Haus Strötges ②** entdecken wir an einer Hecke ein Stück Eisenbahnschiene mit einem Bahnsignal, eine Erinnerung an die stillgelegte **Staatsbahntrasse Dülken–Brüggen,** die seit 1890 einige Jahrzehnte lang vor allem Produkte aus den zahlreichen Ziegeleien und Keramikfabriken der Region sowie landwirtschaftliche Erzeugnisse beförderte. Links davon nimmt uns der

In vergangenen Jahrhunderten durch Torfabbau entstanden, verlandete der Borner See zunehmend, bis er in den 1970er-Jahren zum Hochwasserrückhaltebecken vertieft wurde. Fischarten wie Barsch, Hecht, Karpfen, Rotfeder, Wels und Zander finden in ihm ein unter Naturschutz gestelltes Zuhause.

Wasserreich

Schwalm, Borner See und Hariksee

befestigte Sandweg mit zum gleich rechts abzweigenden Uferweg, dem wir links folgen.

Vor uns ruht still der **Borner See ③** – und das im wahrsten Sinn. Von Menschenhand geschaffen, aber gänzlich unbebaut, ist er eine Ruhezone für Mensch und Tier. Nur für einige Fische wird es eng, denn kurz hintereinander ragen Holzstege in den See, deren Betreten dem Angelverein gestattet ist. Uns bieten die Schneisen im Uferbewuchs schon vom Weg aus verträumte Blicke auf die Wasserfläche, auf der jede Menge Enten gemächlich ihre Bahnen ziehen. Ein Haubentaucher verschwindet unter der Oberfläche, um an anderer Stelle hochzuschnellen.

Rechts schenken uns zwei aufeinanderfolgende

Brücken uneingeschränkte Seeblicke. Am Rastplatz dahinter bleiben wir rechts auf dem Uferweg, der an einem heute ganz stillen Sing- und Musizierplatz endet. Hier knickt unsere Route links ab. An einem Rinnsal entlang wandern wir ins **Naturschutzgebiet Tantelbruch** und dort links in den Wald, in dem uns gleich zu Beginn eine seltsam gewachsene Buche begrüßt. An der nächsten Gabelung wartet rechts ein Bruchwald auf uns. Effektvoll hebt sich das silbrige Weiß der Birken vom dunklen Sumpf ab. Vor dem nächsten rechten Abzweig halten wir einen Moment inne: Zwei Periskop-Augen starren uns an …, oder sind es doch bloß zwei übereinanderliegende Höhlen in einem Buchenstamm?

Ein Buchen-Niederwald nimmt uns für sich ein, wie wir ihn uns märchenhafter kaum ausmalen könnten. Ein zweibeiniges Baum-Fabelwesen mit großen

Schwalmbrücke

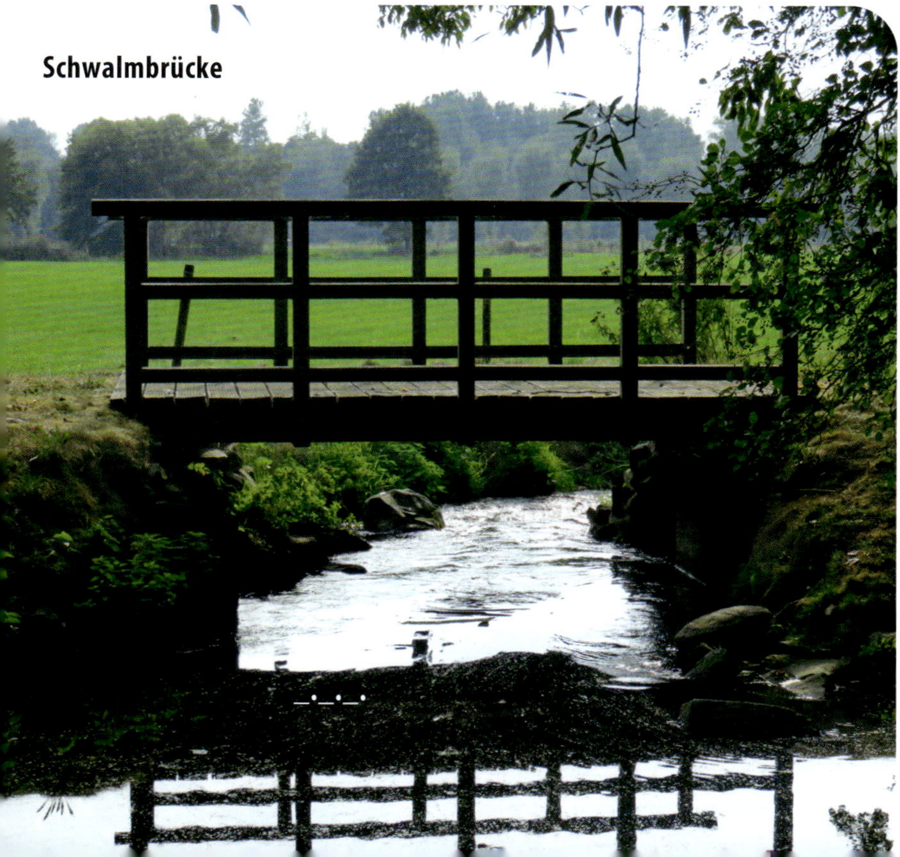

Zehen erhebt sich über bemooste Baumstümpfe, die wie sich duckende Trolle wirken. Knubbelige Baumwurzeln scheinen nach uns greifen zu wollen. Eine besonders knorrige Buche erinnert an eine erstarrte Hexe mit warziger Nase und zu Berge stehenden Haaren. (In Hinsbeck, siehe S. 46, erfahren wir mehr über die Niederwaldbewirtschaftung.)

Abwärts erreichen wir eine **Brücke über die Schwalm,** hinter der wir links dem Uferweg an einem Bruchwaldsaum entlang folgen. Im Flüsschen ruhen Enten zwischen Wasserlinsen, während andere quer über das Wasser liegende Baumstämme als Gefiederputzplatz nutzen.

Hinter der nächsten Brücke wandern wir rechts am Ufer entlang und unter den ausladenden Kronen

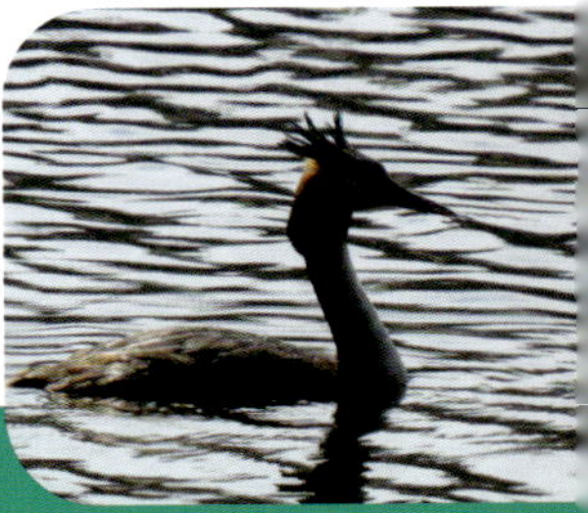

Für die Seele

Die Wanderung lässt uns an den lauschigen Ufern des Borner Sees und der Schwalm vom Alltag abschalten, eine entspannte Urlaubsstimmung am Hariksee genießen und die Wasserburg Brüggen entdecken.

dreier mächtiger Eichen hindurch. Dagegen wirken die schlanken jungen Kopfbäume auf der gegenüberliegenden Seite sehr filigran.

Der Weg endet und wir überqueren die **Damer Straße.** Wir richten uns nach dem Parkplatzhinweis und gelangen über den schräg rechts verlaufenden **Harikseeweg** zum **Hotel-Restaurant Mühlrather Mühle ❹.** An dieser Stelle ist bereits im 15. Jahrhundert eine Flachs- und Ölmühle nachweisbar.

An der nächsten Verzweigung halten wir uns rechts und erreichen zwischen Hecken und Mühlengebäude hindurch den **Hariksee.** Gleich links führt ein Pfad am Ufer entlang zu einem den See unterteilenden Damm, dem wir rechts folgen.

Die lockere Bebauung mit Wochenendhäusern hüllt den See und auch uns in eine urlaubsmäßig entspannte Stimmung. An einer kleinen Marina dümpeln Boote, die für eine Seefahrt gemietet werden können. Wer es bequemer mag, kann sich von einem Ausflugsdampfer über den Hariksee schippern lassen. Ein frisch durchgenagter Baum beweist, dass hier auch nach Sonnenuntergang etwas los ist, denn ein nachtaktiver Biber hat hier ganze Arbeit geleistet. Vor uns liegt eine Brücke, hinter der sich unter lautem Wasserrauschen eifrig das Mühlrad der Mühlrather Mühle dreht.

Wir überqueren links erneut die **Damer Straße.** Zwischen einem Campingplatz und dem Restaurant **Mühlrather Hof ⑤,** dessen Neueröffnung nach einem umfangreichen Umbau in 2022 geplant ist, nimmt uns geradeaus ein Land- und Forstwirtschaftsweg auf. Er bringt uns durch einen Bruchwald und Feuchtwiesen zu einer eingezäunten Weide.

Den Abzweig links davor ignorieren wir, um hinter der Weide links abzubiegen und später einem rechts abknickenden Weg zu folgen. Wir wandern durch von Wasserläufen durchzogenes Grünland. Schließlich leitet uns links ein Feldweg, vorbei an einem im Wald liegenden Campingplatz, zu einem Abzweig. Rechts laufen wir von Bächen begleitet zur **Schwalmbrücke,** hinter der wir gleich links schwenken. Vor uns liegt die **Borner Mühle ⑥,** die im 12. Jahrhundert der Kölner Abtei St. Pantaleon gehörte. Wir folgen vor der Mühle dem scharfen Rechtsknick des Weges zur Brücke über den **Kranenbach** und dahinter dem Linksschwenk, der uns um das Mühlengelände herum zu einer Gabelung bringt. Links über die Mühlenzufahrt hinweg beginnt der **Maas-Schwalm-Nette-Pfad,** der wenig später die Bundesstraße 221 unterquert.

Hinter einem rot-weißen Wegpfosten nimmt uns geradeaus **In der Haag** durch eine Siedlung mit zum **Burgwall.** Von dem erhöhten Wiesenwall auf der anderen Straßenseite sehen wir unmittelbar vor uns die

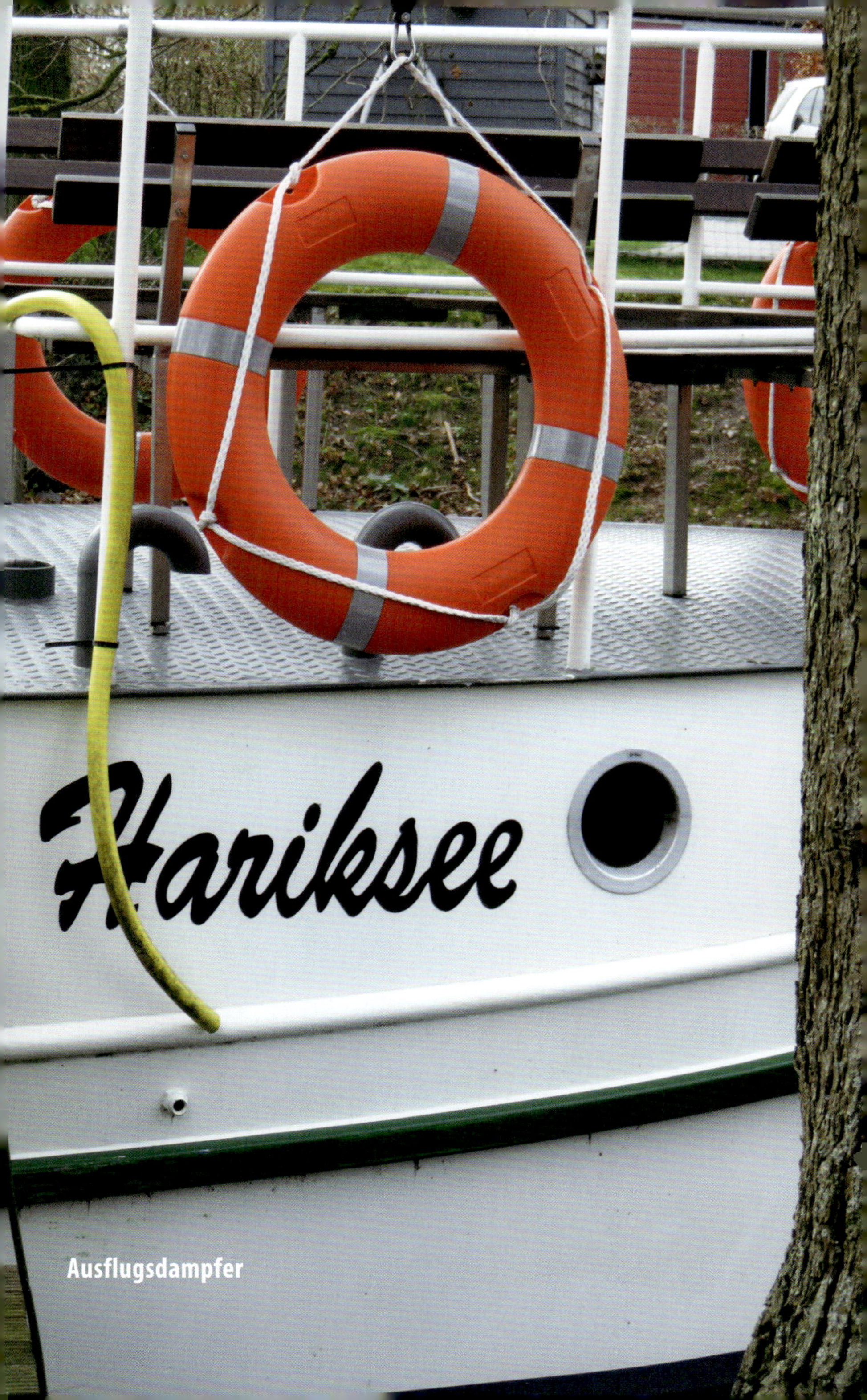

Ausflugsdampfer

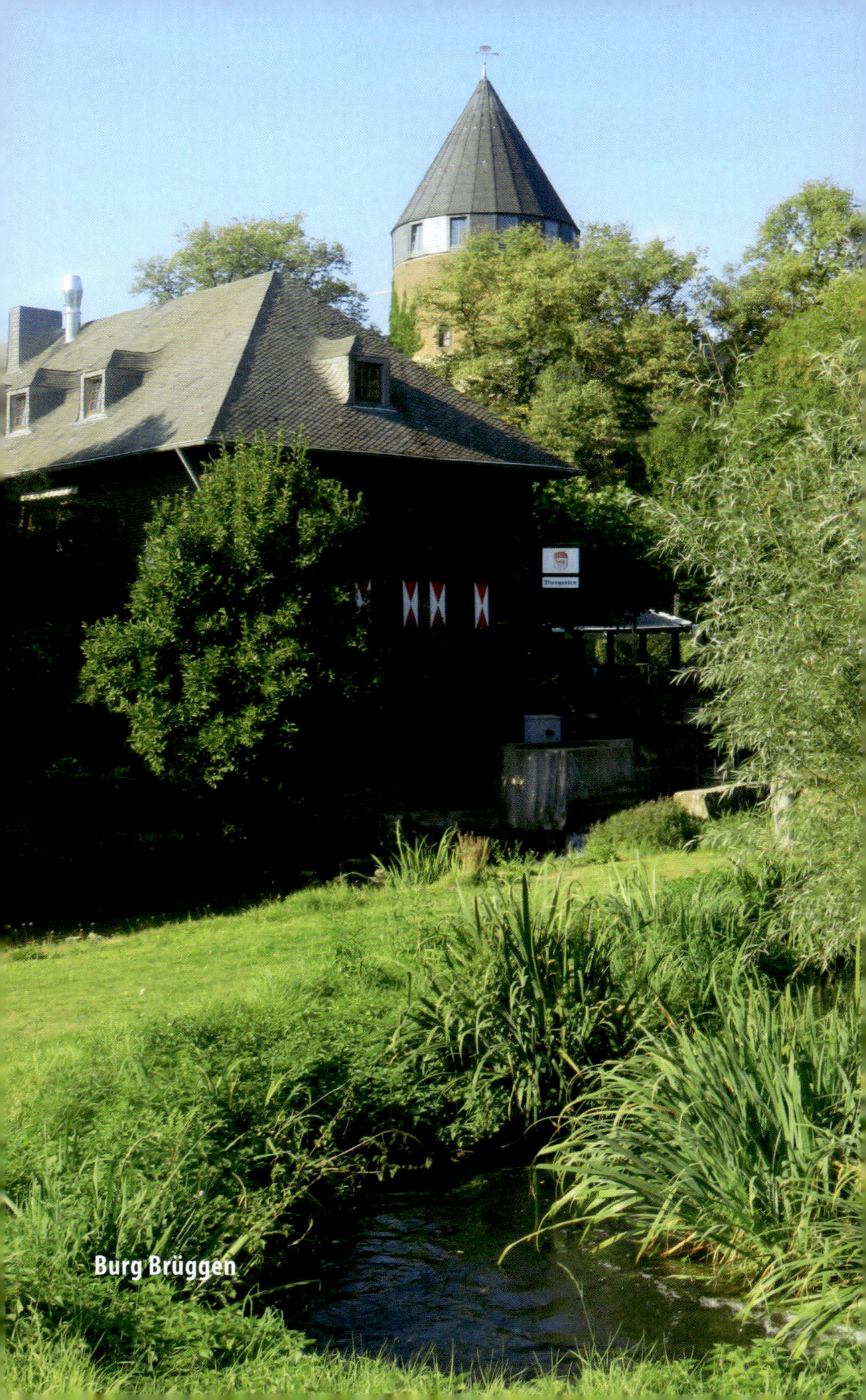

Burg Brüggen

Wasserburg Brüggen ⑦. In den alten Gemäuern leben keine Burgherren mehr, stattdessen befasst sich eine Dauerausstellung mit dem Thema Mensch und Jagd. Ein Pfad auf dem Wall bringt uns links zu einem großen Parkplatz, wo rechts das Restaurant **Alte Brüggener Mühle** ⑧, als einstige Burgmühle erstmals 1289 urkundlich erwähnt, mit gemütlichen Räumlichkeiten und einem großen Biergarten zur Rast einlädt. Gleich dort beginnt auch die **Altstadt von Brüggen** mit ihren verwinkelten Gassen, die zu einem Bummel durch die vielen kleinen Geschäfte oder zu einem Besuch der reich ausgestatteten Klosterkirche St. Nikolaus lockt, die heute als Pfarrkirche dient.

Unser Weg führt aber geradeaus über die Holzbrücke, hinter der scharf links eine weitere Brücke ans **Schwalmufer** führt. Ein angenehm schattiger Weg, der an beiden Seiten vom Fluss begrenzt wird, lotst uns stadtauswärts. Holzbrücken, unter denen Schwanenfamilien herziehen, dienen uns als Aussichtspunkte.

In der **Schwalmaue Vennmühle** hat man dem einst begradigten Fluss wieder mehr Raum zugestanden. Entstanden ist eine Sumpflandschaft, die bei Hochwasser als Rückhaltebecken dient und sich zu einem Laichparadies für Fische entwickelt hat. Einige Baumarten haben die ständige Überflutung aber nicht überlebt; wie wundersame Totempfähle erheben sich ihre nackten Stämme aus dem Wasser.

Unser Weg endet an einer Brücke, die wir rechts überqueren, um gleich links dem schnurgeraden **Laarer Bach** zu folgen. Nach Überqueren der Bundesstraße 221 nimmt uns geradeaus ein Landwirtschaftsweg auf, neben dem weiterhin der Laarer Bach fließt. Über die Wiesen hinweg ist nun auch wieder die **Borner Mühle** zu sehen.

Im Linksbogen kommen wir über die uns bereits bekannte Etappe zurück zur **Schwalm,** wandern hinter der Brücke aber diesmal geradeaus weiter. Die nächste Brücke führt uns links über den **Kranenbach.** Hier, kurz vor seiner Mündung in die Schwalm, lässt er uns an ein romantisches Landschaftsgemälde denken: Knorrig verwachsene Kopfbäume stehen in sattgrüner Aue und neigen sich schützend über die Bachufer.

An der Bahnschiene biegen wir rechts ab, ignorieren aber diesmal den rechts abknickenden Uferweg. Geradeaus nimmt uns unterhalb der umfriedeten Kirche zwischen Gärten und Seegrundstücken eine Allee auf, die neben dem Friedhof endet. Hinter zwei Wegpfosten geht es links zum Parkplatz zurück.

Wer noch nicht nach Hause fahren mag, könnte diesen wunderbar wasserreichen Niederrheintag im eingangs erwähnten Restaurant **Haus Strötges** ausklingen lassen, das Wert auf regionale Produkte legt.

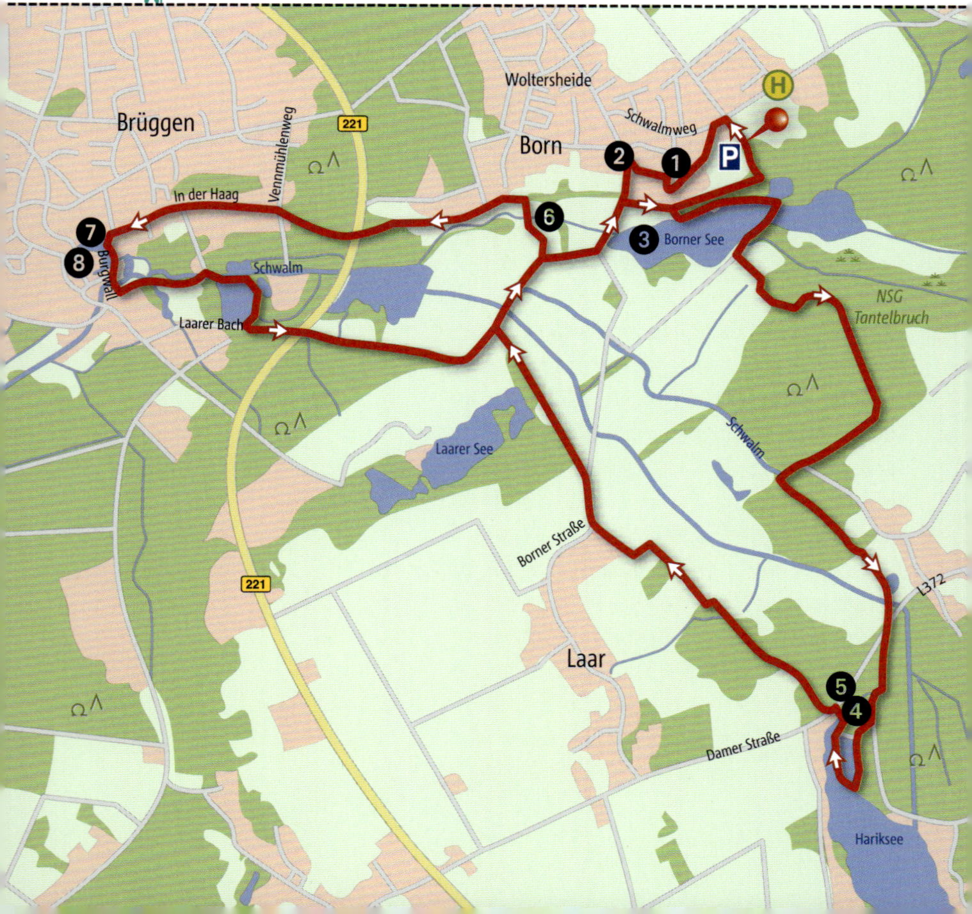

Alles auf einen Blick

WIE & WANN:
Straßen, Schotter-, Wald- und Feldwege; besonders schön von Frühling bis in den Spätherbst

HIN & WEG:
Auto: Wanderparkplatz am Friedhof, Stapp, 41379 Brüggen/Born (GPS 51.2432, 6.2147)
ÖPNV: Von Viersen oder Kaldenkirchen Bus 074 bis Hustenfeld/Stapp

ESSEN & ENTSPANNEN:
Haus Strötges ❷ Restaurant zum Borner See, Born 29, 41379 Brüggen, Tel. (0 21 63) 5 98 70, www.haus-stroetges.de
Hotel-Restaurant Mühlrather Mühle ❹ Mühlrather Mühle 2, 41366 Schwalmtal, Tel.(0 21 63) 5 71 62 76, www.muehlrather-muehle.de
Restaurant Mühlrather Hof ❺ Mühlrather Mühle 3, Am Hariksee, 41366 Schwalmtal Tel. (0 21 63) 94 47 44, www.restaurant-muehlrather-hof.de

Entspannung ✱✱✱✱✱
Genuss ✱✱✱✱✱
Romantik ✱✱✱✱✱

Restaurant Alte Brüggener Mühle ❽ Burgwall 3, 41379 Brüggen, Tel. (0 21 63) 63 22, www.altebrueggenermuehle.de

ENTDECKEN & ERLEBEN:
Kirche St. Peter ❶
Borner See ❸
Mühlrather Mühle ❹
Borner Mühle ❻
Wasserburg Brüggen ❼ Museum Mensch und Jagd e. V., Burgwall 4, 41379 Brüggen, Tel. (0 21 63) 57 01 47 11, www.menschundjagd.de

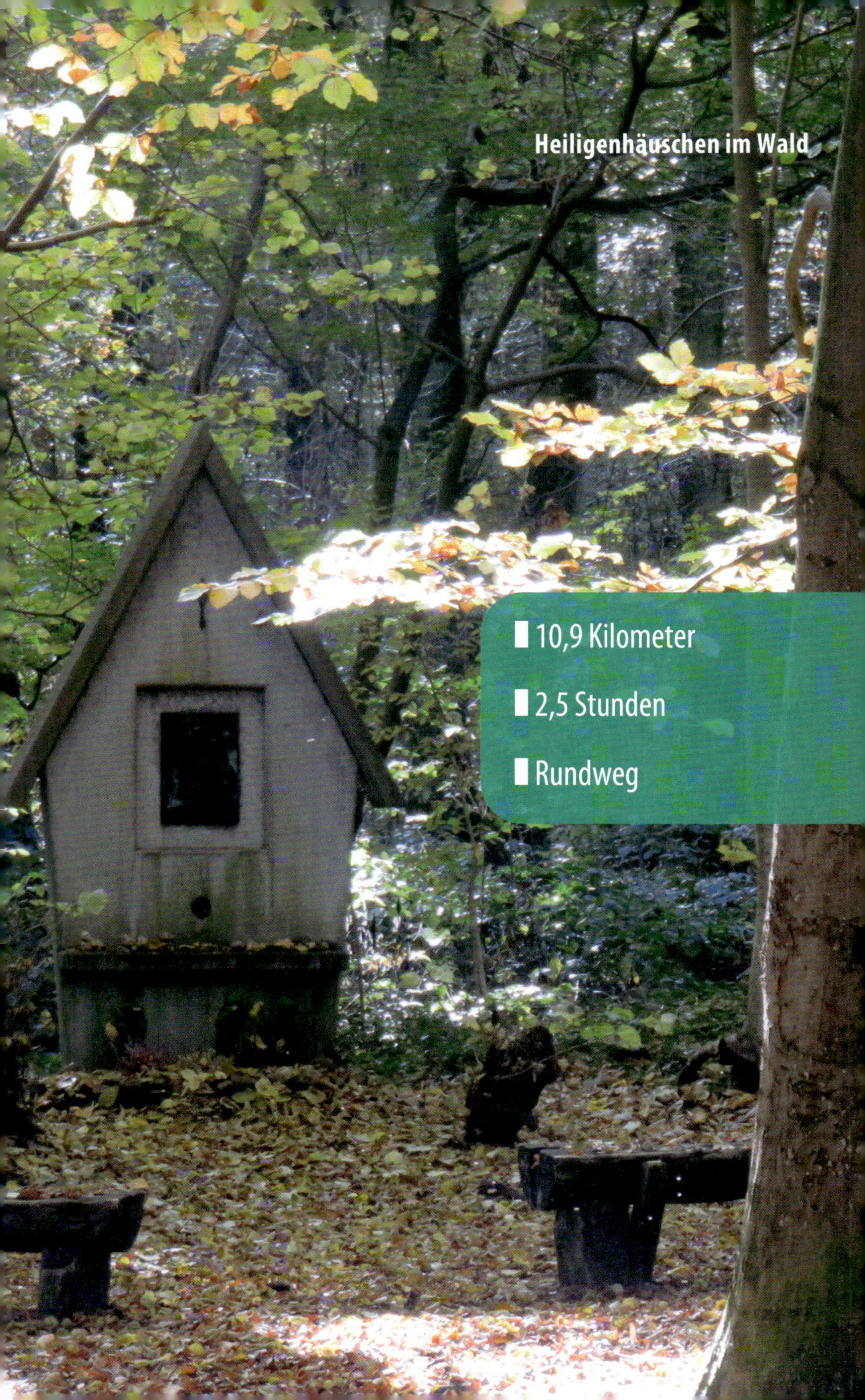
Heiligenhäuschen im Wald
10,9 Kilometer
2,5 Stunden
Rundweg

Am Waldrand ragen abgestorbene, rindenlose Bäume empor und bieten ein ungewöhnliches Bild. Gleich neben dem Parkplatz **Hochwalder Straße/ Ecke Baerlagweg** gabelt sich am Wald der mit einem **K** markierte Wanderweg. Wir entscheiden uns, ihm geradeaus und sanft ansteigend ins Naturschutzgebiet zu folgen. Auf einer kurzen Etappe zwischen Kiefern und Birken werden Brombeeren und Farn von großen Flecken Besenheide abgelöst.

Unsere Route führt bis zum großen **Wanderparkplatz Stappweg** geradeaus. Ihn, die **Xantener Straße** und den Parkplatz auf der gegenüberliegenden Seite überqueren wir. Pilzsammler sind mit bereits gut gefüllten Körben unterwegs zu ihren Autos. Pferdehänger

Stumme Zeugen

Die Leucht bei Issum

werden rangiert, die Tiere ein- oder ausgeladen. Es ist viel los, doch das Gewusel verliert sich in dem großen Waldgebiet **Die Leucht** recht schnell. An der zweiten Kreuzung hinter dem Parkplatz biegen wir links in einen Forstwirtschaftsweg ein.

Es ist der **Leichenweg,** über den bis vor rund 100 Jahren Verstorbene aus den umliegenden Bauernschaften in Ermangelung eines eigenen Friedhofs zur Beerdigung nach Alpen gebracht wurden. Die beiden **zweistämmigen Rotbuchen** ① am Wegrand sind stumme Zeitzeugen dieser Leichenzüge. Wie um solch einen Prozessionszug anzudeuten, fährt ein Pferdefuhrwerk mit Kutscher an uns vorbei und entschwindet in der Ferne.

5 Meter im Durchmesser misst der Stamm der als Naturdenkmal ausgewiesenen, 30 Meter hohen Rotbuche am Leichenweg, die vermutlich 260 Jahre alt ist. Der Baum gegenüber ist gut 4 Meter dick und wird auf etwa 200 Jahre geschätzt. In der Leucht finden sich weitere imposante Baumdenkmäler, ein genaues Hinsehen lohnt also.

Geradeaus liegt linker Hand das **Saure Venn** ②. Dieses ausgetrocknete Moor wird von Birken, Binsen und Gräsern eingerahmt. Zwei Bänke laden ein, von Vogelgezwitscher eingehüllt die beschauliche Atmosphäre zu genießen.

An der übernächsten Kreuzung biegen wir rechts ab. In einem Kiefernwald schmiegt sich mannshoher Farn in einem herbstlichen Farbenmix aus Grün- und Brauntönen um die schlanken Nadelbäume, am Wegrand leuchtet das intensive Rot der Fliegenpilze.

Leicht abschüssig geht es über Reitwege hinweg durch einen sehr lichten Birken-Kiefern-Wald, bis das Gelände zu beiden Seiten stetig ansteigt. Auf den steilen Böschungen eines Hohlwegs ragen Bäume

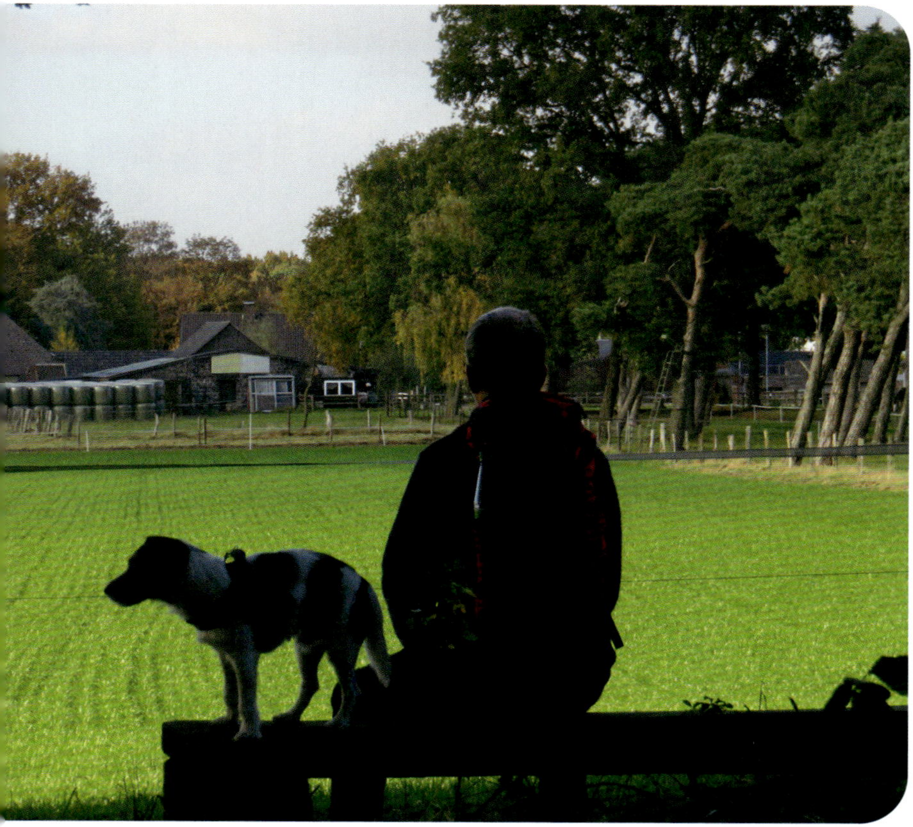

hoch über unseren Köpfen auf. Moosbewachsen scheinen die aus dem Erdreich ragenden Wurzeln ebenso nach uns greifen zu wollen wie die wundersam verdrehten Äste alter Eichen. Düstere Stimmung kann aber bei dem fröhlichen Vogelgesang und dem rot-goldenen Farbmix des Herbstlaubes um uns herum nicht aufkommen.

Bald verliert sich der Hohlweg. Wir folgen dem leichten Linksschwenk geradeaus. Rechter Hand liegt im Wald ein mit Blumen geschmückter Bildstock, an dem wir links abbiegen. An den folgenden zwei Weggabelungen halten wir uns rechts, bis wir zu einem Wiesen-Wald-Weg kommen, der leicht aufwärts durch einen Kiefernwald verläuft. Wieder nimmt uns ein Hohlweg auf, die Kiefern auf seinen steilen Hän-

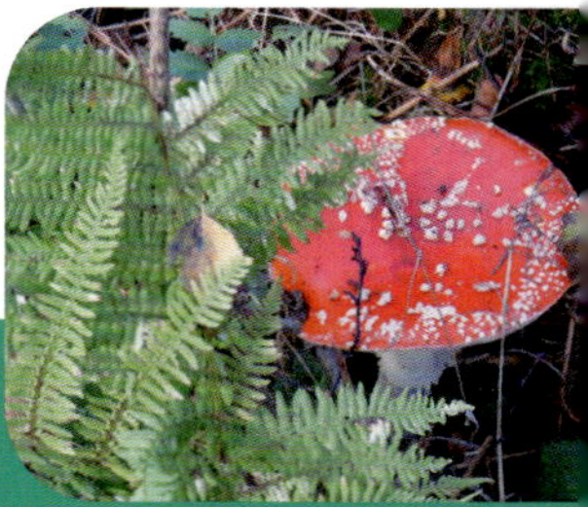

Für die Seele

Zwischen Totholz und jahrhundertealten Buchen lassen der Leichenweg, ein verlandetes Moor und Hügelgräber Geschichten aus längst vergangenen Tagen erahnen.

gen scheinen geradewegs in den Himmel zu ragen.

Unsere Wanderstrecke führt mal über weiche Wiesenwege, mal über kieseligen Untergrund eine ganze Weile geradeaus und beschreibt dann einen leichten Linksbogen. Junge Bäume mischen sich mit alten Buchen, deren Wurzeln und Stämme mit smaragdgrünem Moos bezogen sind. Zwischen Parzellen mit Kiefern, Fichten, Eichen und Buchen geht es über eine Kreuzung mit einem überdachten Rastplatz hinweg geradeaus. Ein Nadelwald ist durch die unterschiedlichen Wuchshöhen seiner Baumgenerationen nahezu blickdicht. Die Leucht übt mit ihren ständig wechselnden Baumarten und unterschiedlichen Strukturen einen ganz besonderen Reiz auf uns aus.

Hinter seltsam verdrehten Eichen erreichen und überqueren wir die **Xantener Straße** und wandern geradeaus unter Buchen und Eichen hindurch. An einer großen Kreuzung mit einem überdachten Rastplatz ist ein nordischer **Granitfindling** ❸ wegen seines geschätzten Alters von etwa 1 Million Jahren als Naturdenkmal ausgewiesen.

Wie jeder Findling hat auch dieser seine ureigene Form und Farbe. Wenn er reden könnte, würde er uns vielleicht von seiner langen Reise erzählen, die er mit dem Gletschereis aus seiner nordischen Heimat zum Niederrhein antrat, wo ihn zunächst noch ein dicker Eispanzer umschloss, der ganz allmählich schmolz. Wir beenden unsere stumme Zwiesprache mit dem uralten Stein und wandern rechts weiter.

Die Hügelgräber am Niederrhein sind Relikte einer Bestattungskultur aus der Zeit bis ca. 500 v. Chr. Die Gräber in der Leucht wurden in den 1930er-Jahren erforscht, einige der Grabfunde sind z. B. im Niederrheinischen Museum für Volkskunde und Kulturgeschichte in Kevelaer zu sehen.

Vor einer eingezäunten Schonung mit Nadelgehölzen lockt ein Tisch mit Bänken zu einer Rast und wir packen unseren Proviant aus, bevor es uns nach unserer Pause geradeaus weiter zum Waldrand zieht. Links ab gelangen wir zwischen Wald und dem weitläufigen Gelände einer Pferdepension zu einigen **Hügelgräbern** ❹. Ein Pfad führt links in den Wald, wo sie von Brombeeren und Farn überwuchert vor uns liegen. Obwohl wir sie lediglich als Bodenwellen wahrnehmen, faszinieren uns die geheimnisvollen Grabstätten, die uns die jahrtausendealte Tradition der Totenehrung ins Bewusstsein rücken.

Bevor uns die Melancholie des Ortes zu sehr einnimmt, wandern wir weiter auf dem fast schnurgerade verlaufenden Weg. In den von hohen Baumreihen durchzogenen Feldern und Wiesen verstreut liegen da und dort Bauernhäuser mit Pferdekoppeln und Obstwiesen. Am Waldrand entdecken wir Robinien, auch als Schein-Akazien bekannt, die leicht an ihrer tief zerfurchten Borke und ihren eigenwillig gewachsenen Ästen zu erkennen sind. In Hinsbeck hat uns gleich eine ganze Allee aus Robinien fasziniert (siehe S. 45).

Wir wandern geradeaus weiter bis zu einem weiteren, links im Wald deutlich erkennbaren Hügel-

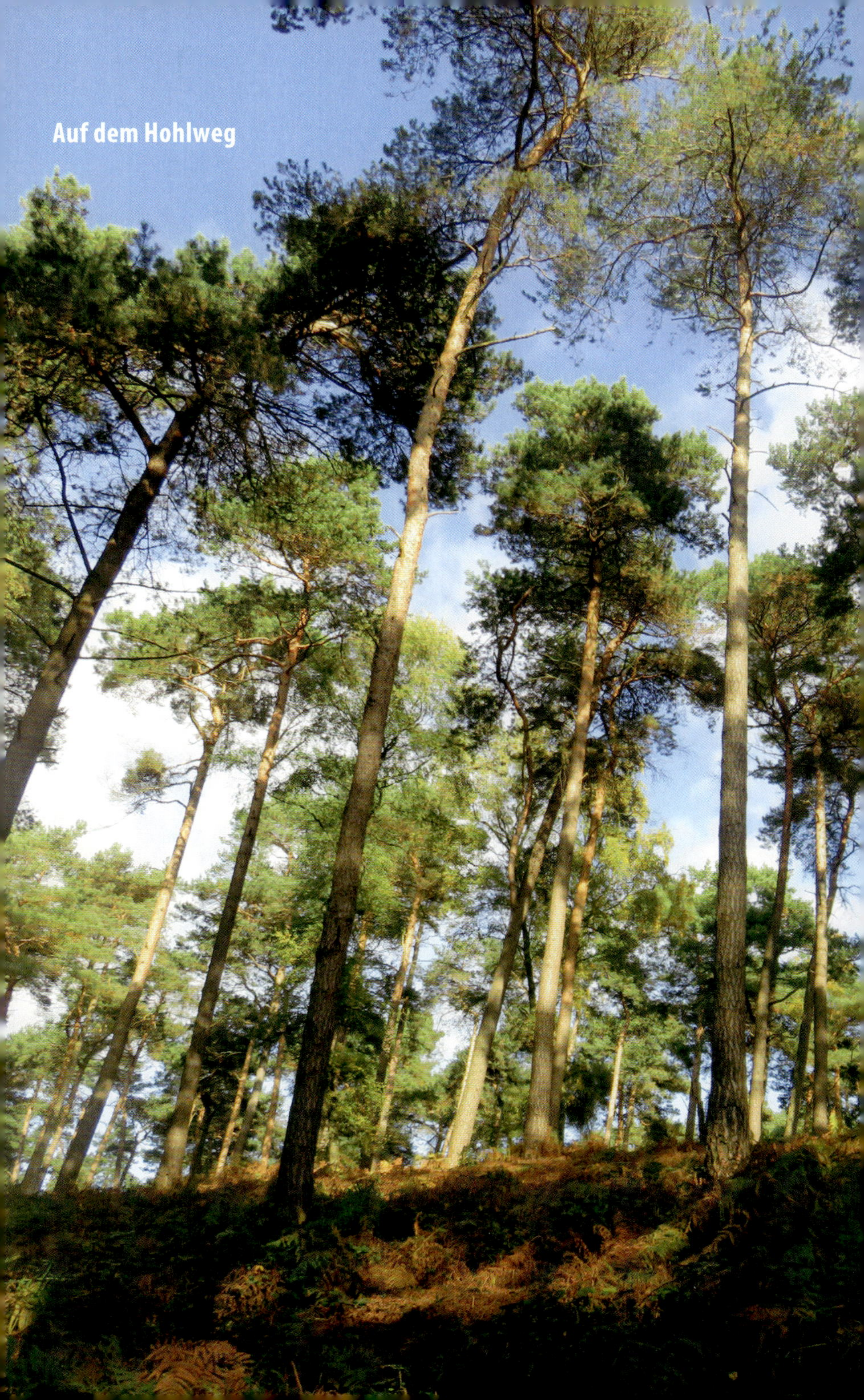
Auf dem Hohlweg

grab. Links steigt eine mit hohen Kiefern bestandene Böschung an, die Böschung rechts liegt etwas weiter vom Weg entfernt. Beide laufen kurz darauf ebenerdig aus. Hinter einem Feld und einer ausgedehnten Wiese tauchen wir erneut in den Wald ein, in dem es weitere Hügelgräber gibt. Wir folgen dem links abknickenden **K**-Wanderweg, der uns zwischen einer ausgedehnten Wiese mit einem Hochsitz und einer eingezäunten Schonung hindurch zu einem schmaler werdenden Weg bringt. Ein Rechtsbogen führt uns zurück in den Wald, in dem Ilex mit seinen roten Beeren für satte Farbtupfer sorgt.

Unser Weg schlängelt sich leicht abwärts zwischen Wald und einer Pferdekoppel hindurch und führt dann wieder mitten in den Wald hinein. Die Silhouetten von dunklem Eichengeäst wirken im Gegenlicht düster und schaffen eine geheimnisvolle Stimmung.

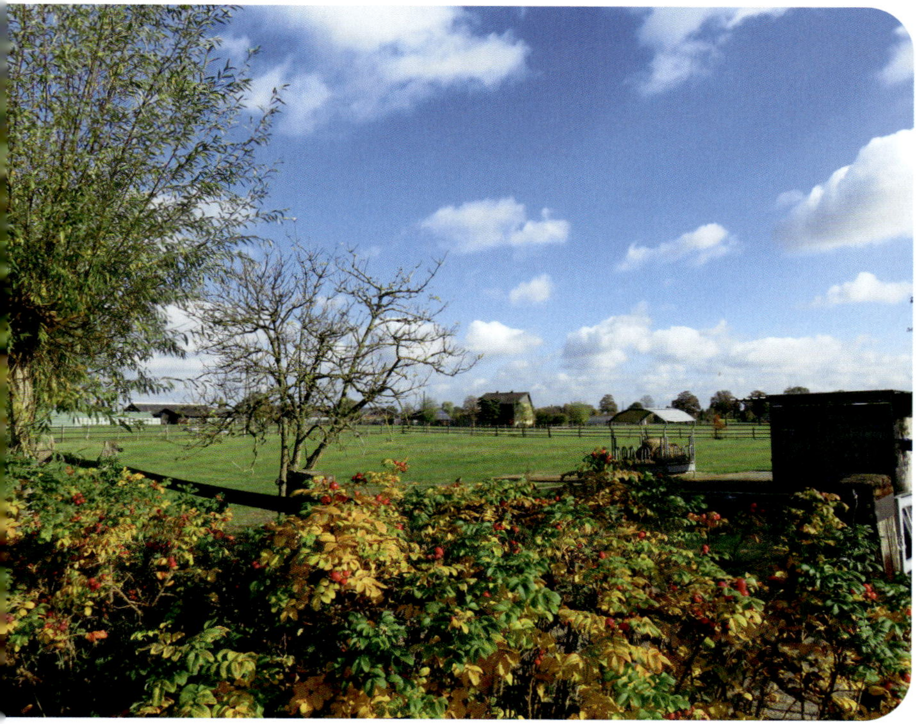

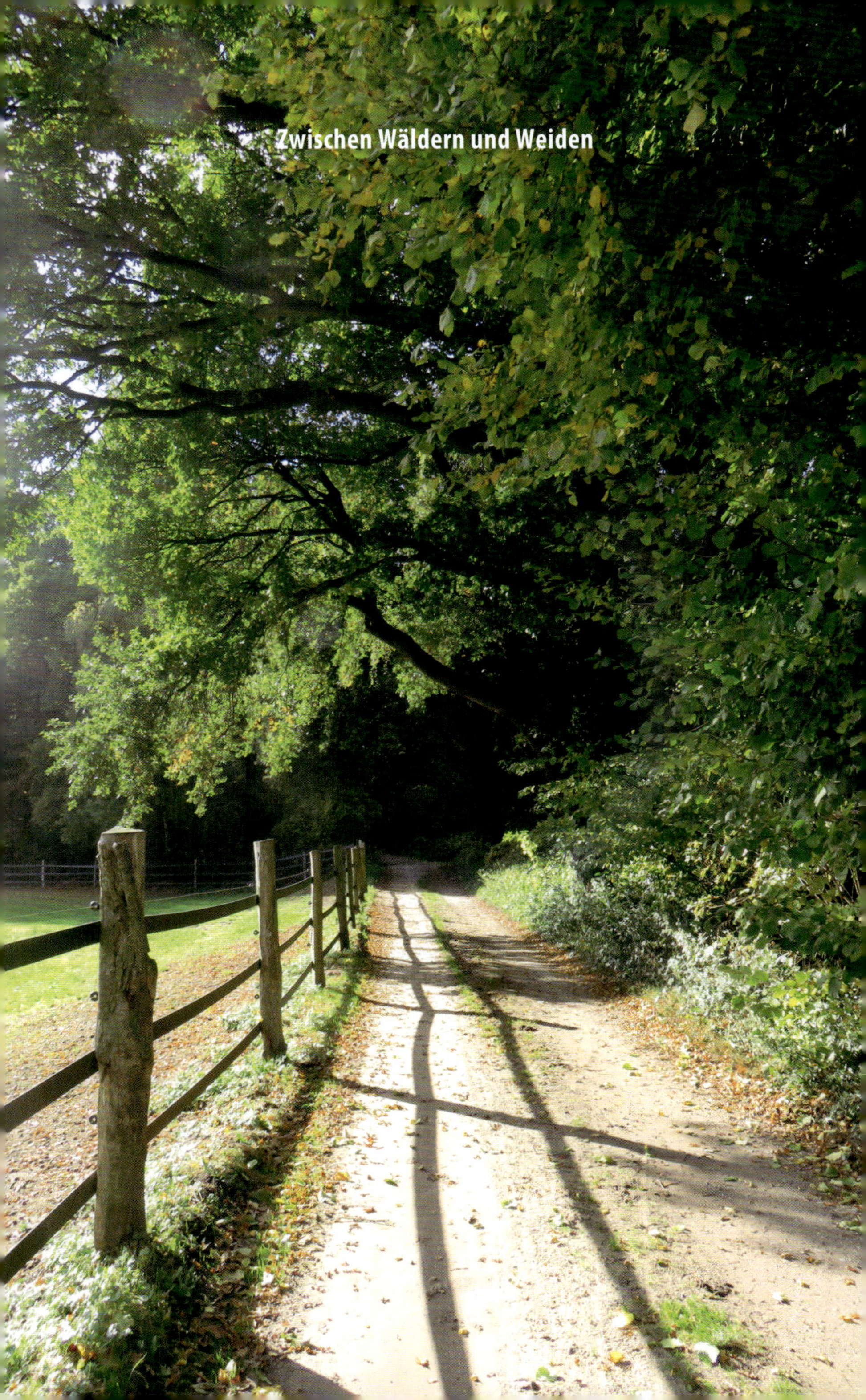
Zwischen Wäldern und Weiden

Verwöhntour 10

Allmählich weitet sich aber die Landschaft, hinter den Bäumen erstrecken sich weite Wiesen und Felder. Im Linksbogen wandern wir durch von Efeu umschlungene Bäume und erreichen nach zweimaligem Rechtsabbiegen wieder unseren Parkplatz.

Wenige Fußminuten entfernt und hinter dem Parkplatz entsprechend ausgeschildert, lädt die Gartenwirtschaft **Baerlaghof** 5 in geschmackvoll umgebaute Pferdestallungen und auf eine schöne Außenterrasse ein. Dieser Wandertag hat uns in eine schaurig-schöne Stimmung versetzt und durch eine abwechslungsreiche Waldlandschaft mit bemerkenswerten Naturdenkmälern und kulturhistorisch bedeutsamen Stätten gebracht.

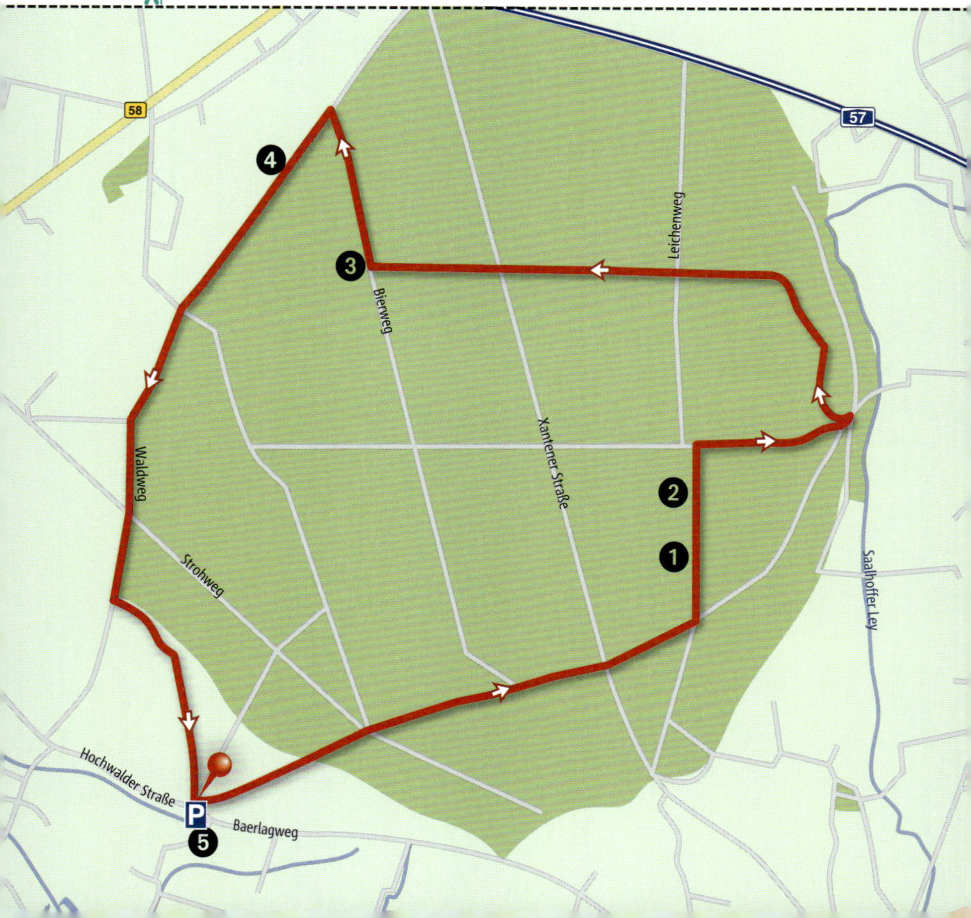

Alles auf einen Blick

WIE & WANN:
Befestigte und unbefestigte Waldwege; ganzjährig möglich

HIN & WEG:
Auto: Parkplatz Stapp (nicht: Parkplatz Stappweg!),
Hochwalder Straße/Ecke Baerlagweg, 47661 Issum (GPS 51.5326, 6.4817)
ÖPNV: Keine direkte Anbindung an die Strecke

ESSEN & ENTSPANNEN:
Café & Gartenwirtschaft Baerlaghof ❺ Hochwald 38, 47661 Issum,
Tel. (0 28 35) 3307, www.baerlaghof.de

Entspannung ★★★☆☆
Genuss ★★★★☆
Romantik ★★★★☆

ERLEBEN & ENTDECKEN:
Naturdenkmal Rotbuche ❶
Saures Venn ❷
Naturdenkmal Granitfindling ❸
Hügelgräber ❹

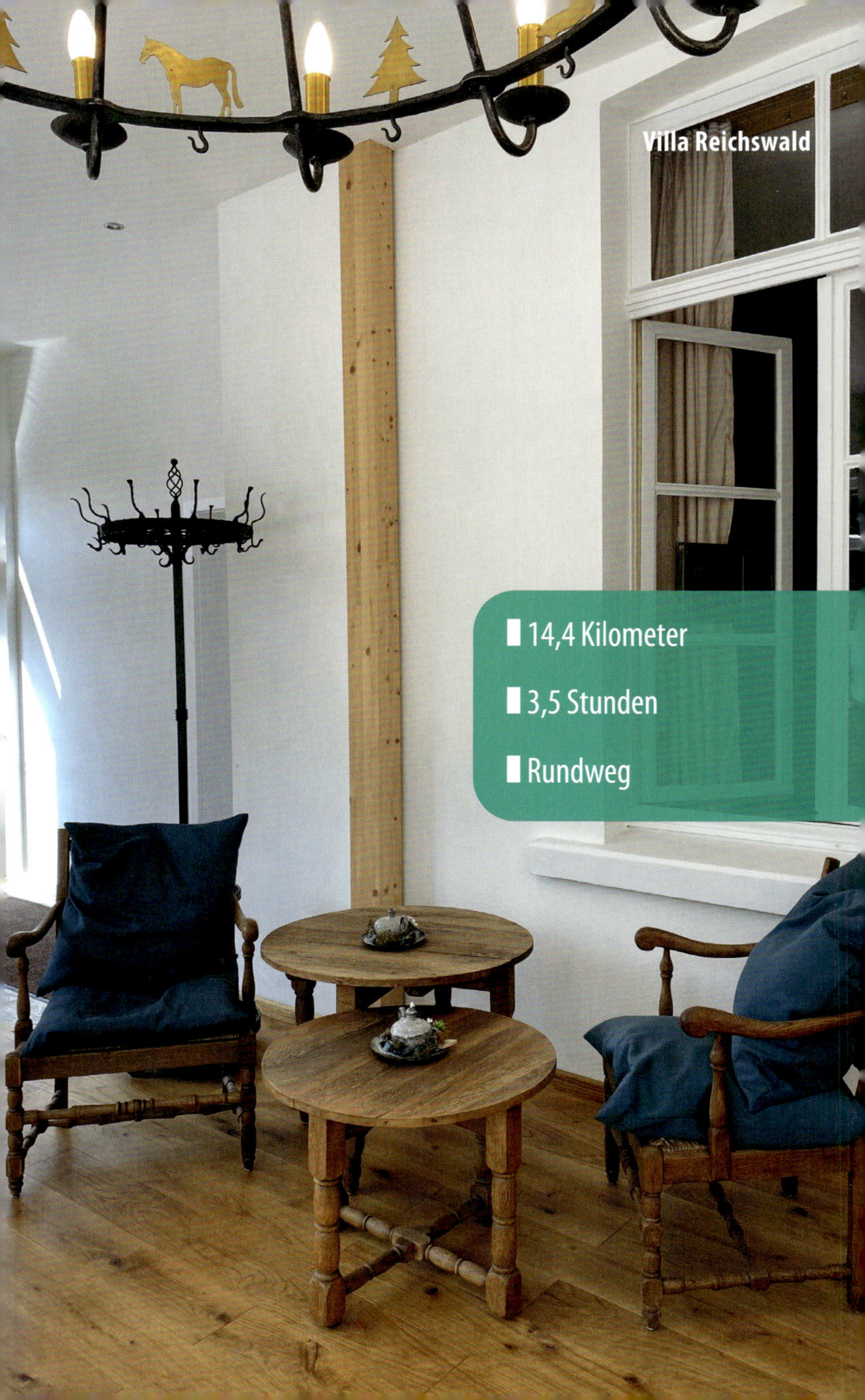

Villa Reichswald

- 14,4 Kilometer
- 3,5 Stunden
- Rundweg

Am **Wanderparkplatz Hohe Ley** bringt uns ein Forstwirtschaftsweg geradeaus, leicht aufwärts und in sanften Schlenkern in ein an beiden Seiten ansteigendes Waldgelände. Vogelgesang hüllt uns ein, unter unseren Füßen knirscht der kieselige Weg, dessen Linksdrall wir ungeachtet aller kleineren Abzweige folgen. Der Kies weicht einem Wiesenstreifen, auf dem es sich sehr angenehm läuft. Es geht leicht bergab zu einer Kreuzung, an der wir links auf einen festen, breiten Wanderweg einbiegen. Ihm bleiben wir bis zum Waldrand treu. Vor uns liegen sanft zur Ebene hin abfallende Wiesen und Felder. Diesen Ausblick aus rund 70 Metern Höhe genießen wir, bevor wir im Rechtsschwenk in den Wald zurücklaufen. Die

Vergänglichkeit

Uedemer Hochwald und Mörmter

nächste Kreuzung führt uns links zum Ausflugslokal **Villa Reichswald** ❶.

Im leichten Dunst sehen wir den einige Kilometer entfernten Doppelturm des **Xantener Doms St. Viktor,** der uns in Bislich noch einmal beschäftigen wird (siehe S. 64). Wir genießen den Weitblick, während wir vor dem Lokal der abschüssigen Straße zum Radweg-Knotenpunkt 51 folgen. Links ab gelangen wir durch eine rot-weiße Wegschranke auf die Trasse der ehemaligen **Boxteler Bahn** ❷.

Die Schienen der Boxteler Bahn sind längst verschwunden, der Damm ist geblieben. Wir wandern unter einem dichten Blätterdach, unter uns liegen in den Feldern verstreut Bauernhäuser und Scheunen.

Die Villa Reichswald wurde 1884 als Erholungsheim für Mitarbeiter der Boxteler Bahn inmitten prächtiger Natur konzipiert. Nach 1906 wechselten mehrfach die Besitzer, das Hotel wurde erweitert und nach dem Ersten Weltkrieg zum Kurhaus umfunktioniert. 1950 kam das Aus für den Hotelbetrieb. Heute lockt ein Café-Restaurant Ausflügler an und wird für Feierlichkeiten genutzt.

Verwöhntour 11

Der Damm flacht ab und quert eine schmale Straße, um gleich dahinter wieder hoch über den Feldern weiterzuführen. Auch an der **Marienbaumer Straße** verläuft der Damm auf der anderen Seite weiter. Wer sich nach einer Einkehrmöglichkeit sehnt, erreicht mit wenigen Schritten links das gemütliche Landcafé und Restaurant **Landgut am Hochwald 3,** das überwie-

Um die Jahrhundertwende hatte die Noord-Brabantsch-Duitsche-Spoorweg-Maatschappij zwischen Boxtel in den Niederlanden und Wesel am Rhein internationale Bedeutung: Über ihre Gleise verkehrten Kurswagen in die Großstädte Berlin und Hamburg sowie dem Fährhafen Vlissingen nach Russland und Skandinavien.

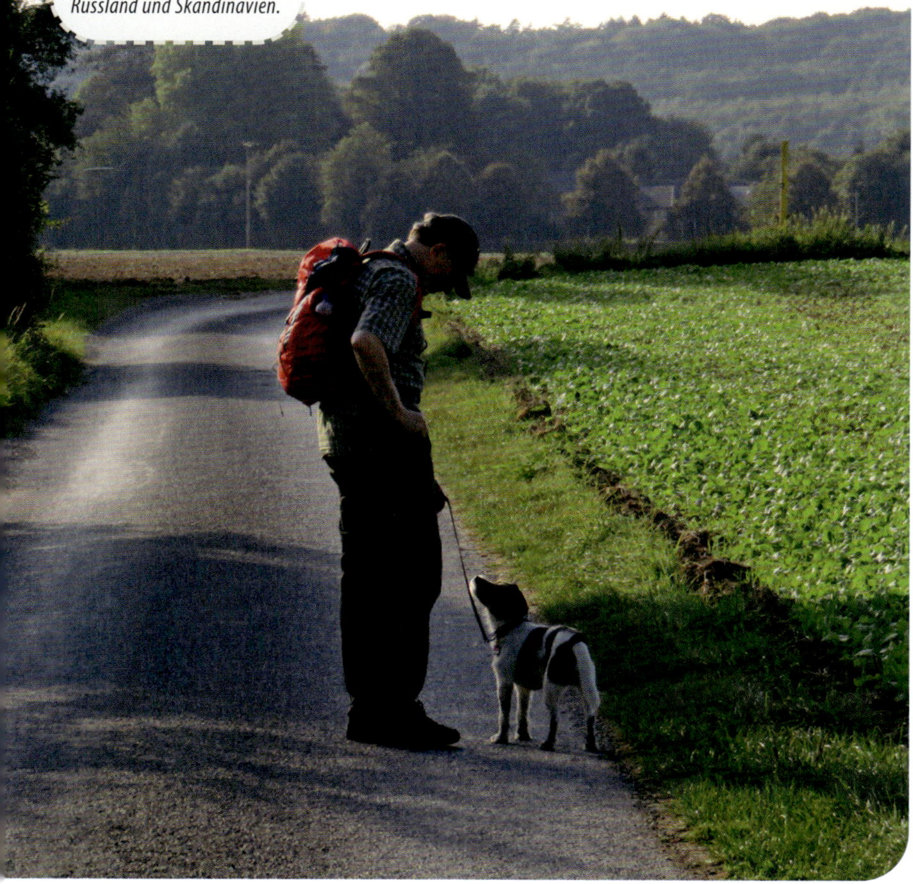

gend regionale Produkte verwendet. Wir aber wandern weiter geradeaus, um uns von einem Fuß- und Radweg auf den weiterhin unter einem lauschigen Blätterdach verlaufenden Bahndamm bringen zu lassen. Hoch über Pferdekoppeln, Kuhweiden und von Schilf durchzogenen Feuchtwiesen erreichen wir die **Hohe Ley,** die den Damm unterquert. Ihr begegnen wir auf ihrem weiteren Lauf noch einmal in Kalkar (siehe S. 145).

An der Zufahrt eines Campingplatzes wechseln wir noch in der Kurve die Straßenseite, um gegenüber dem parallel zur Straße verlaufenden Rad- und Fußweg geradeaus zu folgen. Hinter einer Kreuzung führt unsere Route vor einem einzeln stehenden Haus im Rechts-links-Schwenk zum Waldrand. Vor

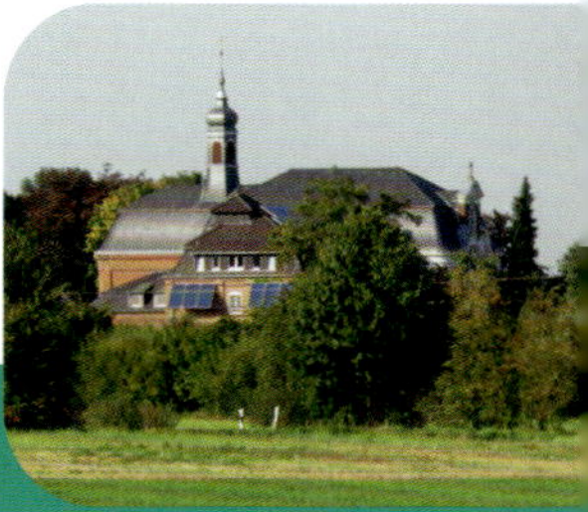

Für die Seele

Vom Uedemer Hochwald führt uns die alte Trasse der Boxteler Bahn in die Niederung. Im Franziskanerkloster lassen wir die Seele baumeln, bevor wir uns zu einem versteckt liegenden Kirchenkleinod ins Düsterfeld aufmachen.

uns erstreckt sich ein Landschaftsschutzgebiet, das wir aber nicht betreten. Uns nimmt links die **Urseler Straße** auf. An der Straßenecke biegen wir rechts ab und halten uns dicht am Straßenrand, da es keinen Seitenstreifen gibt.

Wo die Vorfahrtsstraße rechts abknickt, biegen wir links in die **Willicher Straße** ein, folgen einem von Erlen und Kopfweiden gesäumten Wässerungsgraben und überqueren die **Willichsche Ley.** Solche als „Ley“ bezeichneten Entwässerungsgräben hat man angelegt, als im 14. Jahrhundert die Bruchlandschaft urbar gemacht wurde.

Am Abzweig **Wardterholzweg** folgen wir der Rechtskurve der Straße, den Piepersweg ignorieren

Im Jahr 2009 hat die brasilianische Provinz das 1921 erbaute Franziskanerkloster Mörmter übernommen und führt es als Fazenda da Esperança, wo junge Männer neben einer Suchttherapie auch spirituelle Begleitung erfahren.

wir und in Höhe des Abzweigs **Dorsewald** queren wir rechts erneut die Willichsche Ley. Die Kopfweiden und Hecken gewähren an wenigen Stellen von der Straße aus einen Ausblick auf **Haus Mörmter,** ein ehemaliges Herrenhaus, das heute in Privatbesitz ist.

Die Willicher Straße knickt nach links ab, den rechts abzweigenden Biebersbusch ignorieren wir, um dahinter links in die von Hecken gesäumte schmale Straße und wiederum links auf **Düsterfeld** einzubiegen. Dort erreichen wir das **Kloster Mörmter ❹.** Sowohl die Klosterkirche als auch das angrenzende **Café Esperança am Jakobsweg** laden dazu ein, die Seele baumeln zu lassen.

Wir folgen rechts dem Hinweisschild, das die Richtung zur **evangelischen Kirche** anzeigt. Es führt uns am Klostergarten entlang, an den sich Ackerflächen anschließen. Am linken Wegrand nehmen uns Hecken die Sicht, aber dann gibt eine Schneise den Blick auf ein von Weidengebüsch und Seggen bewachsenes Stillgewässer frei. Die Atmosphäre ist sehr friedlich, nur das Gezwitscher verschiedener Vogelarten und Entengeschnatter sind zu hören. Eine weitere Schneise zeigt uns wenige Meter weiter ein Schilfröhricht.

Die Hecke endet vor einer Brücke über die **Niedere Ley.** Eine hohe Pappelreihe durchzieht die Feuchtwiesen. Wir wandern im Rechtsbogen und ignorieren den linken Abzweig zum Haumannshof. Auf dem Höhenzug vor uns sehen wir über die Baumwipfel die Radaranlage der Luftraumüberwachung aufragen. Von einer Kirche ist weit und breit nichts zu sehen.

Ein Wäldchen nimmt uns auf. Das **Düsterfeld** macht an diesem schattigen Fleckchen Erde seinem Namen alle Ehre. Hinter Bäumen ragt trutzig die weiß getünchte **evangelische Kirche Mörmter ❺** aus dem 17. Jahrhundert auf. Ein kleiner Friedhof schmiegt sich an das Gemäuer und setzt mit buntem Blumenschmuck fröhliche Farbtupfer. Das rote Holzportal wirkt wehrhaft und erinnert eher an ein Burgtor als an ein Kirchenportal. Die Ruhe ist greifbar und lässt an einen

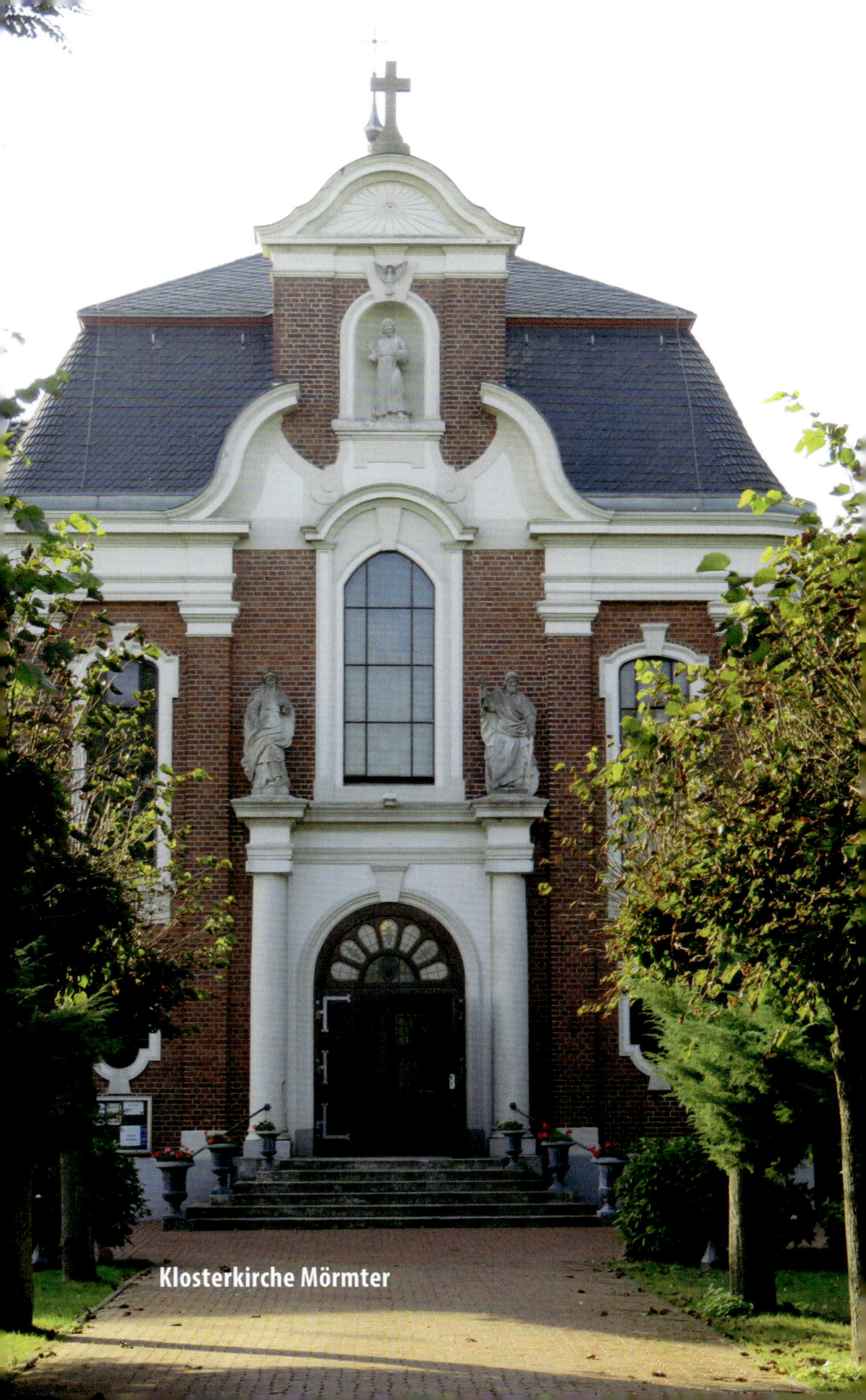

Klosterkirche Mörmter

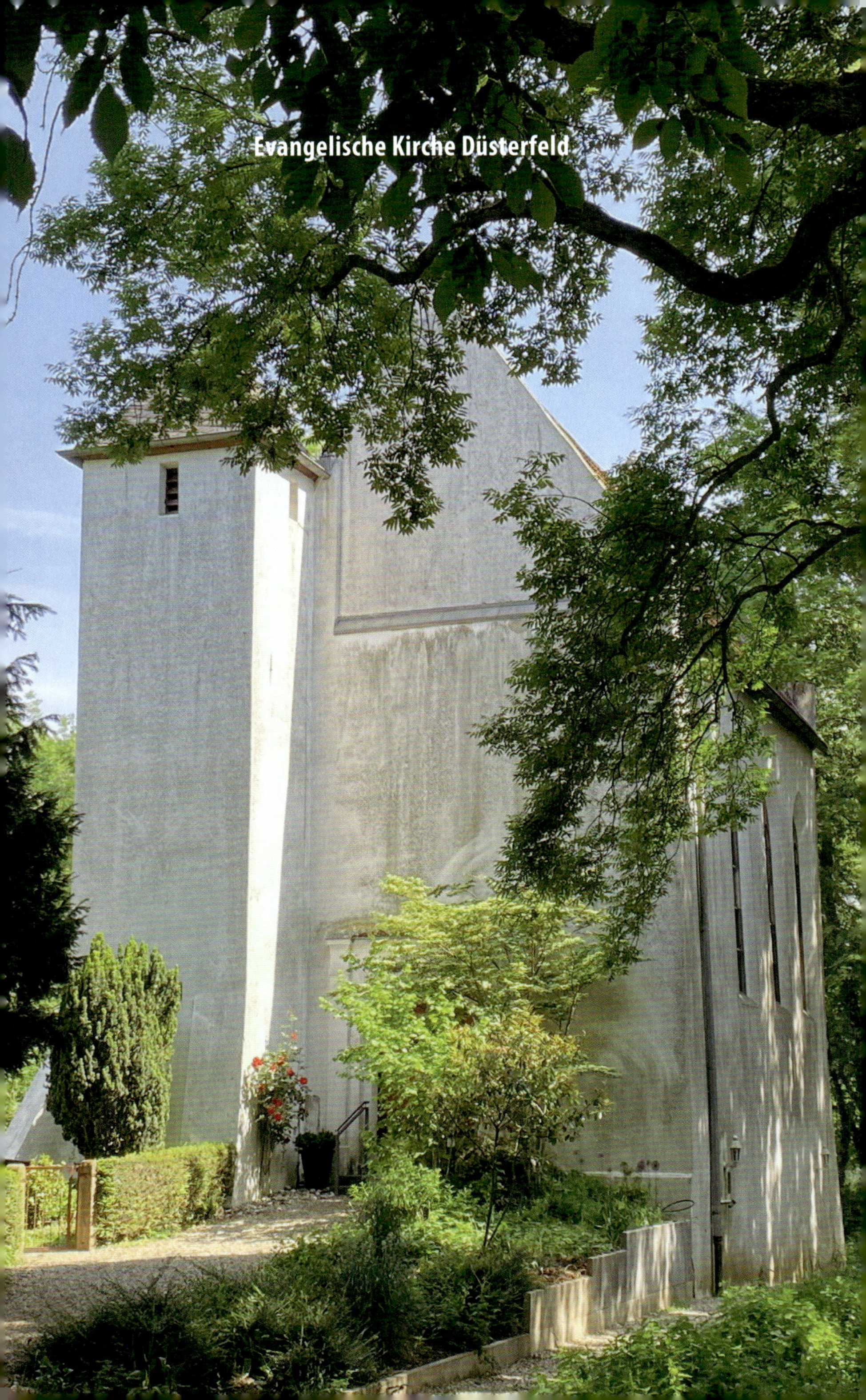
Evangelische Kirche Düsterfeld

Dornröschenschlaf denken. Lediglich zwei heimelig anmutende Häuser liegen in der Nähe.

Im Linksschwenk stehen wir nach wenigen Schritten schon wieder im gleißenden Sonnenlicht. Wir folgen dem mit einem X markierten, asphaltierten Fernwanderweg, der an der Gabelung neben einer Apfelplantage links als Feldweg weiterführt und später rechts in den **Donkweg** abknickt. An einem einzelnen Haus vorbei überqueren wir die von Weiden und Erlen gesäumte **Hohe Ley** und biegen rechts in die stark befahrene **Labbecker Straße** ein (bitte auf den Autoverkehr achten, es gibt keinen Seitenstreifen!). Dem Fernwanderweg bleiben wir noch für etwa 200 Meter treu, bis uns auf der gegenüberliegenden Straßenseite ein Weg, der leicht zu übersehen ist, in den Wald und aufwärts durch zu beiden Seiten ansteigendes Gelände bringt.

An einer Kreuzung führt links steil hinab ein entsprechend beschilderter Weg in eine **Naturwaldzelle** **6**. Wer jedoch nicht gerade Lust auf einen Abstecher hat, wandert weiter geradeaus. An der nächsten Kreuzung biegen wir links auf den angenehm weichen Wanderweg **A 4** ein, der uns an das eingezäunte Gelände des **Zentrums Luftoperationen der Luftwaffe** bringt. Vor uns ragt die eiförmige Radaranlage auf, die uns vorher schon so oft aufgefallen ist. Eingebunden in ein bundesweites Netz von Radaranlagen dient sie der Überwachung des Luftraumes und der Erstellung eines Luftlagebildes.

Der links abknickende Pfad verläuft vor dem Zaun und oberhalb der Naturwaldzelle. Der Zaun endet, wir biegen rechts ab. Gleich danach halten wir uns links und wandern wiederum oberhalb eines steil abfallenden Waldgeländes. An einem Schild, das auch das Gebiet vor uns als naturnahen Waldbestand ausweist, biegen wir links ab. Um uns herum ertönt vielstimmiger Vogelgesang. Die Stimmung mutet inmitten der Buchen und Eichen fast magisch an. Bemooste Baumstämme liegen wie Spielzeuge eines

Die Idee, ausgewählte Waldstücke mit Altbaumbestand sich selbst zu überlassen, stammt aus den 1930er-Jahren. Doch erst rund 40 Jahre später wurden tatsächlich erste Waldparzellen aus der Bewirtschaftung herausgenommen, um naturnahe Altwälder ihrer natürlichen Entwicklung zu überlassen. Eine der zwei Naturwaldzellen im Uedemer Hochwald steht seit 1971 unter Schutz, die andere seit 1994.

Riesen über den Waldboden verteilt. Wir laufen abwärts durch das an beiden Seiten hoch ansteigende Waldgebiet. Abrupt bleiben wir stehen. Eine Waldhexe starrt uns an! Bei näherer Betrachtung entpuppt sie sich als ein Baumwurzelrest. Doch wer weiß … An der nächsten Gabelung halten wir uns auf der weiterhin abschüssigen Strecke links. Nachdem wir wieder ebenes Gelände erreicht haben, gelangen wir rechts zum Parkplatz.

Wir finden es tatsächlich ein bisschen schade, dass wir schon wieder an unserem Auto angekommen sind. Eine sehr abwechslungsreiche Wanderung liegt hinter uns, die uns wunderbare Facetten des Niederrheins gezeigt hat.

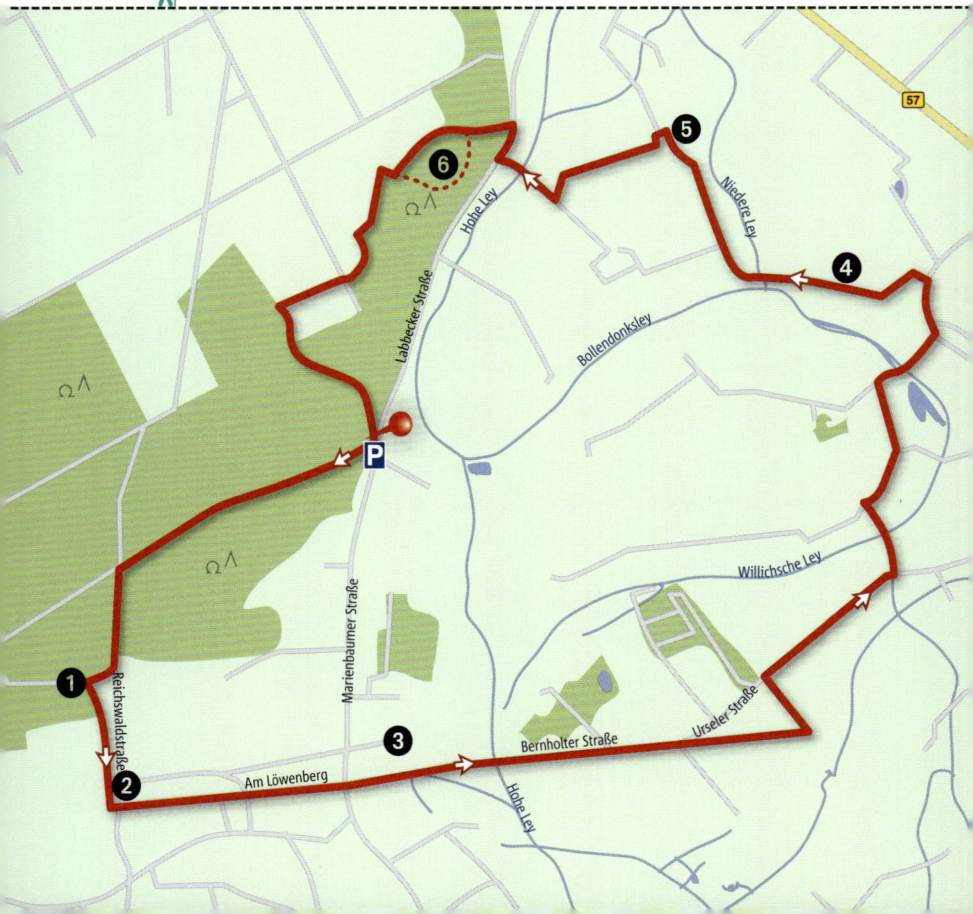

Alles auf einen Blick

WIE & WANN:
Alte, zum Großteil befestigte Trasse der Boxteler Bahn, Waldwege und, von einigen Etappen abgesehen, wenig befahrene Straßen; empfehlenswert von März bis November

HIN & WEG:
Auto: Parkplatz Hohe Ley, Labbecker Straße, 46509 Xanten (GPS: 51.6695, 6.3711)
ÖPNV: Keine direkte Anbindung an die Strecke

ESSEN & ENTSPANNEN:
Ausflugslokal Villa Reichswald ❶ Reichswaldstraße 2, 47589 Uedem-Uedemerbruch, Tel. (0 28 25) 3 83, www.villa-reichswald.de
Landgut am Hochwald ❸ Marienbaumer Straße 152, 47665 Sonsbeck-Labbeck, Tel. (0 28 01) 9 82 68 70, www.landgut-am-hochwald.de

Entspannung ✸✸✸✸✸
Genuss ✸✸✸✸✸
Romantik ✸✸✸✸✸

Café Esperança am Jakobsweg ❹ Düsterfeld 8, 46509 Xanten-Mörmter, Tel. (0 28 01) 20 53

ENTDECKEN & ERLEBEN:
Trasse der ehemaligen Boxteler Bahn ❷
Kloster Mörmter, Fazenda da Esperança ❹
Evangelische Kirche Mörmter ❺
Naturwaldzelle ❻

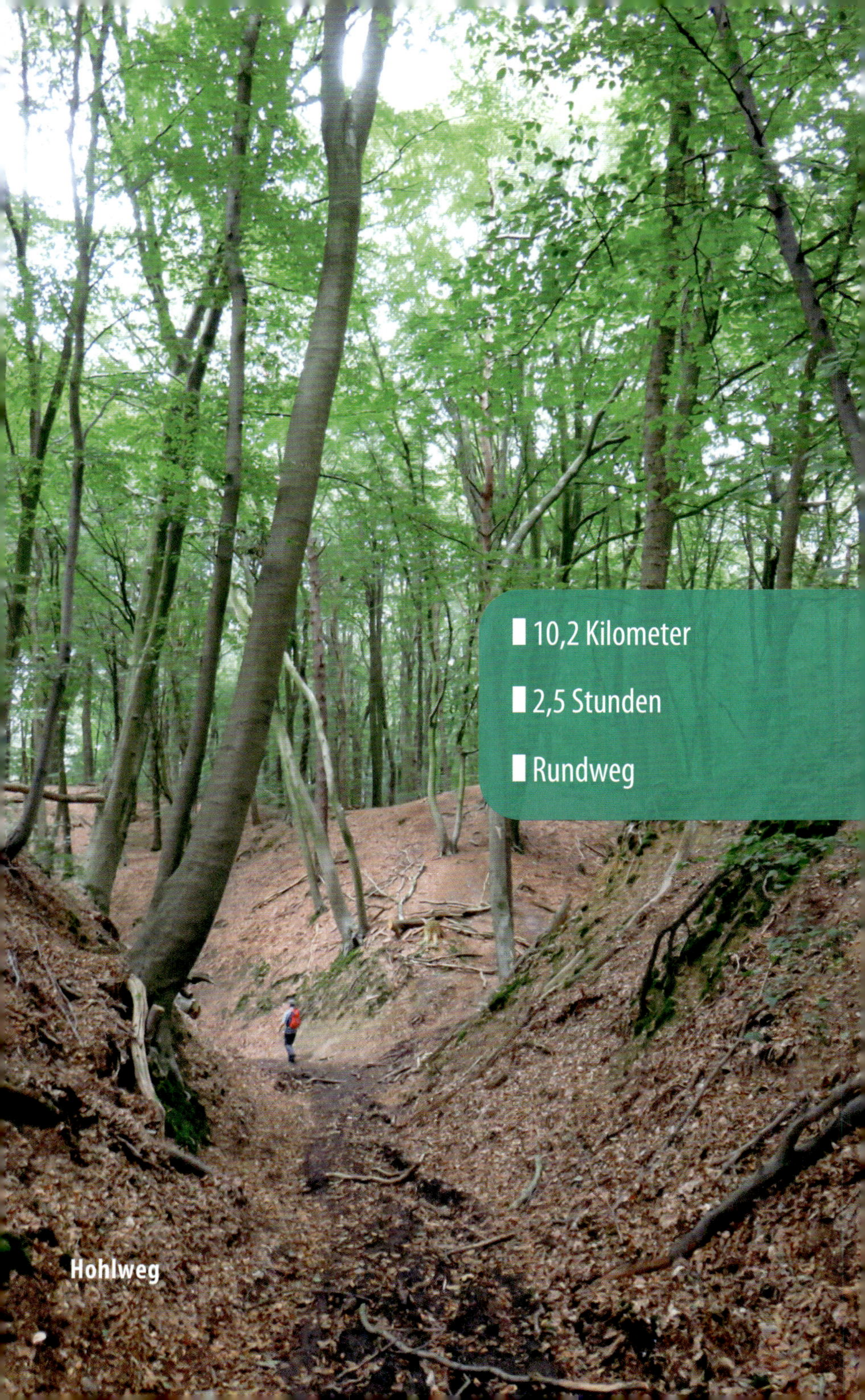

Hohlweg

Seit 1000 Jahren gibt es in Zyfflich die Kirche **St. Martin** ①, die wir uns, vom Parkplatz an der Dorfscheune loswandernd, erst einmal ansehen. Selbst durch die Glasscheibe der verschlossenen Kirchentür beeindruckt uns die Brillanz, mit der die Rottöne der Chorfenster uns entgegenstrahlen.

Das Kirchenportal im Rücken, halten wir uns leicht links und biegen in die gegenüberliegende Straße **Zum Wyler Meer** ein. Auf ihr gelangen wir geradeaus und geradewegs durch ausgedehnte landwirtschaftlich genutzte Flächen an das Gewässer, nach dem sie benannt ist.

Dem Uferweg folgen wir links zu einer Brücke, die uns rechts über das **Wyler Meer** ② zu einem Weg-

Grenzenlos

Rund um das Wyler Meer

weiser bringt. In Richtung Deutschland und die Niederlande weisend mahnt er zweisprachig: „Laat vriendschap helen, wat grenzen delen – Lasst Freundschaft heilen, was Grenzen teilen."

Wir folgen dem unbefestigten Weg im Linksbogen am Wasser entlang und erreichen ein Holztörchen. Dahinter nimmt uns rechts ein breiter Fußgänger- und Radweg auf (bitte nicht schon vor dem Tor auf den Betonweg einbiegen!).

Die Straßen- und Ortsschilder verraten, dass wir im niederländischen **Beek** in der Gemeinde **Berg en Dal** angekommen sind. Der Fußgängerüberweg bringt uns über den Nieuwe Rijksweg und gleich danach über den Rijksstraatweg. Dort folgen wir dem Weg-

Das Wyler Meer ist ein Altrheinarm im deutsch-niederländischen Grenzgebiet. Am Fuße einer steil aufragenden Stauchendmoräne gelegen, wird es von umliegenden Bächen und Gräben gespeist. Auf deutscher Seite gehört es zum Naturschutzgebiet Düffel, während es auf niederländischer Seite als Freizeitanlage Wylerbergmeer genutzt wird.

Hinter der niederländischen Grenze verzweigt sich der Rhein. In Millingen aan de Rijn teilt er sich auf in die wasserreiche Waal, die durch Nimwegen fließt, und den Pannerdensch Kanaal, der sich bei Arnheim in Nederrijn und Ijssel teilt. Der hauptsächliche Anteil des Rheinwassers fließt bei Rotterdam wieder zusammen, um mit bis dahin mehrfach wechselnden Namen in einem stark zergliederten Delta in die Nordsee zu münden, während die Ijssel ins Ijsselmeer fließt.

weiser zur **Motte Mergelpe** nach links und steigen linker Hand im Wald zahlreiche Stufen hinauf. Aus Baumstümpfen gefertigte Sitze laden am Wegrand zu Verschnaufpausen mit Blick in die Bäume ein.

Dort, wo die Stufen enden, wenden wir uns nach links, laufen unterhalb des rechter Hand liegenden Burghügels weiter und erreichen später weitere Treppen, die uns rechts auf die Spitze des **Teufelsbergs** (niederländisch **Duivelsberg**) bringen. Auf diesem künstlich aufgeschütteten Hügel, auch Motte genannt, stand um 1000 n. Chr. die **Motte Mergelpe ❸.** Auf dem Plateau veranschaulicht eine Hecke die Ausmaße der restlos verschwundenen Burg.

Wir steigen über die Stufen vom Burghügel wieder hinab, halten uns links und gelangen erneut über Stufen an einen **Aussichtspunkt ❹.** Der Blick in die Flussniederung ist atemberaubend. Unter uns liegt das Wyler Meer, in der Ferne können wir ein Stück

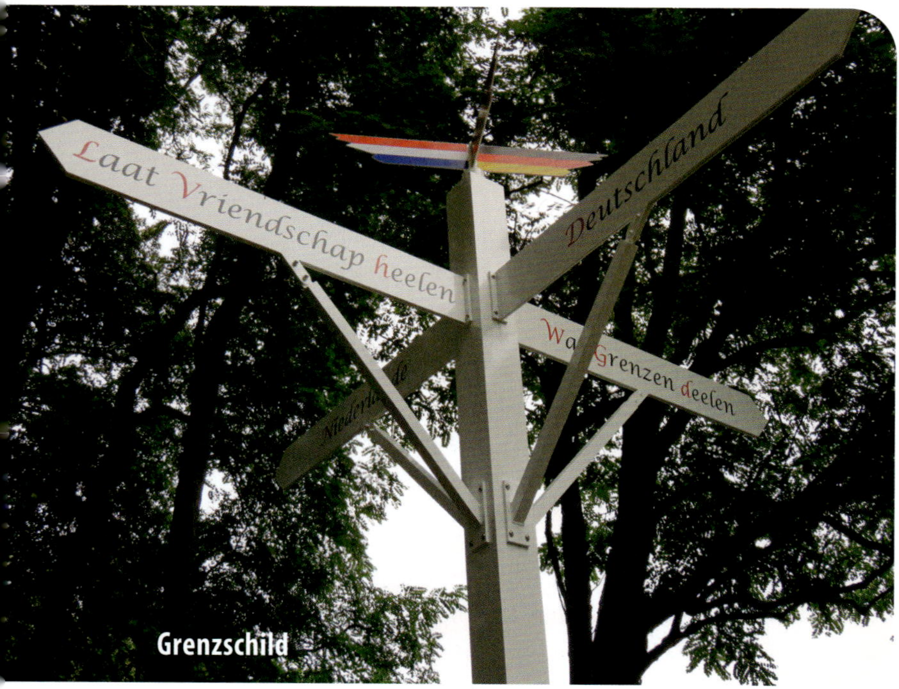

Grenzschild

vom Flusslauf der Waal sehen. Das alles lässt sich prima durch ein fest installiertes Fernrohr betrachten, das kostenfrei genutzt werden kann.

Nachdem wir die Treppen vom Aussichtshügel hinabgestiegen sind, halten wir uns auf einem kleinen Pfad links. Leicht ansteigend wandern wir zwischen dem rechter Hand liegenden Burghügel und dem Waldrand und biegen am nächsten Abzweig links ab. Nach wenigen Metern liegt vor uns das vor allem für seine Pfannkuchen bekannte Restaurant **De Duivelsberg** 5 mit seinem schönen Gastgarten und hübsch dekorierten Räumen.

Wer seine Tour ohne Einkehr fortsetzen will, hält sich vor dem Restaurant rechts. Kurz danach zweigt links ein als Fußweg gekennzeichneter schmaler Pfad

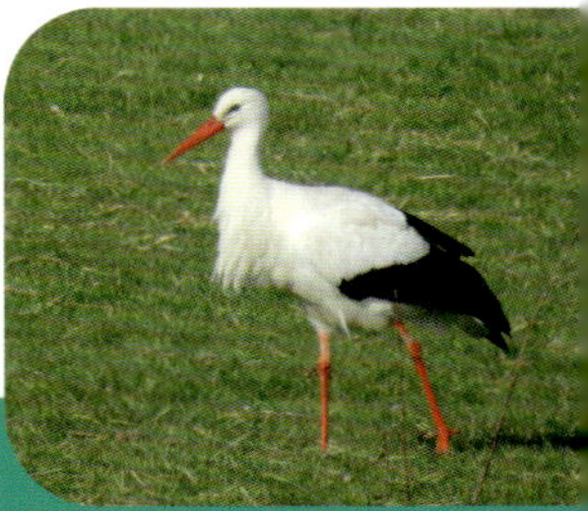

Für die Seele

„Laat vriendschap helen, wat grenzen delen – Lasst Freundschaft heilen, was Grenzen teilen.“ Diese Wegweiserworte begleiten uns auf einer Wanderung, bei der wir, fast unbemerkbar, die deutsch-niederländische Grenze passieren.

von der Straße ab und verläuft zunächst zwischen Feld und Wald. Den etwas später an einer Lichtung als Fußweg gekennzeichneten Abzweig rechts ignorieren wir. Uns bringt der nun sehr schmale Pfad weiter am Feldrand entlang, führt dann aber breiter werdend zurück in den Wald und schlängelt sich durch weichen Waldboden zu einer Schotterstraße. In diese biegen wir rechts ein und folgen ihr unbeirrt leicht aufwärts, über eine Kreuzung hinweg, bis sie in eine gepflasterte Straße übergeht. Dort knickt sehr bald scharf rechts ein unbefestigter Waldweg ab, dem wir abwärts folgen. Über ihn erreichen wir einen spektakulären **Hohlweg** 6, der sich durch die über zweitausendjährige Nutzung wie eine Schlucht eingegraben

In der Region Berg en Dal produzierten die Römer vor rund 2000 Jahren Fliesen, Gebrauchskeramik und Ziegel. Letztere verhalfen den ans mediterrane Klima gewöhnten Legionären zu dichten Dächern, geheizten Fußböden und heißem Wasser. Der Hohlweg diente als Verbindung zwischen der Fabrik und dem römischen Hafen am Rhein.

Der Filosofenbeek (Philosophenbach) hat mehrere Quellen, die durch eingespülten Sand und Schutt zunehmend verschlammten. Durch Anlegen einer Sperrwand auf dem Moränenhügel versucht man, eine weitere Verschlammung zu verhindern. 1981 wurde der Bach vom Wylerbergmeer abgetrennt und unsichtbar unter der Bundesstraße hindurch durch Düker abgeleitet. Heute ist der Unterlauf in Beek wieder sichtbar.

hat. Von loser Erde bedeckt liegen hier und da Steine frei, die von vorherigen Generationen zur Befestigung verlegt worden sind. Der tief eingeschnittene Weg führt uns abwärts über eine Kreuzung hinweg, verliert dort bald seine steil aufragenden Böschungen und lässt Blicke über das hügelige Waldgelände zu.

Unten angekommen überqueren wir ein Holzbrückchen über den **Filosofenbeek** ⑦. Der „Philosophenbach“ entspringt an verschiedenen Stellen im Filosofendal und floss von dort ursprünglich ins Wylerbergmeer – was er heute aber nicht mehr tut.

Einen Abzweig hinter dem Bach ignorieren wir und wenden uns danach rechts. Noch einmal queren wir den Bach, bevor wir hinter den beiden Fußgängerüberwegen rechts wieder auf unsere bekannte Strecke zurückgelangen.

Gleich hinter dem Törchen gehen wir diesmal links durch die Wegschranke, wo uns der Betonweg am **Wylerbergmeer** entlangführt. Während sich neben uns im Schilf allerlei Wasservögel tummeln, tummeln sich auf der anderen Seeseite Menschen in einem Strandbad. Am Ende des Gewässers entlässt uns eine offene Wegschranke aus dem Freizeitgelände.

Rechts führt eine Brücke über mit Weiden, Hecken und Schilf bewachsene Uferbereiche, dahinter nimmt uns geradeaus ein einseitig von Hecken gesäumter Feldweg mit in die flache Landschaft des **Ooijpolders**, wo in einiger Entfernung rechts schon wieder die Zyfflicher Kirche aufragt. In einer Rechtskurve treffen wir auf einen schilfbewachsenen Wassergraben, dem wir von nun an folgen. Vor uns liegt die **Thornsche Mühle** ⑧, zu der links eine Brücke führt.

Nach einer Kaffeepause gehen wir zur Brücke zurück und wenden uns nach links. Auf einem von Wasser umgebenen Wiesenwall steht unübersehbar in Stein verewigt: OPEN. Damit könnte die Weite der Landschaft ebenso gemeint sein wie die nahezu grenzenlose Offenheit, die das Miteinander mit den niederländischen Nachbarn so leicht macht.

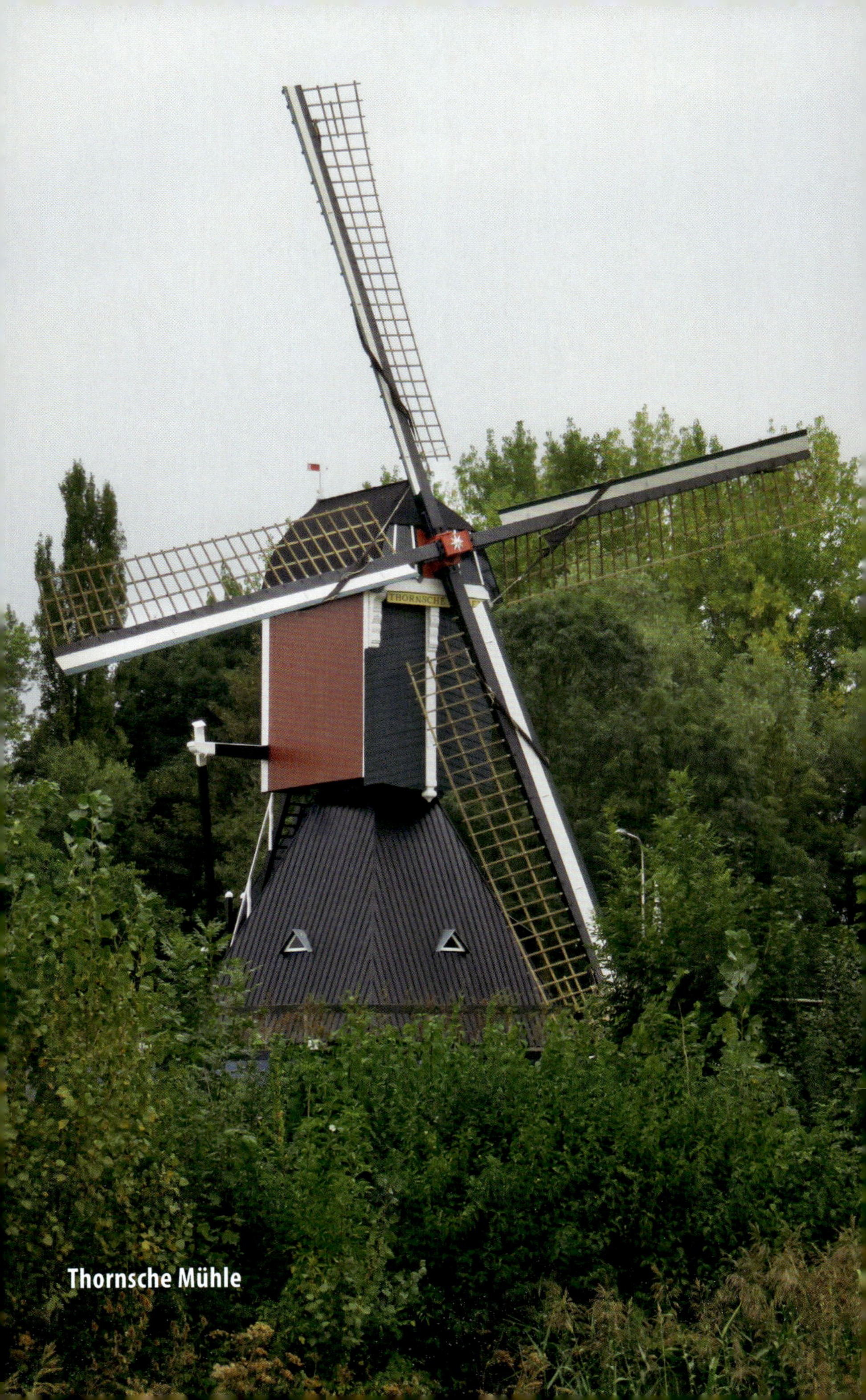

Thornsche Mühle

Verwöhntour 12

Die Geschichte der Thornschen Mühle geht auf das 15. Jahrhundert zurück. An ihre umfassende Instandsetzung im Jahr 1778 erinnert eine Inschrift im Dachbalken. Eine Stiftung baute die im Zweiten Weltkrieg zerstörte Mühle vor wenigen Jahren wieder auf. In einem modernen Glasanbau ist das Restaurant De Thornsche Molen untergebracht.

Kurz hinter der Mühle verlassen wir die Niederlande. Der parallel zum Weg verlaufende Entwässerungsgraben bildet den Grenzverlauf. Während wir in Deutschland wandern, fahren die Autos auf dem Deich in den Niederlanden.

Ein Abzweig führt links in die Niederlande zurück, wir aber wandern zwischen Bäumen und Hecken hindurch zur nächsten Gabelung und biegen dort rechts ab. An einer Wiese mit zwei Stillgewässern teilt sich der Weg, wir halten uns abermals rechts. Ein Storch stakst durch das Wasser und erinnert uns daran, dass Zyfflich als Storchendorf bekannt ist. Hinter zwei Damwildgehegen bringt uns links die Straße **Zum Querdamm** zum Auto zurück oder alternativ zum Restaurant **Haus Polm** 9 in der Kirchstraße.

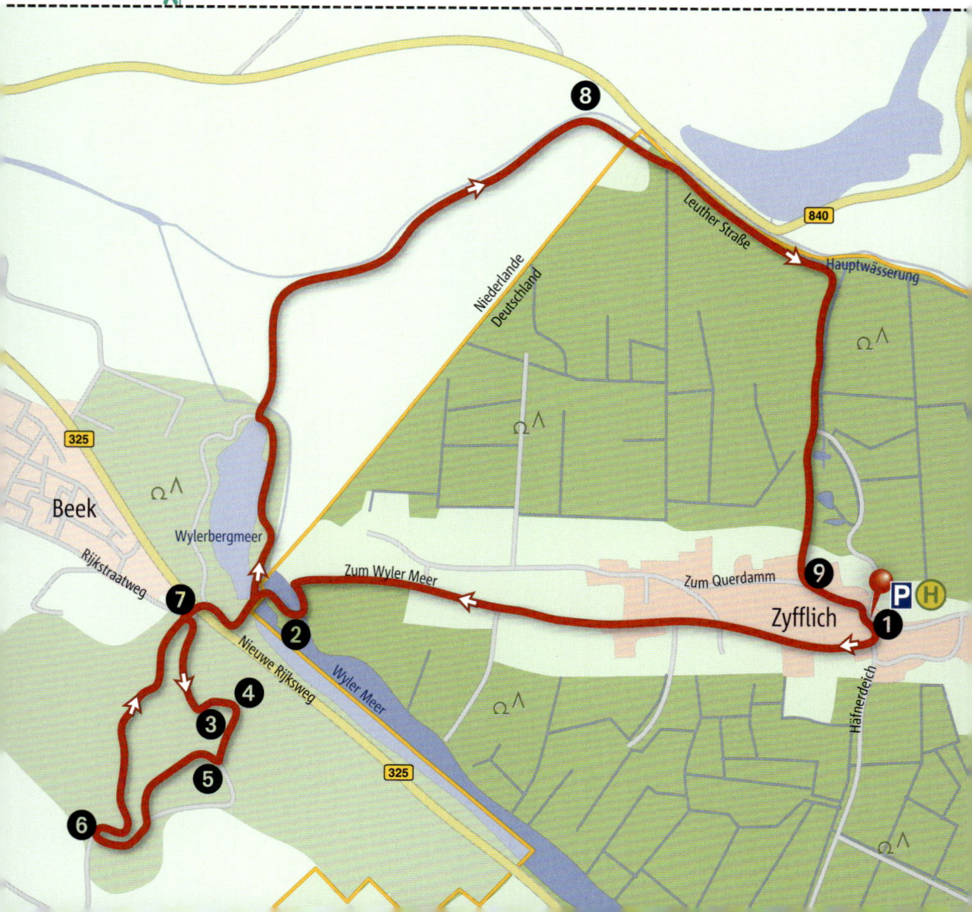

Alles auf einen Blick

WIE & WANN:

Wenig befahrene Straßen, befestigte Wege, unbefestigte, zum Teil stark abschüssige Wege; im Frühling Weißstörche, im Winter arktische Gänse, durch winterkahle Bäume beste Aussicht von den Aussichtspunkten auf dem Duivelsberg, von Mai bis Oktober ist das Mitführen von Hunden am Wylerbergmeer nicht erlaubt

HIN & WEG

Auto: Parkplatz an der Dorfscheune, Kirchstraße, 47559 Kranenburg-Zyfflich (GPS: 51.8233, 5.9738)

ÖPNV: Von Kleve Bf. Bus 59 bis Kirche Zyfflich

Entspannung ★★★★☆

Genuss ★★★★★

Romantik ★★★★☆

ESSEN & ENTSPANNEN:

Pannenkoekenrestaurant De Duivelsberg ❺ Duivelsberg 1, NL-6572 BE Berg en Dal, Tel. (00 31 24) 6 84 14 39, www.duivelsberg.nl

Restaurant De Thornsche Molen ❽ Thornse straat 20, NL-6575 JJ Persingen, Tel. (00 31 24) 6 79 23 99, www.dethornschemolen.nl

Haus Polm ❾ Kirchstraße 7, 47559 Kranenburg-Zyfflich, Tel. (0 28 26) 3 50

ENTDECKEN & ERLEBEN:

Kirche St. Martin ❶ Kirchstraße, 47559 Kranenburg-Zyfflich

Wyler Meer ❷

Burg Mergelpe ❸

Aussichtspunkt Teufelsberg ❹

Hohlweg ❻

Filosofenbeek ❼

Thornsche Mühle ❽

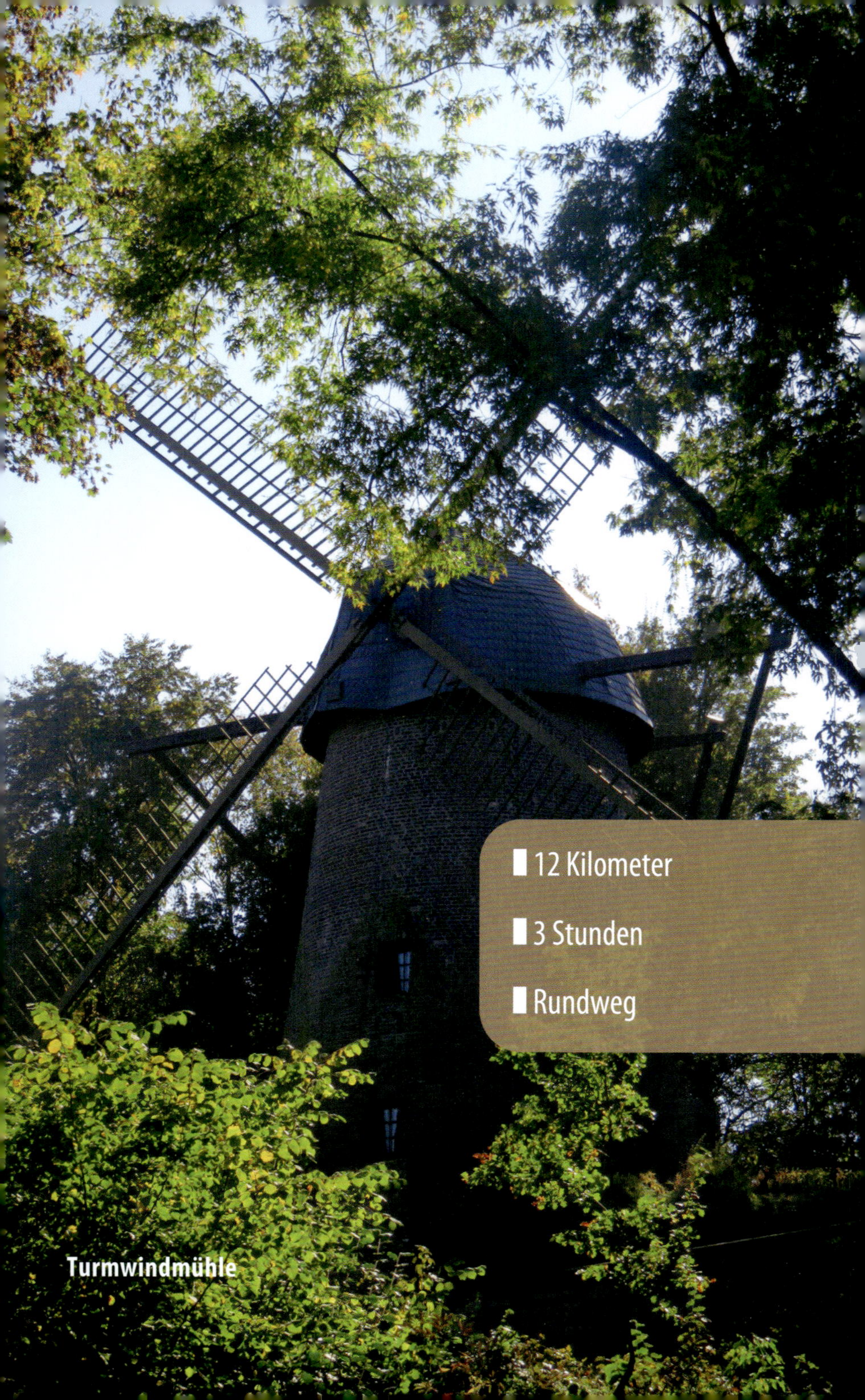

- 12 Kilometer
- 3 Stunden
- Rundweg

Turmwindmühle

Schon die Anfahrt zum Parkplatz an der **Rayener Straße** macht Lust auf die Wanderung. Rapsfelder in kräftigem Gelb bringen Farbe in die Ebene, dahinter erhebt sich in einiger Entfernung der sanft hügelige Niederrheinische Höhenzug. Doch vor uns liegt erst einmal der **Rheurdter Staatsforst,** in den wir rechts einbiegen.

Gleich am Waldsaum lassen uns zwei zusammengewachsene Buchenstämme an ein Nadelöhr denken. Daneben leiten uns zwei rot-weiße Wegepfosten in einen Buchenwald. Wenig später erreichen wir die **Littardkuhlen 1.** Bäume, Büsche und Farne beschatten die Ufer der einstigen Torfkuhlen. Geschwungene Äste reichen mit ihrem Blattwerk fast bis ins Wasser, über das sich quer einige umgestürzte, mit Moos bezogene Baumstämme gelegt haben. Verwunschen! Kurze Zeit später reißt uns aber lautes Entengeschnatter aus unseren Tagträumen.

In der Eiszeit hat sich in der Flusslandschaft durch abfließendes Schmelzwasser ein weitverzweigtes Netz von Rinnen gebildet, am Niederrhein Kendel genannt. Die Littard'sche Kendel ist eine Altrheinrinne mit Torfvorkommen, die in früheren Jahrhunderten abgebaut wurden. Entstanden sind dadurch wassergefüllte Kuhlen, auch Kaulen genannt.

Der Boden unter unseren Füßen ist angenehm weich. Der Waldweg schlängelt sich an dem Gewässer entlang, ein Abzweig rechts bringt uns an einem

Kuhlen und Höhen

Unterwegs in Rheurdt

Campingplatz vorbei in ein aufgeräumtes, totholzfreies Waldstück, in dem hohe, schlanke Bäume fast majestätisch wirken. Doch in einer Eichenparzelle ändert sich das Bild, aufgeräumt wirkt hier nichts: Baumwurzeln werden von Brombeeren umschlungen, unser Blick fällt auf moosiges Totholz und efeuumrankte Bäume.

Die nach den Gebrüdern Benjes benannte Hecke besteht aus Ästen, Zweigen, Laub und vertrocknetem Grünschnitt von heimischen Sträuchern und Bäumen. Das langsam vermodernde Holz düngt den Boden, die Hecke wird immer wieder durch neues Schnittgut aufgefüllt. Diese Totholzhecken sind Heimat für zahlreiche Vogelarten und Kleintiere, die ihrerseits durch das Ausscheiden von Samen zur Ansiedelung neuer Pflanzenarten in der Hecke beitragen.

Über eine kleine Kreuzung hinweg entfernen wir uns von den Kuhlen. An der folgenden großen Weggabelung halten wir uns rechts und biegen am Waldrand links ab. Vor uns liegt ein von Bäumen begrenzter Acker. Wir wandern nun wieder zurück in den Wald, der Weg wird deutlich schmaler. Hinter einem Zaun liegt malerisch und direkt am Wasser eine Holzhütte mit einem Steg. Auch unser Weg kommt dem Gewässer wieder nahe. Wir genießen das Vogelgezwitscher, irgendwo hämmert ein Specht, und in dieser schönen Geräuschkulisse ziehen still Schwäne und Enten an uns vorbei.

Von diesem Schauspiel entfernen wir uns und halten uns an einer Kreuzung rechts. Nun wird der Weg wieder breiter. Erst an der übernächsten Kreuzung biegen wir rechts ab und werden zu einer **Benjeshecke** ❷ geführt, aus der Gartenzwerge herauslugen.

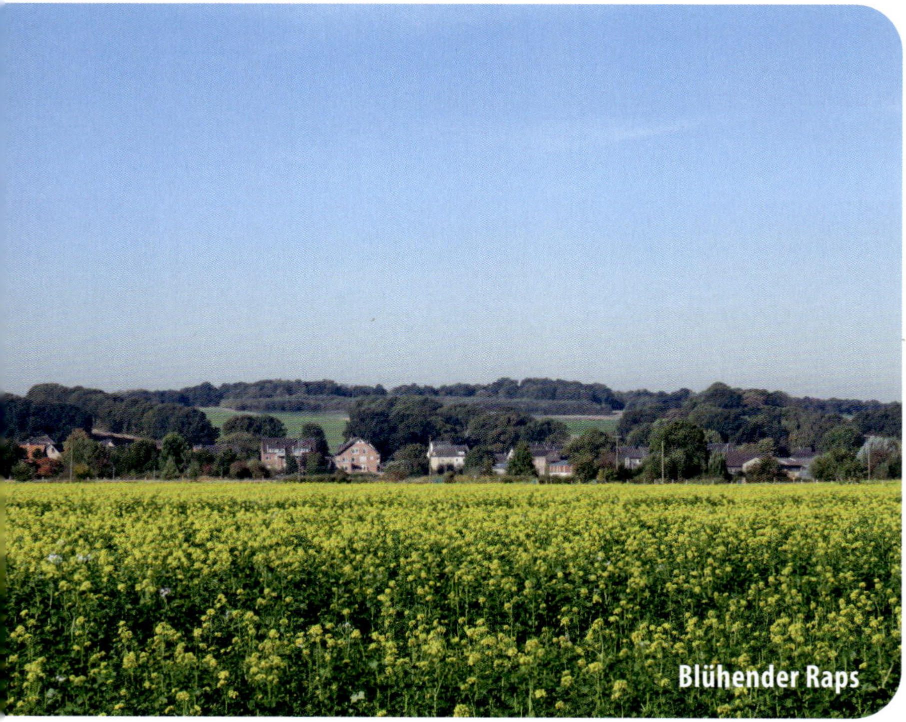

Blühender Raps

Der sich verengende Pfad bringt uns zwischen Eichen und Buchen in Waldrandnähe, dahinter dehnen sich Wiesen und Pferdekoppeln aus. Wir laufen geradeaus, bis rechts ein breiter Sandweg aus dem Wald hinaus und durch Pferdekoppeln hindurch zu einem Damm führt. Die ausgehöhlte, urwüchsige Kopfweide am Wegrand ist ein echter Hingucker.

Durch ein Wehr plätschert Wasser, herbstlich rotes Weinlaub umschlingt die Bäume am Ufer. Wir genießen dieses stimmungsvolle Bild. Hinter dem **Islandpferdehof Niederrhein** ❸, der Reitunterricht und Ausritte anbietet, öffnet sich die Landschaft. Baumreihen unterteilen die Wiesen und Felder, am Horizont ragen die Gitterkonstruktionen von Windrädern auf. An wenig befahrenen Straßen liegen weit auseinander einige Höfe.

Der **Bergdahlsweg** leitet uns geradeaus zur **Bahnstraße,** die uns links ins beschauliche Örtchen **Rheurdt** bringt. Wir überqueren zunächst die Brücke über die **Nenneper Fleuth** und dann einen Bahnübergang. An der Straßenecke **Hochend/Rathausstraße** biegen wir an der **Gaststätte Zur Post** ❹ rechts ab. Wenige Meter weiter

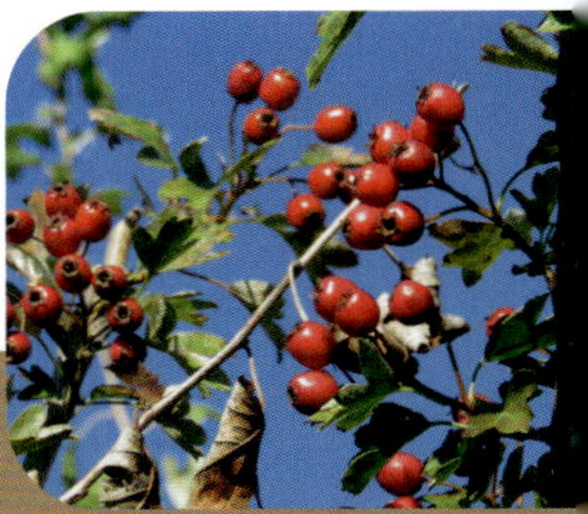

Für die Seele

Leuchtende Rapsfelder an den Schaephuysener Höhen und lauschige Ruhe im Rheurdter Staatsforst vermitteln echte Entschleunigung.

lockt das **Biostrot Schomaker** ❺ mit herzhaften Snacks, leckerem Kuchen und Getränken in Bio-Qualität.

Vor dem Bistro nimmt uns links die **Wallstraße** mit zu einem Wegkreuz, an dem wir links auf den Oberweg einbiegen. Kurz darauf folgen wir rechts dem **Windmühlenweg,** der uns sanft aufwärts zu einem Abzweig führt. Links geht es zur im 19. Jahrhundert erbauten **Turmwindmühle** ⑥, die von der DLRG als Vereinsheim genutzt wird. Ihr gemauerter Turm mit der aufgesetzten Haube für die Flügel und der dahinter verborgenen Technik sind typisch für diese Mühlenart. Obwohl man lediglich von außen einen Blick auf die Mühle werfen kann, lohnt sich der kurze Abstecher.

Uns aber führt vor dem Parkplatz rechts eine Anliegerstraße im Linksbogen zwischen Hecken und Feldern auf die **Schaephuysener Höhen.** Unter uns liegt Rheurdt, in der Ferne sehen wir im einige Kilometer entfernten Kamp-Lintfort den markanten rot-weißen Förderturm des stillgelegten Bergwerks West, den wir uns in Tour 2 näher angesehen haben (siehe S. 24).

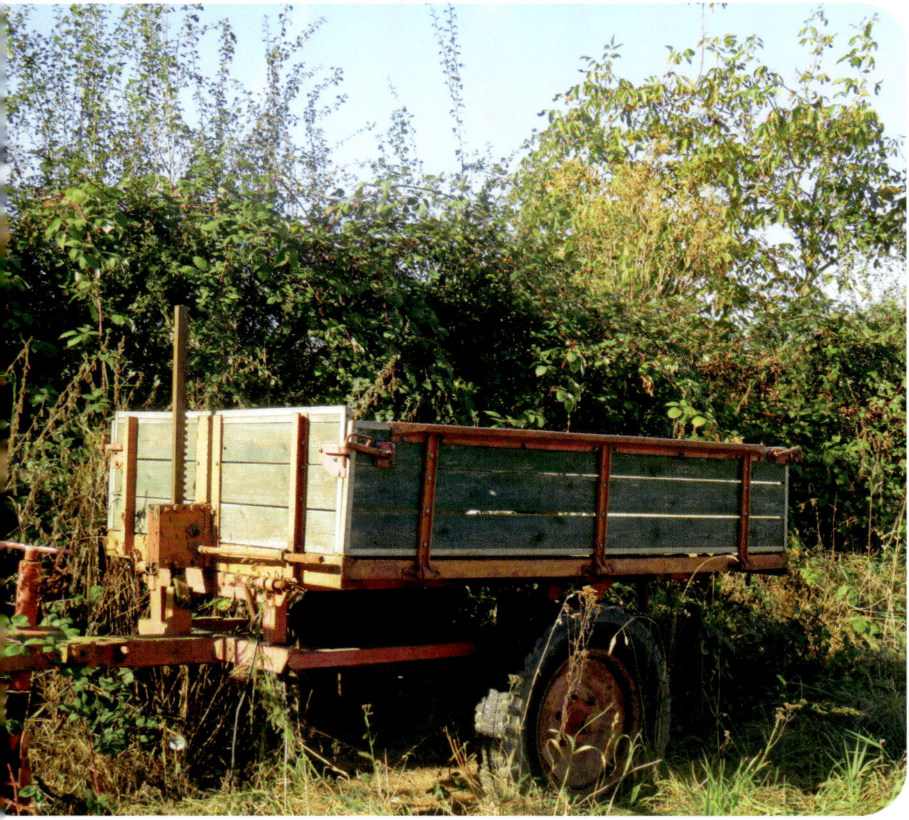

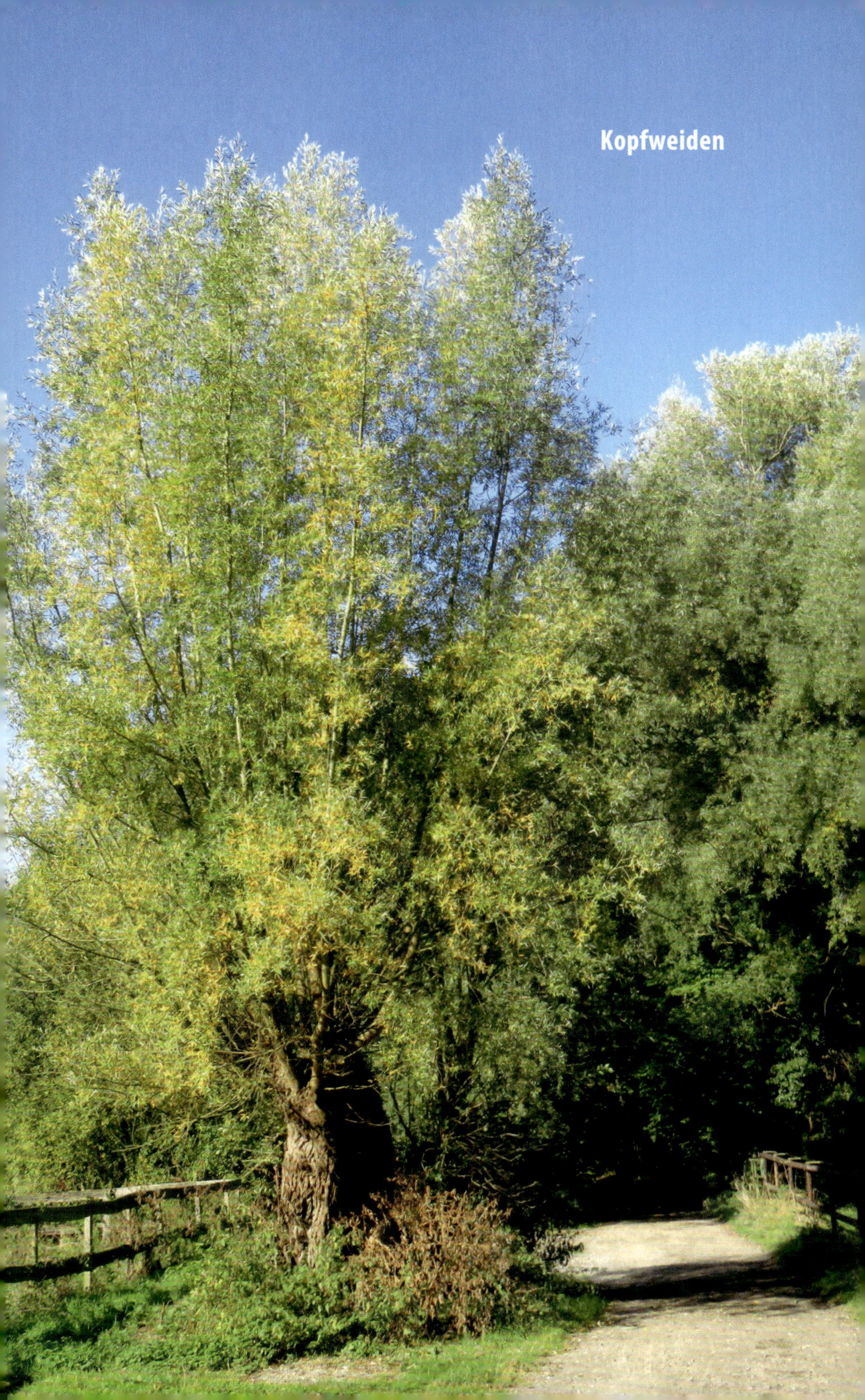

Kopfweiden

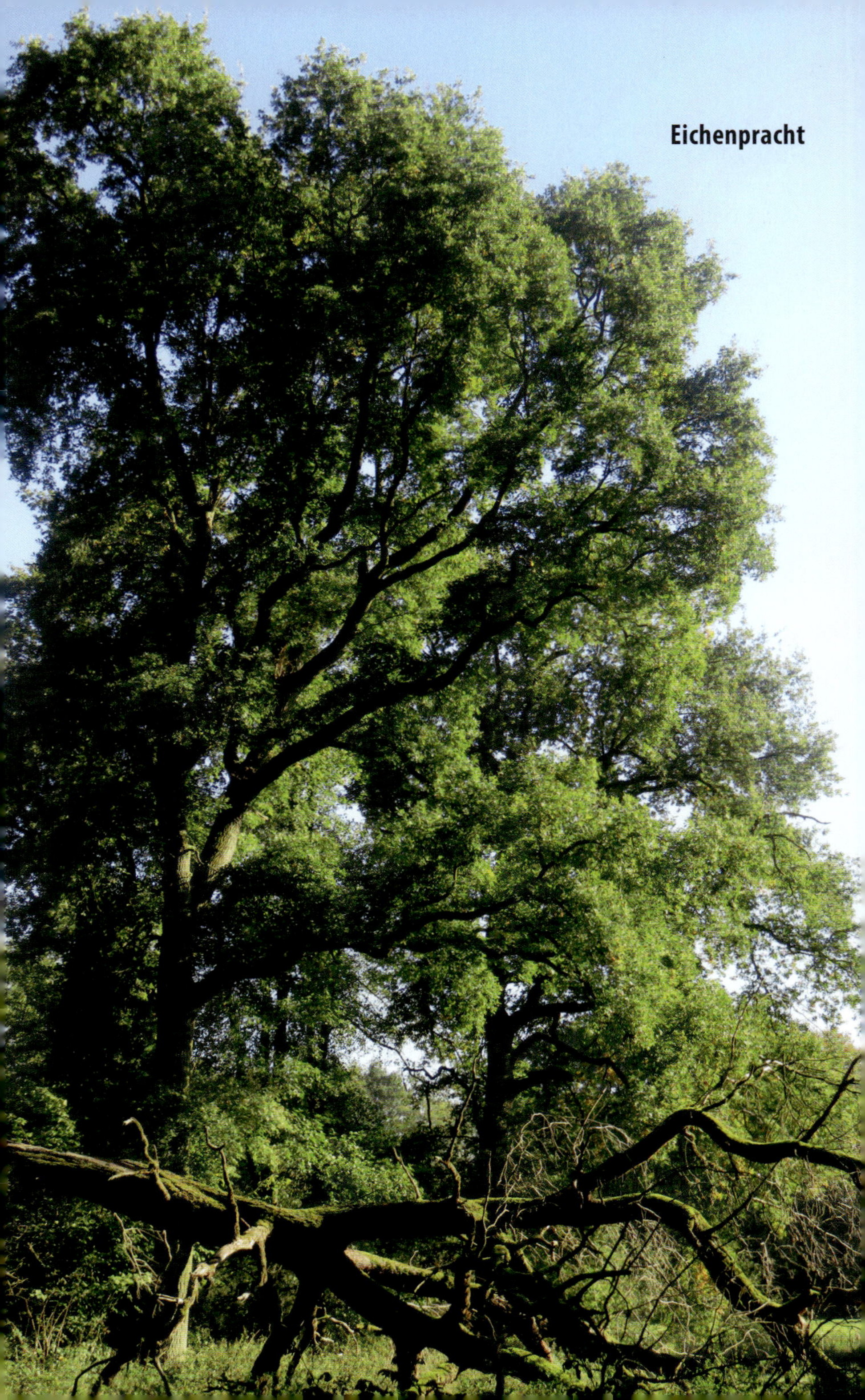
Eichenpracht

An einem kleinen Wäldchen erreichen wir die Hügelkuppe und es geht wieder abwärts. Wieder genießen wir eine grandiose Weitsicht, diesmal über Ackerflächen und Grünland hinweg bis in die Niederlande. An der folgenden Kreuzung nimmt uns links ein Feldweg auf, der zunächst eben verläuft, zum Ende hin aber abschüssig wird. Hinter einem Abzweig, den wir ignorieren, mündet er in einen quer verlaufenden Feldweg, dem wir rechts folgen.

Im Linksbogen wandern wir unterhalb der Kuppe und oberhalb eines steilen Hanges mit dichtem Baumbestand, der nur hier und da Blicke in die Niederung erlaubt. Die wenigen Bauernhöfe wirken in der weiten Landschaft fast ein wenig verloren.

Bald bringt uns links eine schnurgerade, schmale Straße durch die Felder auf eine weitere Hügelkuppe. Oben angekommen, biegen wir an der Kreuzung rechts ab. Rechts nimmt uns ein Acker die Sicht, aber links schweift unser Blick über die bewaldete Ebene bis nach Kamp-Lintfort.

Vor einer hohen Baumreihe nimmt uns links der unbeschilderte **Dufhaussteg,** begleitet von einem baumbestandenen Graben, mit in die Ebene. Rechts liegt der **Paarwald,** der seinen Namen den paarweise gepflanzten Baumarten verdankt.

Über die Straße **Hochend** hinweg nimmt uns noch einmal der **Bergdahlsweg** auf. Hinter einer kleinen Siedlung überqueren wir den unbeschrankten Bahnübergang und die Nenneper Fleuth. An der Rinderzucht **Boy's Beef** und an Pferdekoppeln vorbei erreichen wir rechts die **Hoppediz Ranch,** an der wir rechts der Ausschilderung **Littardkuhlen** und **Staatsforst** folgen.

Zwischen Littardkuhlen und **Meenenkaule** nimmt uns nun wieder der Wald auf. Unsere Route verläuft neben einer **Naturwaldzelle** ❼ (Erklärung hierzu: siehe S. 107), in der umgestürzte Bäume und abgebrochene Äste sich selbst überlassen bleiben. Ein bisschen wirkt das verstreut liegende Totholz auf uns wie Holzkunst, die von einem Teppich aus Gundermann geschmückt wird. Das schräg einfallende Sonnenlicht schafft die passende stimmungsvolle Beleuchtung.

An der Kreuzung mit einer hölzernen Bank biegen wir rechts ab, die Naturwaldzelle endet nun bald. Dahinter wandern wir durch einen mal jungen, mal alten Mischwald unbeirrt geradeaus zum Parkplatz zurück.

Besonders gut hat uns das abwechslungsreiche Landschaftsmosaik gefallen: Niederungen mit und ohne Wasser, Wege mit Weitblick, Bauernschaften und ein ganz beschaulicher Ort – typisch Niederrhein eben.

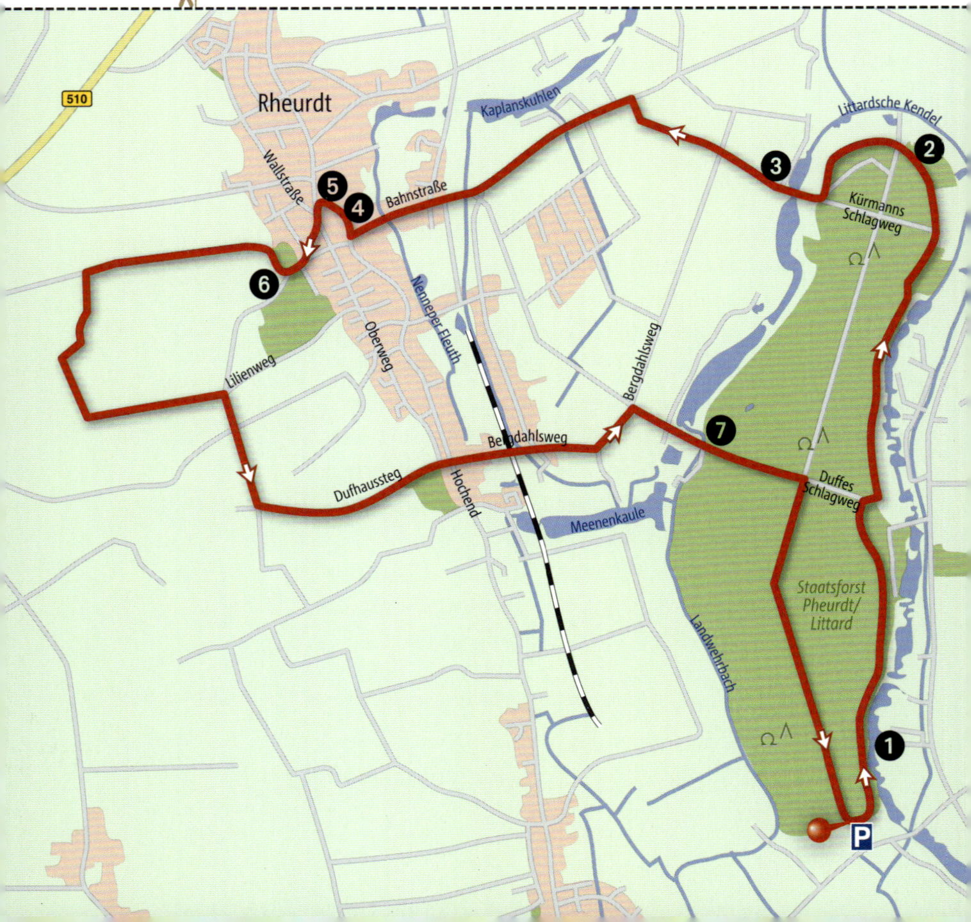

Alles auf einen Blick

WIE & WANN:
Befestigte und unbefestigte Waldwege, asphaltierte Wege und wenig befahrene Straßen; ganzjährig interessant, im Winter sind Eisvögel durch die kahlen Bäume an den Littardkuhlen leichter zu beobachten

HIN & WEG:
Auto: Parkplatz Rayener Straße 57, 47509 Rheurdt (GPS: 51.4464, 6.4991)
ÖPNV: Keine direkte Anbindung an die Strecke

ESSEN & ENTSPANNEN:
Gaststätte Zur Post ❹ Rathausstraße 2, 47509 Rheurdt, Tel. (0 28 45) 9 50 94 78
Biostrot Schomaker Rheurdt ❺ Rathausstraße 21, 47509 Rheurdt, Tel. (0 28 45) 9 67 67, www.biobaeckerei-schomaker.de

ENTDECKEN & ERLEBEN:
Littardkuhlen ❶
Benjeshecke ❷
Islandpferdehof Niederrhein ❸ Bergdahlsweg 172, 47509 Rheurdt, Tel. (0 28 45) 2 96 61 34, www.islandpferdehof-niederrhein.de
Turmwindmühle ❻ Am Michaelsturm 1, 47509 Rheurdt
Naturwaldzelle ❼

Entspannung ✸✸✸✸✸
Genuss ✸✸✸✸✸
Romantik ✸✸✸✸✸

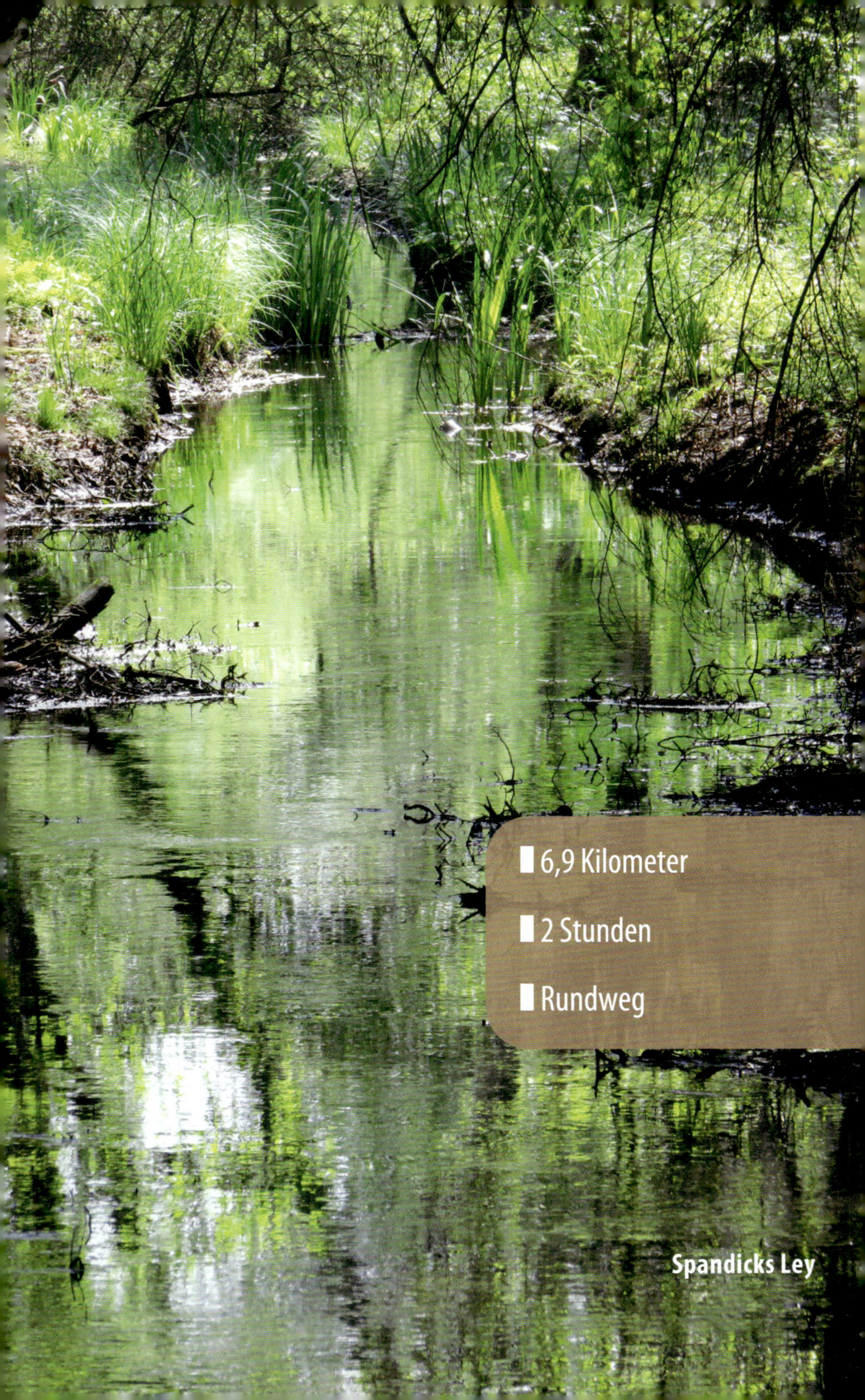
6,9 Kilometer
2 Stunden
Rundweg
Spandicks Ley

Die **Wallfahrtskirche zur Schmerzensmutter** ① ist Startpunkt und erste Anlaufstelle unserer Wanderung. Das Kirchenportal ist verschlossen, aber ein Schild weist auf die geöffnete **Betkapelle** hin. Gleich nach dem Öffnen der Seitentür fällt der Blick auf die **Schmerzensmutter von Aengenesch.** Ihretwegen pilgern Menschen seit dem 15. Jahrhundert hierher; und in dieser von Landwirtschaft geprägten Gegend ist gut vorstellbar, wie die Bauern die Gottesmutter anflehten, ihr mühseliges Leben zu erleichtern, die Ernte gut ausfallen zu lassen und das Vieh von Krankheiten zu verschonen.

Die Stille ist fast greifbar in der kleinen **Eschenkapelle.** Schätzungsweise 2000 Pilger kommen jedes Jahr. Angezündete Kerzen lassen darauf schließen, dass auch heute schon Besucher da waren. Ich genieße im Dämmerlicht diesen Moment der Ruhe, werfe noch einen Blick durch die verschlossene Glastür der angrenzenden Kirche und trete ins Sonnenlicht hinaus, wo Ehemann und Hund auf mich warten.

Heiligenhäuschen, Bildstöcke, Weg- und Sühnekreuze haben als christliche Zeichen die Kulturlandschaft des Niederrheins über Jahrhunderte geprägt. Ihre sorgfältige Pflege spricht dafür, dass Religion über die Jahrhunderte ein wichtiger Bestandteil des kulturellen und öffentlichen Lebens war und vielfach auch heute ist.

Hinter der Kirche führt links die Straße Aengenesch an ein paar Häusern und einem **Marienkapellchen**

Momente der Stille

In den Fleuthkuhlen bei Aengenesch

vorbei durch ausgedehnte Felder, in denen nur wenige, dafür stattliche Bauernhöfe verstreut liegen. An der Ecke **Paßerweg** biegen wir zwar nicht ab, nutzen aber die Bank dort, um unseren Blick über die bäuerliche Landschaft schweifen zu lassen. Gleich neben uns steht unter zwei Linden ein **Heiligenhäuschen** ②.

Wir folgen einem Rechtsschwenk der Straße, um

Die Issumer Fleuth entspringt keiner Quelle, sondern sie entsteht durch den Zusammenfluss von Altrheinrinnen. Die wassergefüllten Kuhlen, die sie umgeben, sind in früheren Jahrhunderten durch Torfabtragung entstanden und ein wichtiger Lebensraum für Pflanzen und Tiere.

wenig später rechts in den **Finkenhorster Weg** einzubiegen. Ein einzelnes Haus steht inmitten der Wiesen, an die sich ein Bruchwäldchen anschließt. Seggen und Schilf lassen erahnen, dass ein Gewässer das Gebiet links vom Weg durchfließt – es ist die **Issumer Fleuth.**

Die Straße wird von einer Reihe Eichen und Eschen begrenzt, die Böschung steigt mannshoch an. Ein dichtes Blätterdach wölbt sich über uns und sorgt für wohltuenden Schatten. Eine abzweigende Allee lassen wir links liegen. Sie führt zu dem im 19. Jahrhundert erbauten **Haus Finkenhorst,** das in Privatbesitz und nicht zu besichtigen ist. Wir gelangen geradeaus zwischen Bruchwald und Feldern zu einer Brücke über die Issumer Fleuth.

Der Fluss fließt ruhig unter uns her, Wasserpflanzen wogen sanft in der Strömung. Wir setzen uns in Ufernähe auf eine Bank und genießen die friedliche Stimmung. Eine Infotafel klärt über die Bedeutung des **Naturschutzgebietes Fleuthkuhlen** ③ auf, in dem unsere Route den Bereich Finkenhorst berührt. Die allmäh-

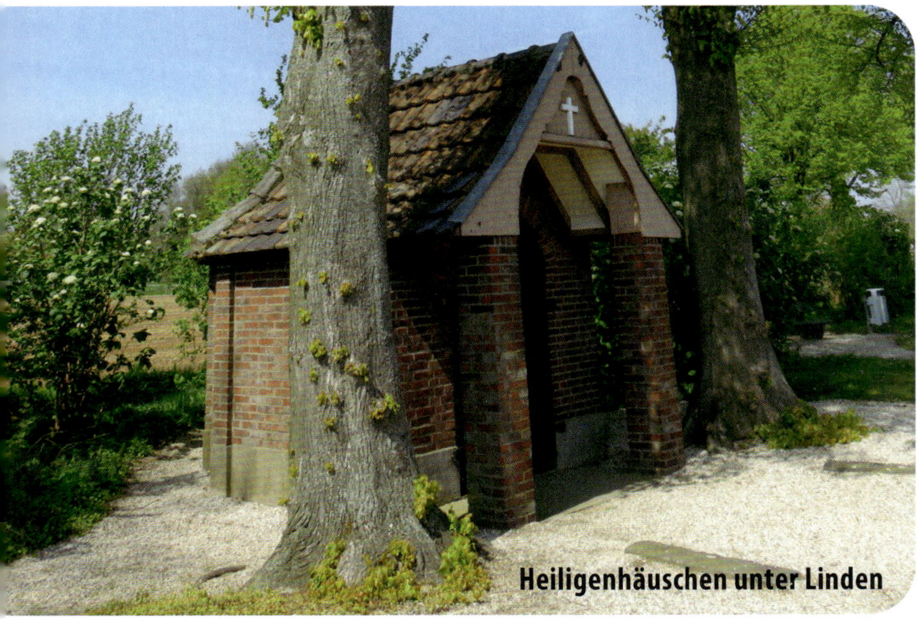

Heiligenhäuschen unter Linden

lich verlandenden Wasserflächen dieses Naturschutzgebietes liegen überwiegend in Bereichen, die für Besucher unzugänglich sind. Kein Wunder also, dass sich Vögel, Libellen, Amphibien, Kleinfische, Sumpfgewächse, See- und Teichrosen in diesem von Menschen weitgehend ungestörten Refugium wohlfühlen.

Wir halten uns an der nächsten Gabelung rechts. Vogelgezwitscher begleitet uns durch einen sehr lichten Mischwald. Am Waldrand bringt uns geradeaus ein Feldweg an zwei Häusern vorbei und verläuft im Rechtsknick weiter. Wir aber entscheiden uns für den Pfad, der geradeaus durch die Äcker verläuft und am Waldrand in einen Wiesenweg übergeht. Im Wald breitet sich unter hohen Nadelbäumen ein Moosteppich aus. An der Kreuzung mit einem Tisch und Bänken wandern wir weiter geradeaus und kommen unter Eichen hindurch zur **Spandicks Ley.** Vom Feldrand aus können wir sie nicht als Gewässer erkennen, sondern nehmen nur eine Schilfreihe hinter einigen Kopfweiden wahr.

Durch ständige Verlagerungen des Rheins wurden die nach der letzten Kaltzeit vor rund 10.000 Jahren entstandenen, weitverzweigten Flussrinnen vom Hauptstrom getrennt und versumpften. Niedermoore mit mächtigen Torfschichten entwickelten sich. Die durch Torfgewinnung entstandenen Fleuthkuhlen sind durch Wassergrabensysteme miteinander und mit der Issumer Fleuth verbunden.

An der mächtigen Eiche, die am Ende der eingezäunten Weidefläche steht, biegen wir links wieder in

Für die Seele

Die Wallfahrtskirche im beschaulichen Örtchen Aengenesch und die ruhige Issumer Fleuth im angrenzenden Naturschutzgebiet halten für uns Orte für die Seele und Momente der Stille bereit.

den Wald ein. Ein weicher Fußpfad verläuft im Bogen zu einem rechts abknickenden Abzweig. Durch dicht stehende Nadelbäume fällt zu unserer Linken diffuses Sonnenlicht auf den smaragdgrün überwachsenen Waldboden, während rechts zwischen einem Wirrwarr junger Bäume auch alte Eichen aufragen.

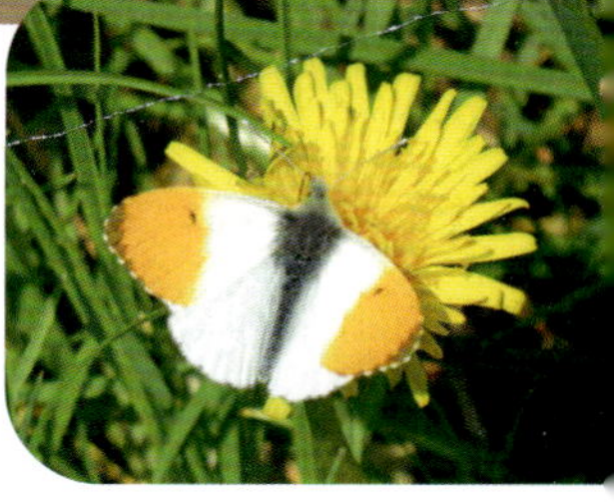

Rechts taucht ein Feld auf, um gleich wieder hinter

einem schmalen Waldstreifen zu verschwinden. Dahinter kommen wir erneut an ein Feld, vor dem wir dem sanft abzweigenden Linksbogen in den Wald folgen. Wir stoßen auf einen Schotterweg, der uns rechts noch kurz durch einen Nadelwald führt, dann aber durch Felder verläuft. Hinter einem Haus mit einer hohen Hecke gabelt sich der Weg, dem wir geradeaus folgen.

Inmitten ausgedehnter Wiesen steht, weit vom rechten Wegrand entfernt und von Bäumen fast verdeckt, **Haus Beerenbrouck.** Zwar wird es als Hofstelle bereits 1331 erwähnt, doch das herrschaftliche weiße Gebäude, das wir vor uns sehen, stammt aus den Anfängen des 19. Jahrhunderts. Es wird privat genutzt und ist nicht zu besichtigen.

Nun geht es über die **Spandicks Ley.** Während das Feuchtgebiet zu unserer Rechten eher durch Seggen und Schilf als durch Wasser auffällt, wirkt die nach dem Herrenhaus benannte **Beerenbrouck-Kuhle** ❹ wie ein verwunschener Teich. Dieses von Ufergehölzen eingerahmte Kleinod übt mit seiner üppigen Wasserpflanzenvegetation in unterschiedlichsten Grüntönen eine überaus beruhigende Wirkung auf uns aus.

Um die Kuhle herum gewährt der Weg noch einen Blick auf Haus Beerenbrouck, doch wir kehren um und biegen an dem Abzweig neben dem Haus mit der Hecke rechts in den Wald ein. In den Strahlen der bereits tief stehenden Sonne tänzeln Schmetterlinge. Aurorafalter ruhen sich auf Knoblauchrauke und Löwenzahn aus, ein wunderschöner Anblick, den wir auskosten. Die leuchtend orangefarbenen Flügelspitzen der Männchen sind etwas auffälliger als die weißgrauen Flügel der Weibchen.

Wir wandern geradeaus, kommen wieder zur Fleuthbrücke, biegen an der Straßenecke **Aengenesch** links ab und gehen zum Auto zurück.

Nun fällt uns direkt gegenüber der Kirche auf der anderen Straßenseite ein weiteres Heiligenhäuschen auf. „Begegnung“, steht auf dem Holzschnitt. Von hier

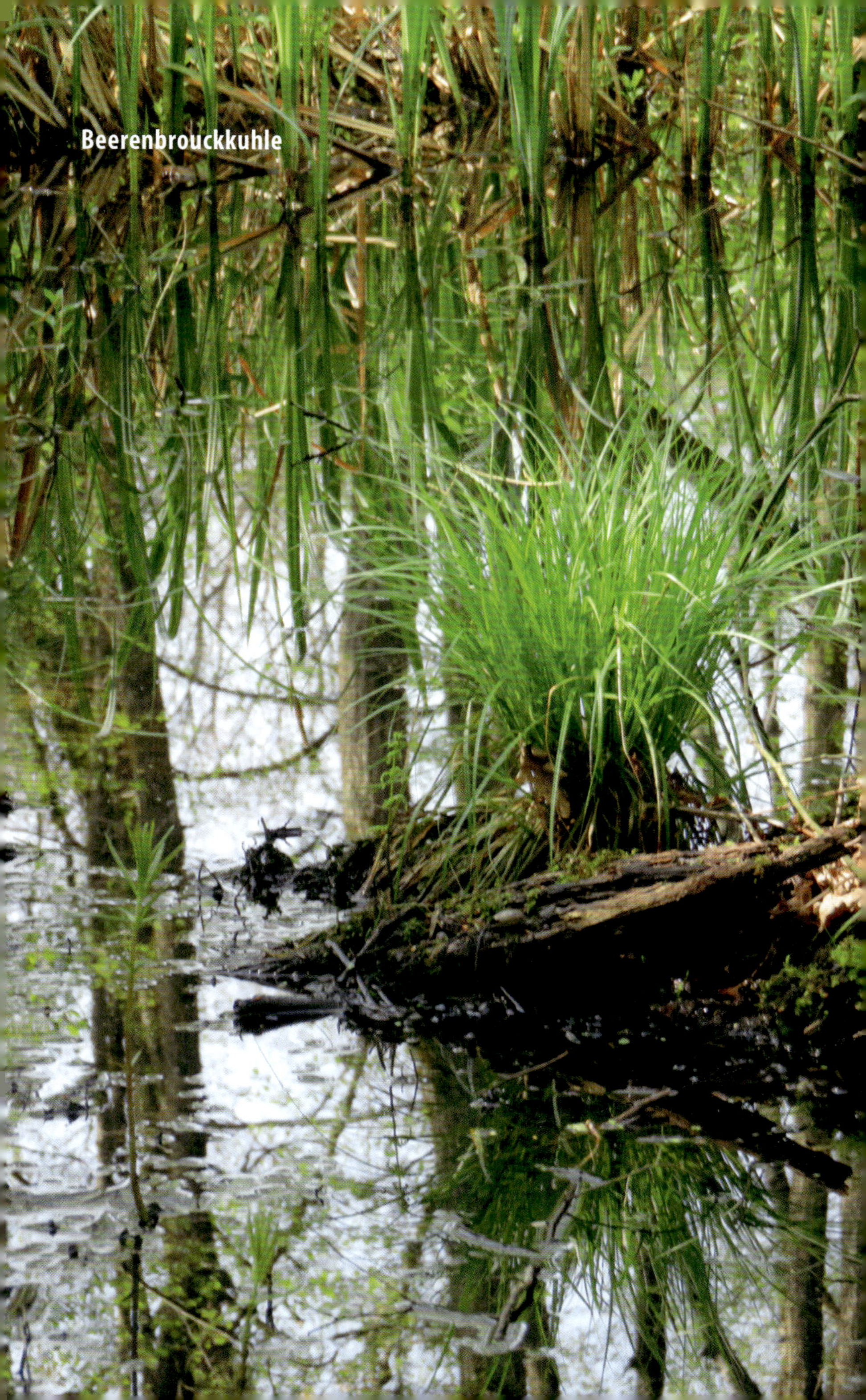
Beerenbrouckkuhle

sieht man die Esche auf dem Kirchplatz in ihrer ganzen Größe. Diese Baumart ist Namensgeber des Ortes. Aen-en-Esch bedeutet „an einer Esche“, und gemeint ist der Baum, in dem – so will es die Legende – im 15. Jahrhundert das Madonnenbild gefunden wurde.

Auf einer Bank im Schatten ihrer Zweige lassen wir den Blick über die Darstellung der Schmerzensmutter über dem Kirchenportal schweifen. Ein besinnlicher Abschluss für eine mit stillen Momenten angefüllte Wanderung.

Zwar gibt es in Aengenesch keine Lokale, aber in dem knapp sechs Kilometer entfernten Ortsteil Kapellen lockt der **Drei-Kronen-Hof** 5. Auch das **Restaurant Kloibers** 6 im **Schloss Haag** und das **Landcafé Steudle** 7 sind mit dem Auto in wenigen Minuten zu erreichen.

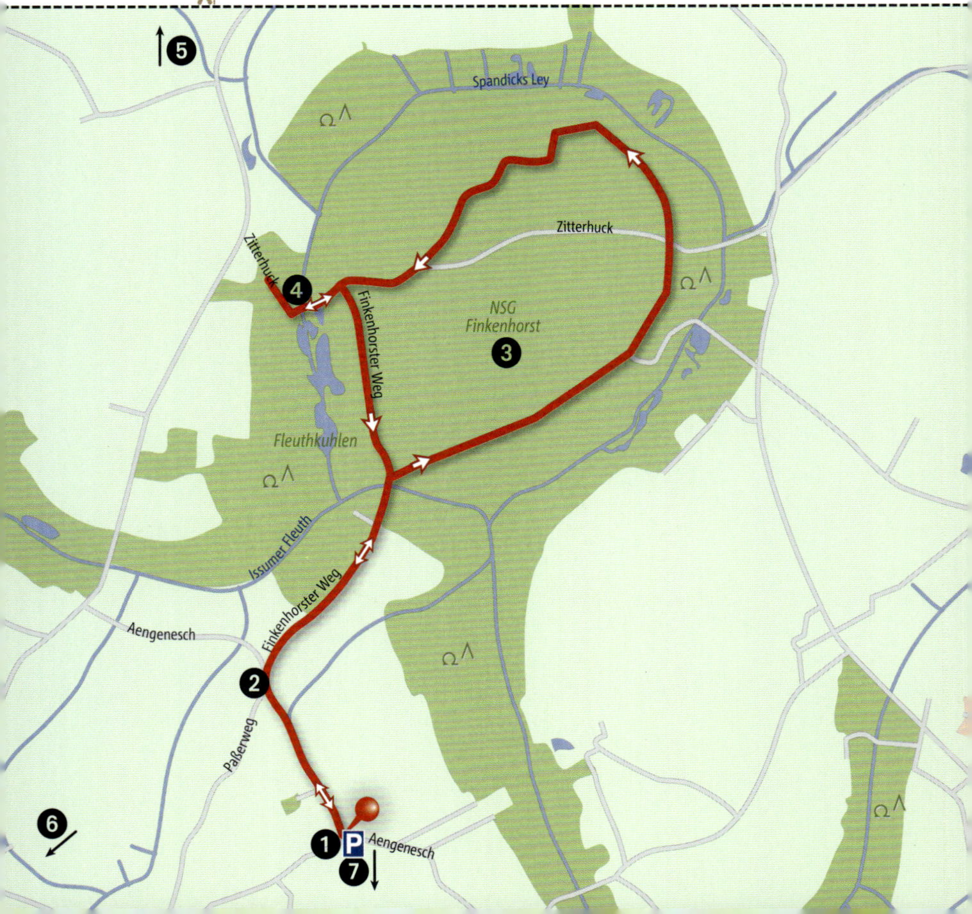

Alles auf einen Blick

WIE & WANN:

Wenig befahrene Straßen, Wald-, Feld- und Schotterwege; ganzjährig lohnend, im Frühling kann man Schmetterlinge beobachten, im Sommer Libellen

HIN & WEG:

Auto: Parkplatz Aengenesch 44, 47608 Geldern (GPS: 51.53230, 6.37997)
ÖPNV: Keine direkte Anbindung an die Strecke

ESSEN & ENTSPANNEN:

Rucksackverpflegung nicht vergessen!
Gaststätte Drei-Kronen-Hof ❺ Lange Straße 15, 47608 Geldern-Kapellen, Tel. (0 28 38) 5 51 99 18
Restaurant Kloibers ❻ im Schloss Haag, Bartelter Weg 8, 47608 Geldern, Tel. (0 28 31) 92 44 25, www.schloss-haag-geldern.de
Landcafé Steudle ❼ Hanrathsweg 3, 47608 Geldern, Tel. (0 28 31) 9 76 89 65, www.landcafe-steudle.de

ENTDECKEN & ERLEBEN:

Wallfahrtskirche zur Schmerzensmutter ❶ Tel. (0 28 31) 9 76 70 (Pfarrbüro Geldern), www.st-mariamagdalena-geldern.de
Heiligenhäuschen ❷
Naturschutzgebiet Fleuthkuhlen ❸
Beerenbrouck-Kuhle ❹

Entspannung ✱✱✱✱✱
Genuss ✱✱✱✱
Romantik ✱✱✱✱

An der Niers

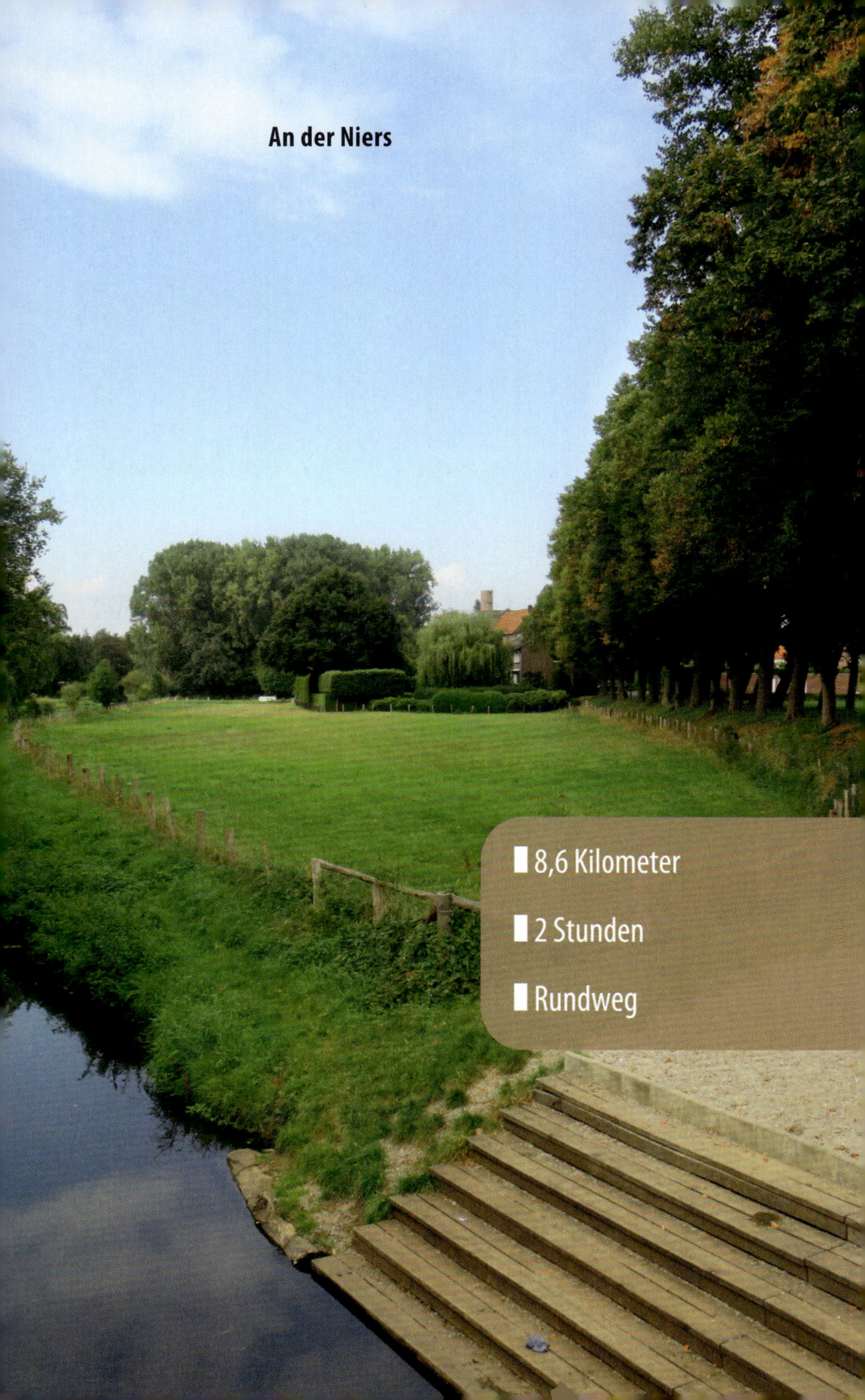

- 8,6 Kilometer
- 2 Stunden
- Rundweg

Als Start für unsere Wanderroute haben wir den Parkplatz an der **Jugendherberge Kevelaer** festgelegt, vor deren Einfahrt uns links ein breiter Waldweg aufnimmt. Er bringt uns zu einer überdachten Rundbank, an der wir rechts und unmittelbar danach links abbiegen. Uns fallen die vielen Sandpfade auf, die quer durch den Wald führen. Wo es so auffällig viele Reitwege gibt, müssen Pferde eine größere Rolle spielen. Wenig später bestätigt sich unsere Vermutung, der Wald lichtet sich und auf eingezäunten Koppeln begrüßt uns lautes Wiehern. Bäume nehmen uns auf, bevor wir an einem Bauernhof links auf den unbeschilderten **Wissener Weg** einbiegen.

Das Landschaftsbild verändert sich, weite Äcker werden von hohen Bäumen und Pappelreihen durchzogen. Der Michelsweg kreuzt unsere Route, aber wir laufen geradeaus und erreichen über die Schravelner Straße hinweg ein Wäldchen. Geradeaus kommt die Pferdepension **Daelshof** in Sicht, davor zweigt links der von Bäumen gesäumte, unbefestigte **Jakobsweg** ab, der mit einer gelben Jakobsmuschel auf

Rund 113 Kilometer lang ist die Niers, die bei Erkelenz entspringt und in den Niederlanden bei Gennep in die Maas fließt. Seit dem 13. Jahrhundert wurde der Flusslauf für insgesamt 52 Wassermühlen an vielen Stellen verlegt und begradigt. Die zunehmende Industrialisierung verwandelte die Niers in eine Kloake. Heute tummeln sich wieder Fische im Nierswasser, für dessen gute Qualität Kläranlagen sorgen. Eine naturnahe Umgestaltung des Flusses schafft mehr Lebensraum für Tiere und Pflanzen und soll Hochwassersituationen entschärfen.

Segensreich

An der Niers in Kevelaer

blauem Grund gekennzeichnet ist. Am Wegsaum wächst Spitzwegerich, was gut zum Pilgerweg passt. Denn gegen Blasen an den Füßen hilft es, wenn man die Spitzwegerichblätter zwischen den Fingerspitzen zerreibt und den Pflanzensaft auf die betroffene Stelle streicht. Erste Hilfe am Wegesrand …

An weiteren Pferdekoppeln vorbei geben die Felder für uns unerwartet den Blick auf die noch ferne **Basilika St. Marien** in Kevelaer frei. Neben uns deutet zwar Röhricht darauf hin, dass dort der Fluss verläuft, bis wir die Niers aber tatsächlich sehen, dauert es noch. Dem Feldweg folgend geht es an einem Bauernhof über die Wegkreuzung weiter geradeaus. Mächtige Bäume am Wegrand spenden uns Schatten. An den Anbauflächen einer Gärtnerei vorbei wandern wir in eine Siedlung. In einem weiteren Gartenbaubetrieb leuchtet Heidekraut in ungewöhnlichen Grün- und Gelbtönen. Dahinter zweigt rechts der Sandweg **Am St. Georgsritt** ab, der uns ans Ufer der **Niers** ❶ bringt.

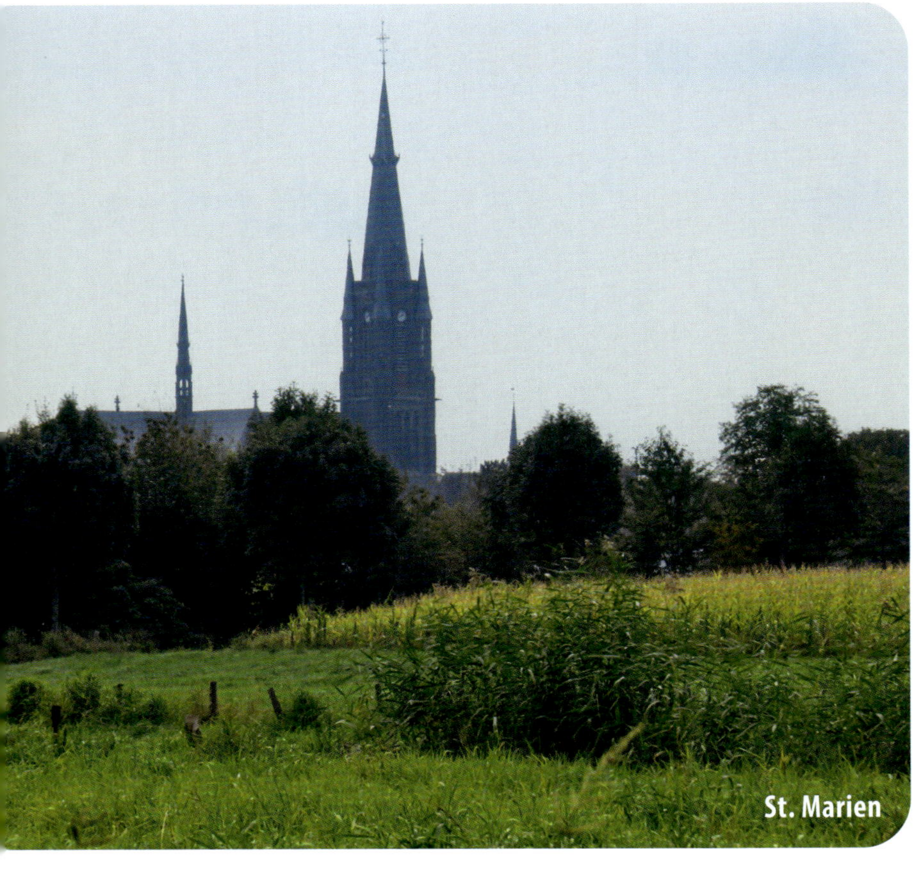

St. Marien

Unter uns spiegelt sich die Sonne im von Kopfweiden gesäumten Fluss. Im träge stadtauswärts fließenden Wasser wogt hellgrünes Seegras. Von der schmalen Betonbrücke aus lässt sich das Panorama ringsherum sehr schön überblicken. Stadtauswärts liegen weit verstreut einige große Bauernhöfe, ansonsten sehen wir nichts als Wiesen, Schilf, Bäume und Hecken. Ganz anders der stadteinwärts gerichtete Blick: Uns zieht die kirchturmreiche Kevelaerer Silhouette jetzt magisch an.

Hinter der Brücke laufen wir an einem kristallklaren Bachlauf mit sandigem Untergrund entlang. Es ist die Dondert, die etwa 15 Kilometer entfernt in der Nähe von Geldern entspringt und hier in die Niers mündet. Eine junge Allee leitet uns zum **St.-Georgs-Denkmal 2**. Alljährlich findet hier eine Segnung der Pferde statt, die die Tiere vor Krankheit und Gefahr schützen soll.

Wir überqueren die Brücke links. Nun wird es städtischer. Am ersten Abzweig hinter dem Ortsschild Kevelaer biegen wir rechts in die (unbeschilderte) **Lindenstraße** ein und überqueren an einer Ampelkreuzung die Klever Straße. Auf der gegenüberliegenden Seite nimmt uns wiederum die Lindenstraße auf. Wir passieren die Dondertstraße und überqueren den Bahndamm, um etwas später links in die **Friedenstraße** einzubiegen. Ihr folgen wir, bis sie links abzweigt. Dort gehen wir rechts zum ausgeschilderten **Basilika-Parkplatz.** An der Mauer entlang erreichen wir die

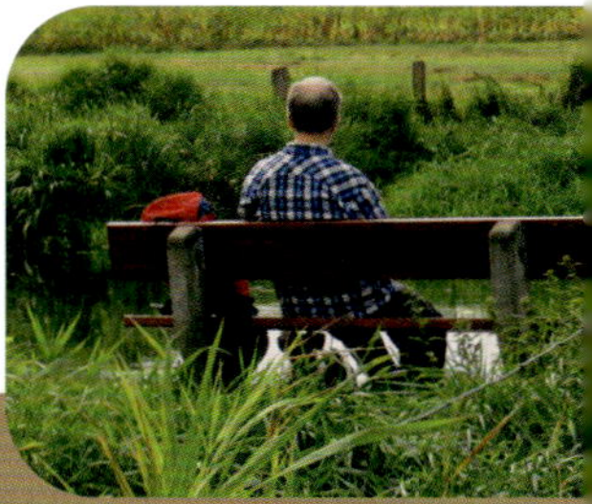

Für die Seele

Entlang der Niers findet sich ein Mosaik aus Auen, Ackerflächen, Weideland und Gartenbauflächen mit Heidekraut. Der Nierswanderweg verschmilzt mit dem Jakobsweg, der Pilger zur Basilika am Kapellenplatz in Kevelaer führt.

Der Kaufmann Hendrick Busmann hörte – so die Legende – im Jahr 1641 dreimal eine Stimme, die ihn aufforderte, in Kevelaer eine Kapelle zu bauen, und gehorchte dieser Aufforderung. Seine Frau sah daraufhin in einer nächtlichen Erscheinung eine von Lichtstrahlen umhüllte Gottesmutter, in der sie das Marienbild Trösterin der Betrübten erkannte. Sie erwarb das Gnadenbild und machte damit Kevelaer zu einem der bis heute bedeutendsten Wallfahrtsorte am Niederrhein.

Rückseite der großen **Wallfahrtskirche,** an der links ein schmaler Weg vorbeiführt.

Rechts gelangen wir zum **Kapellenplatz ❸.** Er ist Dreh- und Angelpunkt für Pilger und bildet mit der **Gnadenkapelle** und der **Basilika St. Marien** das religiöse Zentrum der Stadt. Zahllose Kerzen werden hier täglich angezündet. In Kevelaer haben wir das Gefühl, dass Kirche draußen stattfindet.

Der **Kapellenplatz** ist der zentrale Punkt, von dem nicht nur die Kirchen der Stadt, sondern auch die Einkaufsstraßen mit zahlreichen Einkehrmöglichkeiten in wenigen Schritten zu erreichen sind.

Wir setzen unsere Wanderung fort, laufen wieder an der Basilika vorbei und geradeaus durch den **Wallfahrtsbogen.** Er führt uns zur **Basilikastraße.** Dort können wir der Aussicht auf eine Tasse Kaffee im **Café Vloet ❹** nicht widerstehen. Vom Fenster aus blicken wir direkt auf die **Kapelle Maria in der Not,** in der das **Biker-Memorial Kevelaer** in einer Gedenkrolle die Namen verunglückter Motorradfahrer bewahrt. Die Idee zu dieser Gedenkstätte resultierte aus der jährlich im Juli stattfindenden Motorrad-Wallfahrt, die ein echter Publikumsmagnet ist und Tausende Biker nach Kevelaer zieht.

Nach dem Cafébesuch biegen wir am **St.-Marien-Hospital** vor der Gedenkkapelle links in die **Bahnstraße** ab **(wer mit der Bahn angereist ist, steigt hier in die Tour ein).** Die Bahnstraße führt uns zur **Klever Straße,** die wir an der Ampelkreuzung überqueren, um geradeaus über die (unbeschilderte) **Rheinstraße** zur Niers zu laufen.

An der Brücke wacht, aus Kupfer und Stahl geformt, der **heilige Nepomuk ❺.** Der Legende nach hielt der Priester sich auch unter Folter ans Beichtgeheimnis – und wird deswegen ohne Mund dargestellt. Als Generalvikar in Prag wurde Johannes Nepomuk im 14. Jahrhundert in Streitigkeiten am Königshof verstrickt und in der Moldau ertränkt – weshalb er als Schutzpatron der Schiffer und Flößer gilt.

Hinter der Brücke biegen wir links auf den **Niers-**

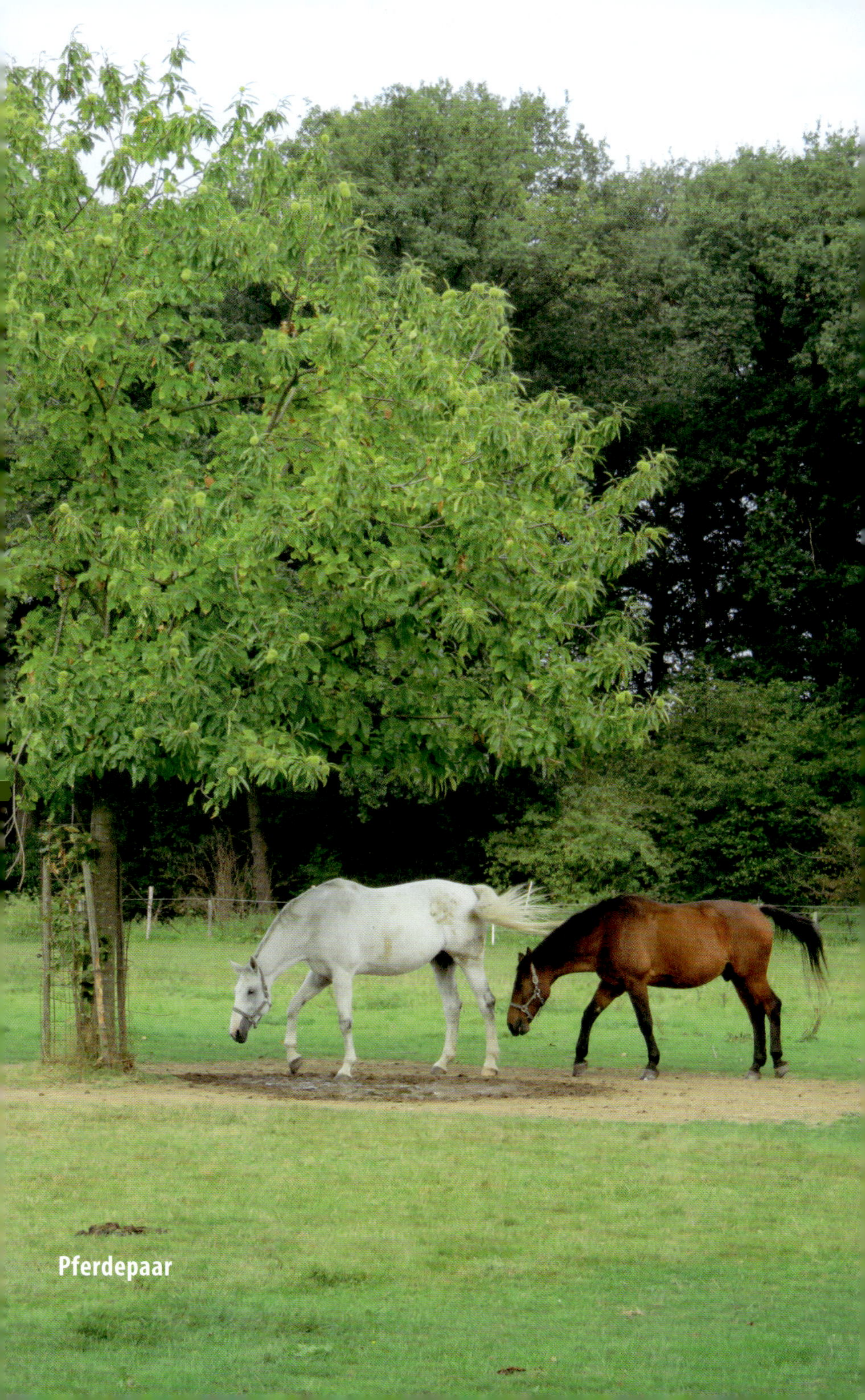

Pferdepaar

wanderweg ab, um an einer Bushaltestelle links in die **Grotendonker Straße** abzuschwenken. Nach einem kleinen See, der hinter Hecken versteckt liegt, führt uns der **Michelsweg** rechts in schwungvollen Bögen zur ausgeschilderten Jugendherberge zurück. Wir kommen an einer mächtigen Eiche vorbei, die als Naturdenkmal ausgewiesen ist. Auf der Anbaufläche eines Gartenbaubetriebes leuchtet uns noch einmal Heidekraut in satten Lila- und Rosatönen entgegen. Dahinter erreichen wir den Parkplatz und unser Auto.

Mit Bildern vom Kerzenschein am Kapellenplatz und der Legende des Brückenheiligen Nepomuk im Kopf verabschieden wir uns von Wanderwegen, auf denen Natur und Religion, Geschichte und Legenden miteinander verschmelzen.

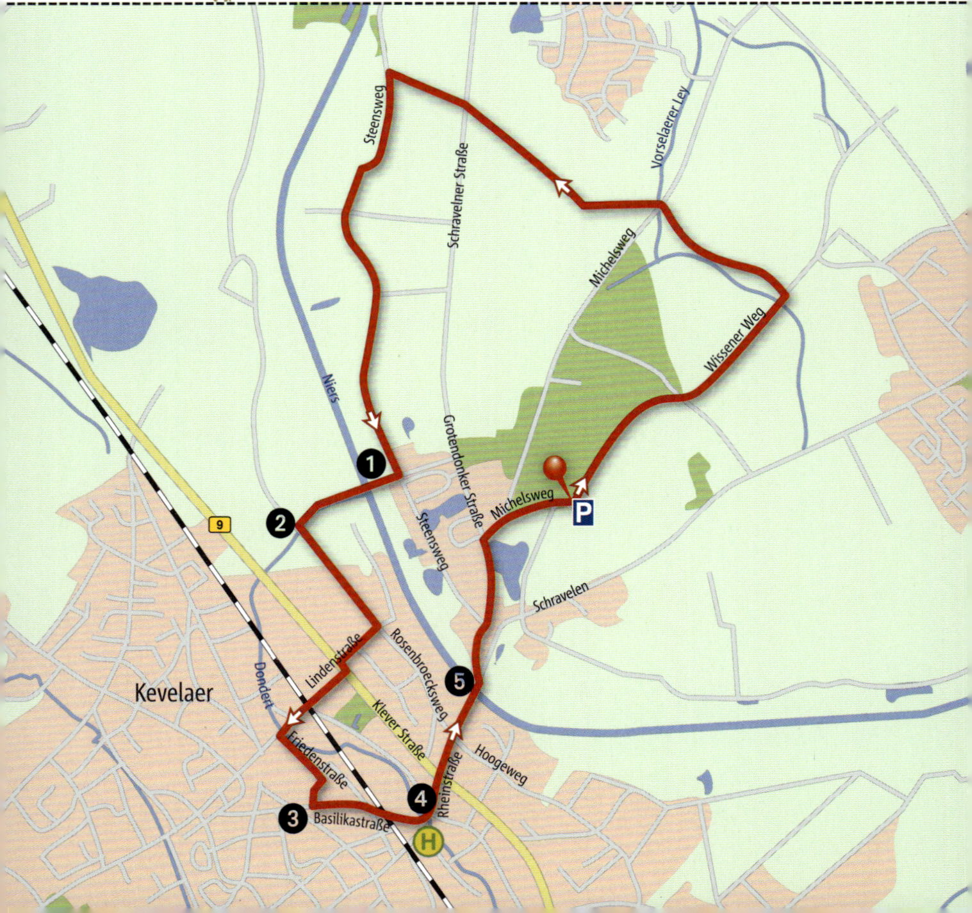

Alles auf einen Blick

WIE & WANN:
Straßen, befestigte und unbefestigte Wege; im Frühling Spargel frisch vom Feld, im Spätsommer Calluna und Erika in den Gartenbaubetrieben, Anfang Mai bis Ende Oktober Pilgersaison

HIN & WEG:
Auto: Jugendherberge Kevelaer, Am Michelsweg 11, 47626 Kevelaer (GPS: 51.5942, 6.2589)
ÖPNV: RE 10 bis Kevelaer (Einstieg in die Tour an der Ecke Basilikastraße/Bahnstraße

ESSEN & ENTSPANNEN:
ESSEN & ENTSPANNEN
Café Vloet ❹ Basilikastraße 56, 47623 Kevelaer Tel. (0 28 32) 7 81 04
Zahlreiche Einkehrmöglichkeiten im Ortskern von Kevelaer

ENTDECKEN & ERLEBEN:
Niers ❶
St.-Georgs-Denkmal ❷
Kapellenplatz mit Gnadenkapelle und Basilika St. Marien ❸
www.wallfahrt-kevelaer.de
Statue des heiligen Nepomuk ❺

Entspannung ✱✱✱✱✱
Genuss ✱✱✱✱✱
Romantik ✱✱✱✱✱

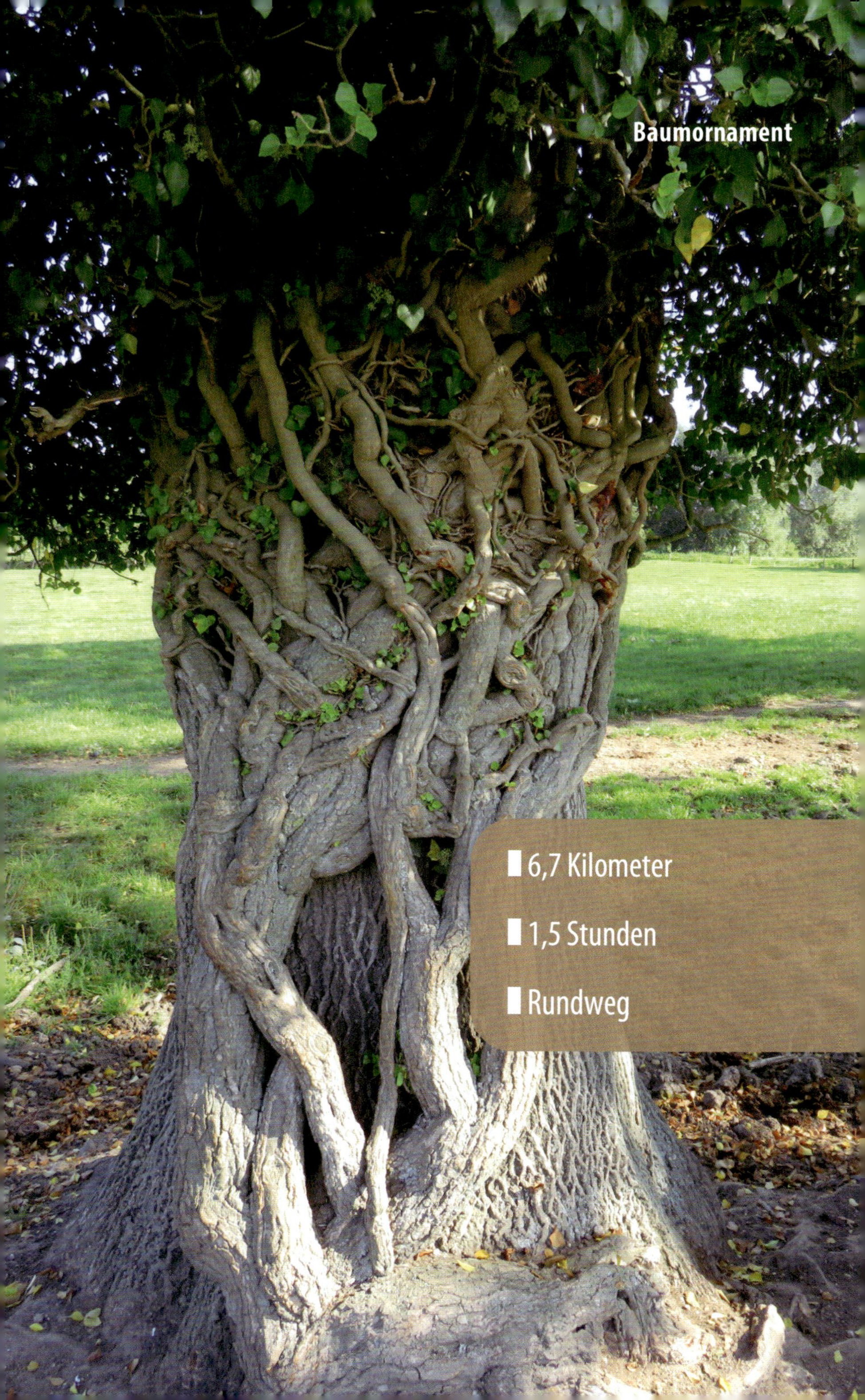
Baumornament
6,7 Kilometer
1,5 Stunden
Rundweg

Direkt vor dem Parkplatz überqueren wir die **Hanselaerstraße** und werden vor einer Brücke geradeaus vom **Sebastianuswall** aufgenommen, der zum **niederrheinischen Jakobsweg** ① gehört. Zu unserer Rechten fließt der **Leybach** stadteinwärts, in seiner leichten Strömung wogen Wasserpflanzen. Ein Graureiher steht wie eine fein gemeißelte Statue regungslos in einer Wiese. Nur dort, wo wir die Brücke der Rheinstraße unterqueren, sind Motorengeräusche zu hören. Ansonsten lädt die Ruhe ein, die Landschaft zu betrachten und den eigenen Gedanken nachzugehen.

An einer Gabelung verlassen wir den Bach, um links dem von Kopfweiden und Eschen gesäumten **Oyweg** zu folgen. Oy bezeichnet flaches, am Wasser gelegenes Gelände sowie mit Büschen und einzelnen Bäumen bestandene Wiesen – und das bringt die Landschaft, die wir durchwandern, auf den Punkt.

In schwungvollen Bögen wandern wir geradeaus. Frisch geschneitelt, wirken einige der Kopfbäume wie armlose Büsten. Am Feldrand vor einem Bauernhof fängt eine Esche unsere Blicke ein. Efeu hat den mächtigen Stamm mit dicken Haftwurzeln überzogen und ein Ornament geschaffen, das wie ein keltisches Symbol anmutet.

An der **Bennepstraße** verabschieden wir uns vom Jakobsweg und biegen links in die von Kopfbäumen gesäumten Wiesen ein. In der Ferne sehen wir die Kalkarer Kirche St. Nicolai aufragen. Schließlich er-

Der niederrheinische Jakobsweg nutzt vielfach die alten Römerstraßen und bringt Pilger von Nimwegen nach Köln. In Kalkar zeigt in der Kirche St. Nicolai einer der zahlreichen spätmittelalterlichen Schnitzaltäre Jakobus mit Pilgerstab und Buchbeutel.

Die Hohe Ley entspringt bei Alpen im Niederrheinischen Höhenzug und wechselt bis zur Mündung mehrfach ihren Namen. Als Leybach und Stadtgraben umfließt sie Kalkar, als Kalflack mündet sie bei Emmerich in den Rhein.

Die Kirche St. Antonius Abbas in Hanselaer gilt zu Recht als eine der schönsten Dorfkirchen am Niederrhein und überrascht mit ihrer Ausstattung und Atmosphäre. Im 13. Jahrhundert unterstand sie dem Kölner Stift Maria im Kapitol. Ihre spätere Erweiterung im gotischen Stil bezog Teile der ursprünglichen romanischen Bausubstanz ein. Außerhalb der (seltenen) Gottesdienste und öffentlicher Führungen kann eine Besichtigung im Pfarrbüro Hl. Geist Kalkar angefragt werden und ist unbedingt lohnenswert.

reichen wir **Hanselaer,** das aus einem knappen Dutzend Hofanlagen mit Stallungen und Wohnhäusern besteht und sich mit seinen Obstwiesen, Blumen- und Nutzgärten harmonisch in die Landschaft einfügt.

Die Zeit scheint hier in positivem Sinn stehen geblieben zu sein. Und so verwundert es nicht, dass Hanselaer insgesamt als Denkmalbereich unter Schutz steht. Geprägt wird die beschauliche Ortschaft von der **Kirche St. Antonius Abbas** ❷ mit dem kleinen Friedhof und dem ehemaligen Küsterhaus. Betrachtet man alte Gemälde, so hat sich seither kaum etwas verändert. Auf der Bank vor dem schmiedeeisernen Eingangstor lassen wir die einnehmende Ursprünglichkeit des Ortes auf uns wirken.

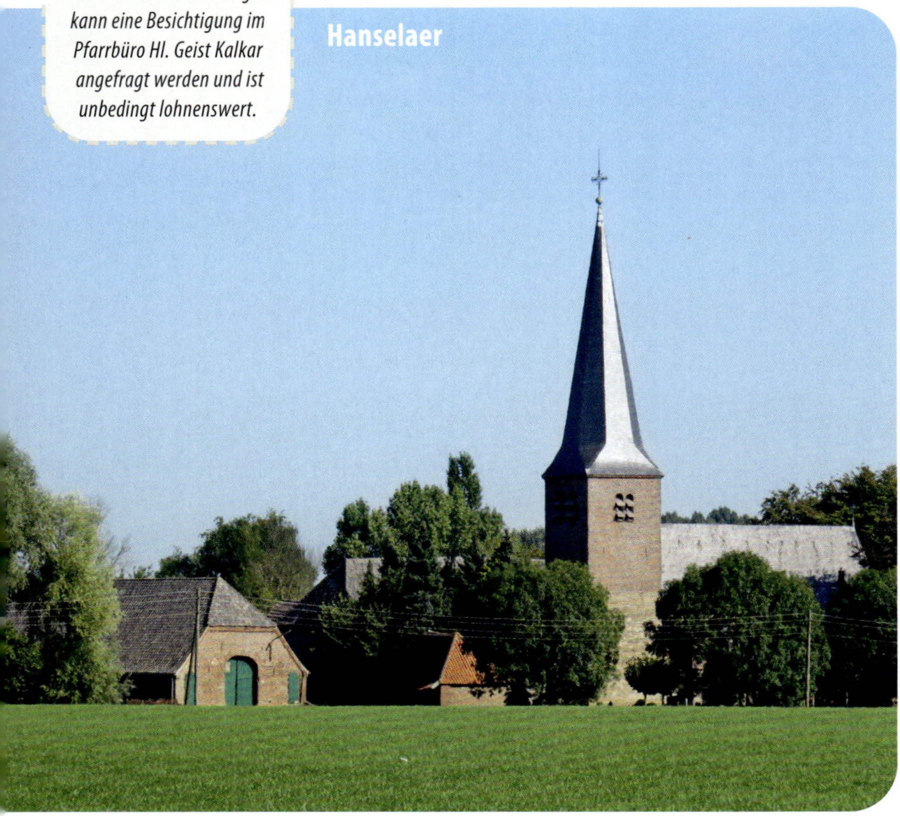

Hanselaer

Wir kehren um zum Abzweig Bennepstraße, um dort geradeaus der **Spickstraße** zu folgen. Aus einem Garten leuchtet uns zart-bunte Glaskunst entgegen. **Das Glasatelier Lucas** ❸ hat dort eine Werkstatt und Ausstellungsräume. Mit Blick auf den Niederrheinischen Höhenzug, der sich links weit hinter den Feldern erhebt, wandern wir an verstreut liegenden Häusern vorbei, überqueren die Rheinstraße und folgen geradeaus der **Hanselaerstraße.**

Unseren Parkplatz lassen wir rechts liegen und biegen diesmal vor der Brücke rechts auf den **Jakobuswall** ein. Über uns erhebt sich mit ausladenden Flügeln eine Windmühle. Mit ihr werden wir uns später noch näher beschäftigen, vorerst folgen wir dem Uferweg geradeaus. Auf der gegenüberliegenden Seite ragen Grabsteine auf, die zum **jüdischen Friedhof** gehören. Etwas weiter grasen Schafe vor der Umfriedung eines einstigen Dominikanerklosters, von dessen Bausubstanz viel mehr als diese Mauer nicht geblieben ist.

Im Wasser spiegelt sich sehr ansehnlich ein weißer Turm. Er ist der letzte von einstmals 16 Türmen, die zur mittelalterlichen Stadtbefestigung gehörten. Für

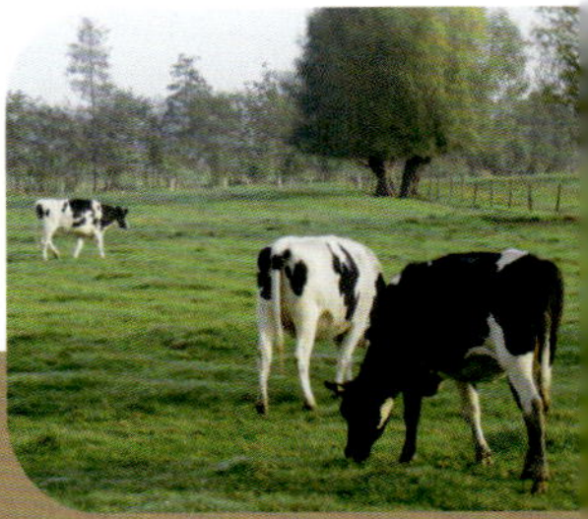

Für die Seele

Der Jakobspilgerweg führt uns aus dem mittelalterlichen Kalkar hinaus, eine Kopfweidenallee bringt uns ins denkmalgeschützte Hanselaer.

die Taubenhaltung war der sogenannte **Taubenturm** ❹ wohl nie gedacht, eher zur Unterbringung von Dieben. Ursprünglich diente der „Düven-Törm" nämlich als Gefängnisturm. Im Laufe der Zeit, so heißt es, wurde daraus sprachlich der „Duven-Törm", eben Taubenturm. Heute nutzen ihn kreative Köpfe als Atelier.

Es sind nicht so sehr die Stilelemente der Backsteingotik aus dem 15. Jahrhundert, die an der Kirche St. Nicolai beeindrucken, es ist vielmehr die Ausstattung. Als von herausragender künstlerischer Qualität gelten das Chorgestühl und die aus Eichenholz geschnitzten Altäre. Von besonderem Reiz ist der Kontrast der spätmittelalterlichen Kirchenkunst zu den modernen Kirchenfenstern mit Motiven aus der Teilchenphysik.

Wir verlassen Diebe, Tauben und Künstler. Im Linksbogen gelangen wir zum **Gerd-Jansen-Platz** und rechts über eine Brücke zum links abknickenden **Im Schwanenhorst.** Vom Fußweg schwenken wir links auf den **Antoniuswall.** Vor einer schmalen Holzbrücke folgen wir rechts dem mit mächtigen Bäumen gesäumten **Stadtgraben.** Zwei Kirchtürme schieben sich in unser Blickfeld, der vordere gehört zur **Kirche der evangelischen Kirchengemeinde Kalkar,** der andere zur katholischen **Kirche St. Nicolai.** Hinter einer weiteren Holzbrücke endet unser Weg an der **Altkalkarer Straße,** in die wir links einbiegen. Wir kommen zur Brücke über den **Leybach** und biegen dahinter rechts in die Jan-Joest-Straße ein. Sie bringt uns zum Hauptportal der **Kirche St. Nicolai ⑤.**

Wir kehren um und halten uns auf der **Altkalkarer Straße** rechts. Nach wenigen Schritten erreichen wir den **Marktplatz,** der vom **Rathaus** aus dem 15. Jahrhundert überragt und von **Treppengiebelhäusern** umrahmt wird. Die **Gerichtslinde** steht dort, schriftlich dokumentiert, seit 1545. An diesem Platz steigen diejenigen, die mit dem **Bus angekommen** sind, **in die Tour ein.**

Wir biegen links vor dem Marktplatz in die **Kesselstraße** ein, die uns am **Kaiserlichen Postamt** vorbeibringt. Die Backsteinfassade mit rot-weißen Fensterläden auf der rechten Straßenseite gehört zum **Beginenhof** aus dem 16. Jahrhundert, der zu den bedeutendsten spätmittelalterlichen Häusern in Kalkar zählt.

Dahinter geht es rechts über die schmale **Servitenstege** zur **Grabenstraße** und gleich rechts gegenüber zum **Dominikaner Bongert ⑥.** Die Dominikaner lebten und wirkten seit dem 15. Jahrhundert in Kalkar, bis 1802 die Klostergebäude abgerissen und die Kirchenausstattung auf andere Kirchen verteilt wurde. An all das erinnern lediglich die restaurierten Mauern, die diese Streuobstwiese, auch Bongert genannt, umfrieden.

Im Rechtsbogen gelangen wir durch die Einfahrt des **Seniorenheims St. Nicolaus** und zwischen Haus und

Taubenturm Kalkar

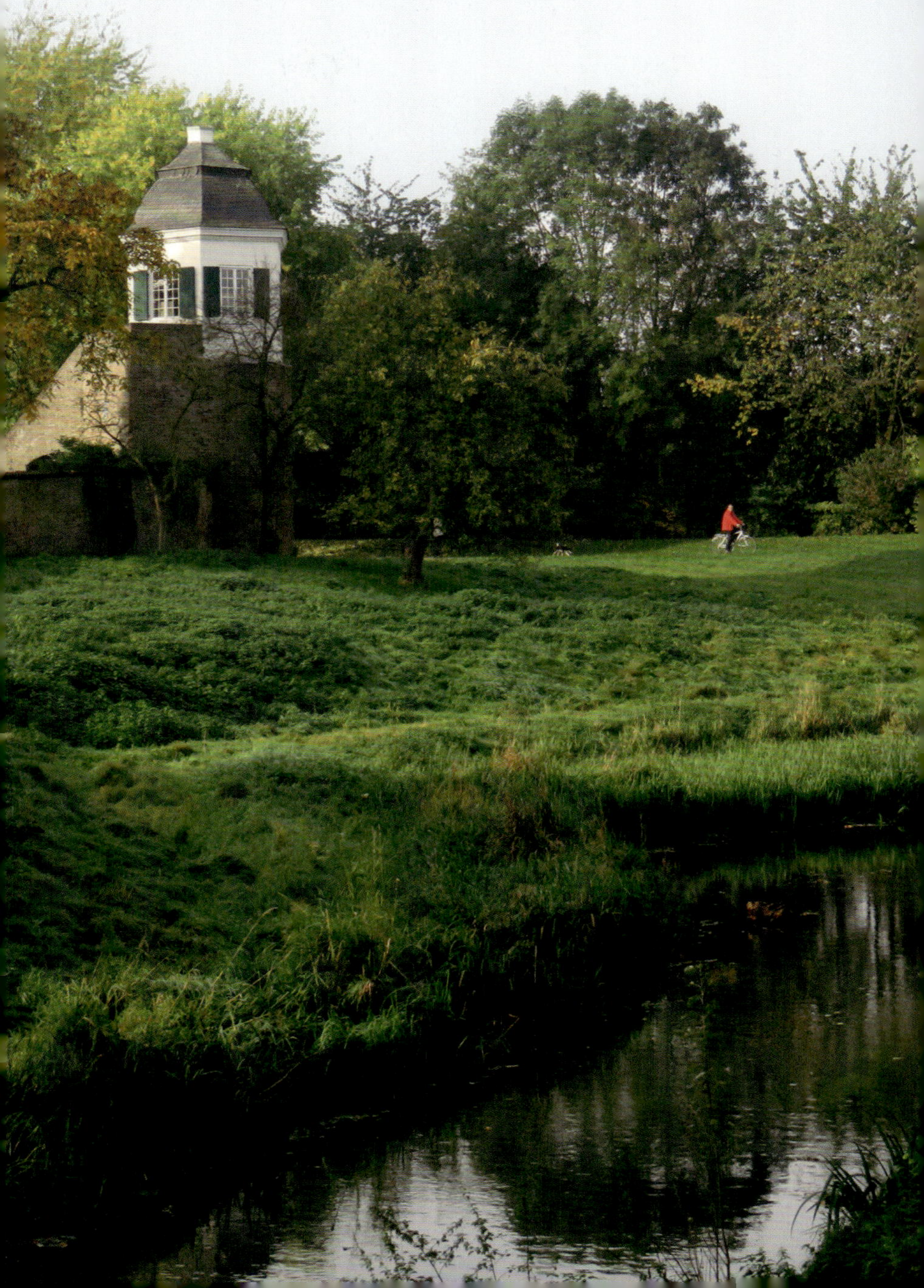

Kneippanlage hindurch zur **Kalkarer Mühle** ⑦. Einer Einkehr steht nun nichts mehr im Wege, denn neben dem Museumsbereich mit einem funktionsfähigen Mahlwerk beherbergt sie auch ein Restaurant und Brauhaus.

Über die Holzbrücke hinter der Mühle gehen wir zum Auto zurück. Die Arme auf das Holzgeländer gestützt, schauen wir vorher noch einmal auf das klare, gemächlich fließende Wasser und lassen uns die vielfältigen Eindrücke der Wanderung durch den Kopf gehen. Von stiller Natur bis hin zu großartiger Kirchenkunst war alles dabei, was für uns einen rundum gelungenen Tag ausmacht.

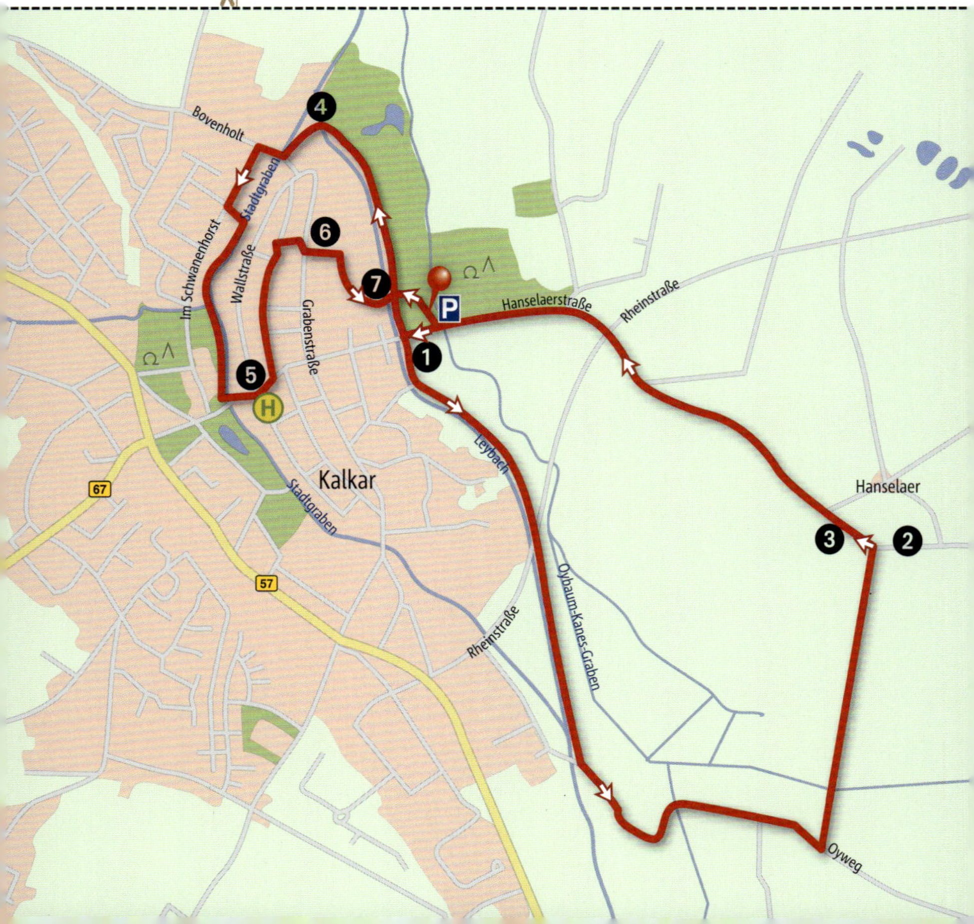

Alles auf einen Blick

WIE & WANN:
Asphaltierte Straßen, befestigte Wege; ganzjährig möglich und interessant

HIN & WEG:
Auto: Parkplatz Sportanlagen am Hanselaer Tor/historische Mühle, Hanselaerstraße 41, 47546 Kalkar (GPS: 51.739619, 6.297187)
ÖPNV: Von Xanten oder Kleve Bus 44 bis Kalkar Markt (Einstieg in die Tour am Marktplatz)

ESSEN & ENTSPANNEN:
Restaurant-Brauhaus Kalkarer Mühle ❼ Mühlenstege 8, 47546 Kalkar, Tel. (0 28 24) 9 32 30, www.kalkarer-muehle.de
Weitere Einkehrmöglichkeiten im Ortskern Kalkar

ENTDECKEN & ERLEBEN:
Niederrheinischer Jakobsweg ❶
Kirche St. Antonius Abbas ❷
Glasatelier Lucas ❸ Spickstraße 72, 47546 Kalkar-Hanselaer, Tel. (0 28 24) 9 75 76 46
Taubenturm ❹
Kirche St. Nicolai ❺
Dominikaner Bongert ❻
Museum Kalkarer Mühle ❼
Tel. (0 28 24) 47 09 (Sa./So. 13–16 Uhr)

Entspannung ★★★★☆
Genuss ★★★★★
Romantik ★★★★☆

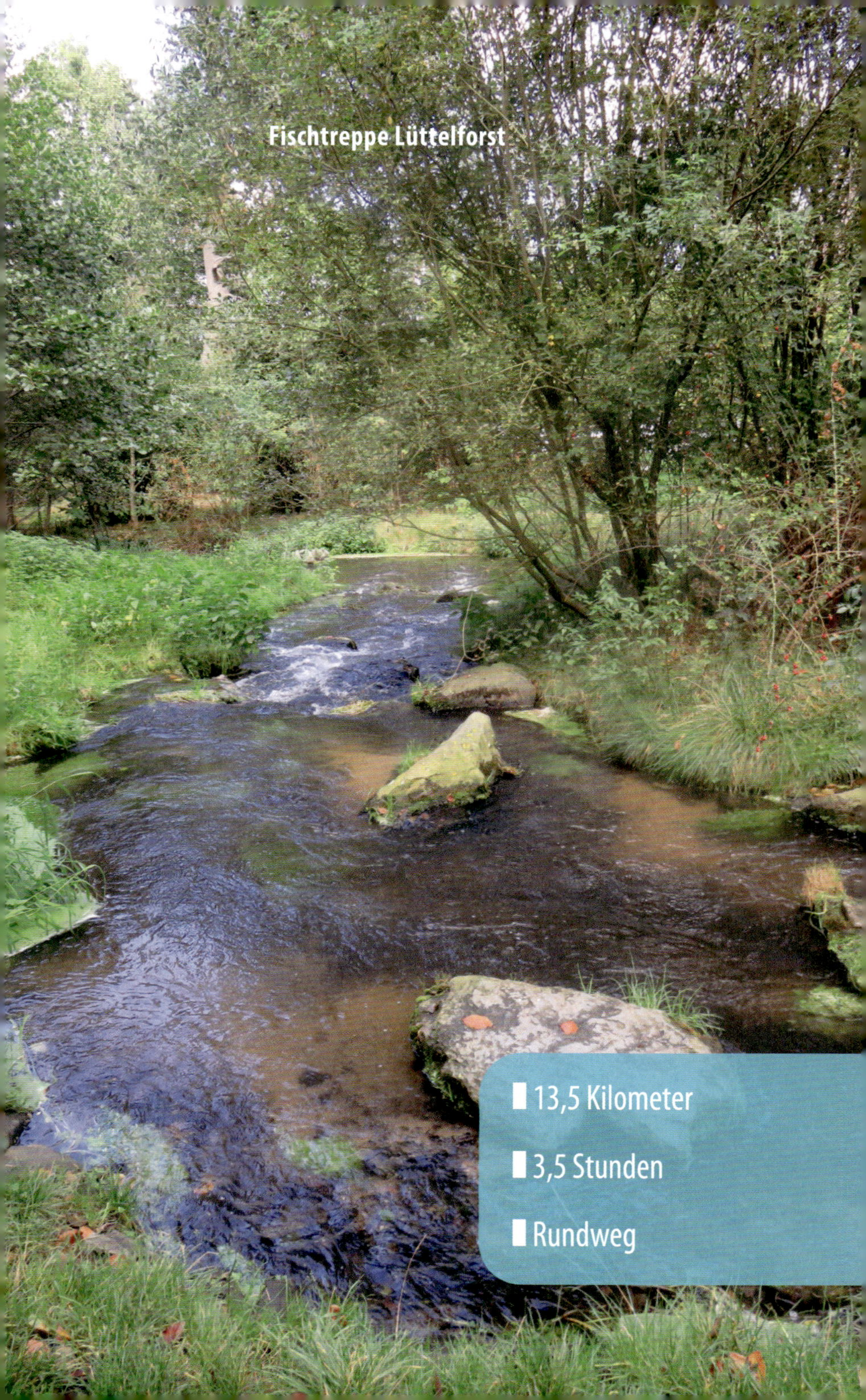
Fischtreppe Lüttelforst
13,5 Kilometer
3,5 Stunden
Rundweg

Zu den Fischtreppen

Unterwegs in Lüttelforst

An der Gebietskarte am Ende des **Parkplatzes Schomm,** der ausgeschilderten Einfahrt gegenüber, wandern wir los. Auf der anderen Straßenseite bringt uns geradeaus ein schnurgerader Waldweg zu einem links abzweigenden Weg, der wiederum auf eine Einmündung stößt. Dort und an der Gabelung unmittelbar dahinter halten wir uns rechts und wandern mal durch Mischwald mit jungen Bäumen, mal an alten Eichen vorbei. Ein Tipi aus Ästen zeigt, dass der Wald für vielfältige Freizeitaktivitäten genutzt wird.

Dem nächsten Abzweig folgen wir links und werden am Waldrand von einem Feldweg aufgenommen. Schmetterlinge gaukeln in der Sonne, Rehe verharren reglos am Feldrand. Böschungen mit Bäumen säumen unseren nun asphaltierten und leicht abschüssigen Weg, der an einer Wegschranke endet. Die Straße bringt uns links an den wenigen Bauernhäusern von Lousberg vorbei.

An der folgenden Straßenkreuzung geht es rechts ab zur **Lüttelforster Mühle 1.** Hier steigen diejenigen, die mit dem Bus angereist sind, in die Tour ein.

Vor dem längst stillstehenden Mühlrad fließt die **Schwalm** rechts hinunter über **Fischtreppen,** denen unser Weg folgt. Obwohl wir keinerlei Wasserbewohner entdecken, stellen wir uns die Freude der Fische über die wiedergewonnene Freiheit außerordentlich groß vor.

Unser angenehm schattiger Weg bleibt dem mäandernden Flussverlauf treu. Hier und da liegen um-

Die bereits im 15. Jahrhundert erwähnte Lüttelforster Mühle beherbergt ein Hotel und Restaurant. Neben einer regional geprägten Speisekarte, die sich je nach Saison ändert, legen die Restaurantbetreiber Wert auf Nachhaltigkeit.

Das Schwalmtal wird seit dem 13. Jahrhundert von Wassermühlen geprägt, für die man den Fluss verlegte, begradigte und zur optimalen Nutzung der Wasserkraft Höhenunterschiede schuf. Für Fische wurden sie zur unüberwindbaren Barriere. Unter anderem in Lüttelforst wurden vor einigen Jahren Fischtreppen angelegt. In ihnen bilden sich kleine Wasserbecken, die den Fischen den Weg flussaufwärts oder flussabwärts wieder ermöglichen.

gestürzte Bäume über den Uferböschungen, Farn wogt federleicht im Wind. In dieser Idylle kommt die Holzbank wie gerufen, die uns die angenehm träge Stimmung auskosten lässt.

Kurz bevor die Schwalm den **Liplakenbach** aufnimmt, fließt sie mit einem kaum wahrnehmbaren Gefälle über Steine und bildet sanfte Stromschnellen, die den Fischen ebenfalls ihre Wanderschaft erleichtern. Links neben der Mündung überqueren wir die Brücke über den Liplakenbach, um gleich dahinter links abzubiegen. Durch eine rot-weiße Wegschranke geht es über eine Landstraße hinweg und leicht links versetzt geradeaus in einen Bruchwald. Totholz liegt skulpturenhaft zwischen den Bäumen verteilt, Rinnsale werden von Steinbrückchen überspannt.

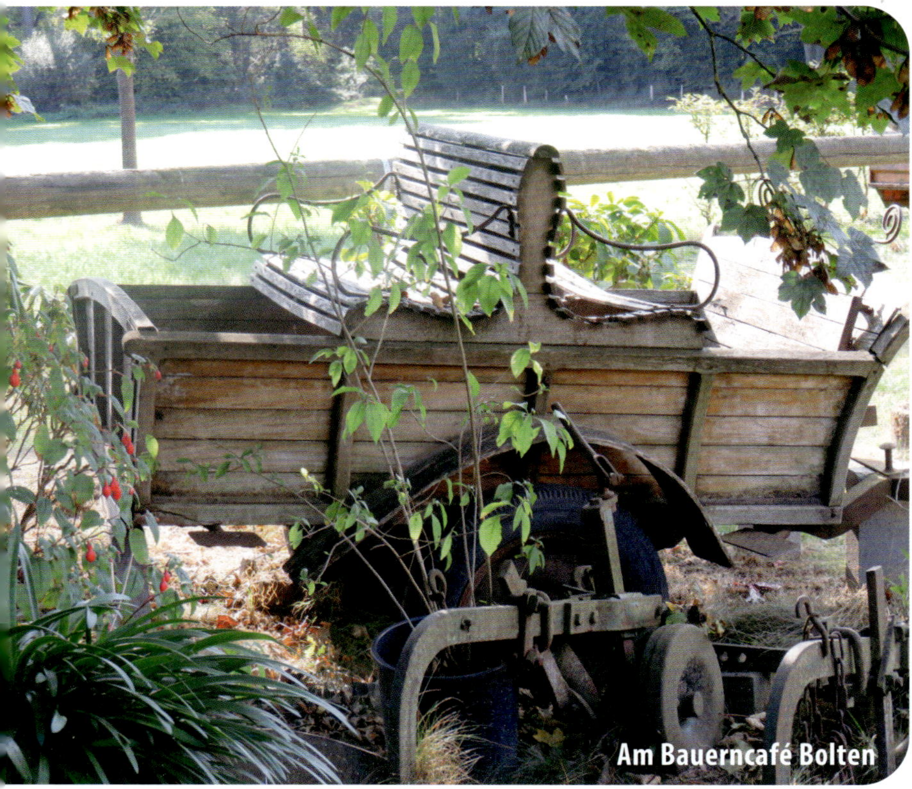

Am Bauerncafé Bolten

Weiter hinten im Wald bietet eine besonders malerische Brücke ein schönes Fotomotiv.

Uns führt der Weg links über eine der Steinbrücken. Es ist so still, dass man auf das leiseste Geräusch achtet. In diesem Fall steckt hinter dem Rascheln trockener Blätter bei genauem Hinsehen eine emsige Waldmaus, die, ihre dunklen Knopfaugen auf uns gerichtet, in ihrer Bewegung erstarrt. Mucksmäuschenstill, im wahrsten Sinne des Wortes.

Wir überqueren die Schwalm. Ein Schild hinter der Brücke weist uns den Weg geradeaus durch von Kopfweiden gesäumte Wiesenflächen und Gärten zum **Bauerncafé Bolten** ②, das in einem liebevoll umgestalteten Kuhstall untergebracht ist und an warmen Tagen in einen üppigen Gastgarten einlädt.

Von dort wandern wir wieder zur Schwalm zurück und biegen hinter der uns bekannten Brücke rechts auf den Uferweg ein. An einigen Bäumen entdecken wir Schrifttafeln der Künstlerin Elke Bischofs, deren Sprüche und Weisheiten zum Nach- und Weiterdenken anregen. Besonders passend finden wir: „Wenn du dir vorauseilst, hast du nicht einen Moment mit dir genossen.“ Also lassen wir es von jetzt an noch etwas langsamer angehen.

An der **Lüttelforster Mühle** wählen wir denselben Weg neben den Fischtreppen, halten uns diesmal aber hinter der Brücke über den Liplakenbach rechts. Von Eschen und Erlen gesäumt, fließt die Schwalm ruhig neben uns. Wir treffen auf den **Silverbach,** der hier, wie uns ein Infoschild an der Brücke verrät,

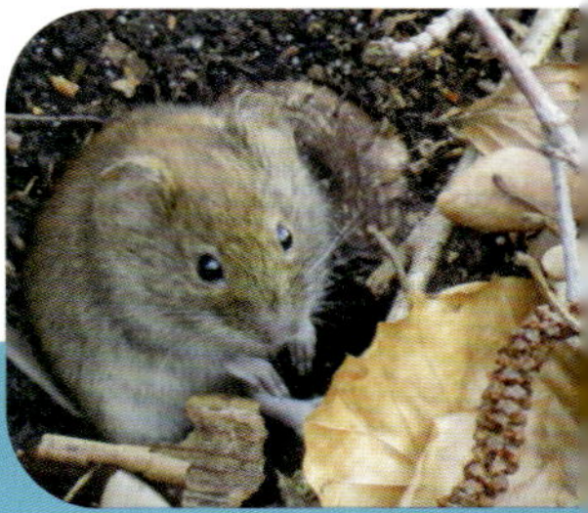

Für die Seele

Es plätschert und raschelt am Wegesrand, während wir durch die von der Schwalm und zahllosen Bächen geprägte Landschaft von Mühle zu Mühle wandern.

nach nur 2,4 Kilometern in die Schwalm mündet. Hinter einem Campingplatz führt eine Brücke rechts über die Schwalm zur **Pannenmühle** ③, einer großen Mühle aus dem 17. Jahrhundert. Wir biegen jedoch nicht ab, sondern setzen unsere Wanderung geradeaus an der Schwalm fort, bis wir uns im Linksschwenk von ihr entfernen. Nun begleitet uns ein Bach zur **Stadionstraße,** in die wir rechts einbiegen, um ihrem Linksschwenk zu **Am Kamp** zu folgen, der uns rechts durch eine Siedlung bringt.

An einer Fußgängerampel überqueren wir die **Hochstraße** und erreichen geradeaus den Ortsausgang von Niederkrüchten. Weiter geht es durch Felder, wo unsere Route nach einem Rechtsknick neben einer steilen Böschung verläuft. Sie wird von einer Unterführung durchbrochen, die uns unter der Autobahn A 52 hindurch und dahinter nach einem Linksknick ins **Stapper Bruch** bringt. Hier wird es nach der kurzen Ruhestörung durch Autolärm wieder beschaulich.

Über die **Kapellenstraße** wandern wir rechts zum Ortseingang von **Brempt.** Neben einem eingezäunten Teich halten wir uns rechts und biegen gleich rechts auf **Zur Brücke** ein. Dort breitet sich der Brempter See aus, über den die aufgestaute Schwalm die **Brempter Mühle** ④ in früheren Zeiten mit Wasserkraft versorgte. Zwar rauscht dort weiterhin Wasser, doch das Mühlrad an dem als Wohnhaus genutzten Gebäude ist nur noch Zierde.

An der **Kahrstraße** biegen wir rechts ab, wo wir von der großen Wiese einen schönen Blick auf das Mühlrad haben. Zurück auf der Straße, geht es gleich **rechts neben einem Teich ins Naturschutzgebiet Raderveekes Bruch.**

Ein befestigter Damm bringt uns über morastigen Untergrund, dahinter folgen wir im Rechtsbogen einem Waldweg, der uns in Schlenkern durch den Bruchwald leitet. Die Strecke wird unwegsamer, der jetzt unbefestigte Pfad führt steil auf eine Anhöhe. Oben angekommen, halten wir uns rechts. Der weiche Waldweg verläuft unmittelbar an der Steilkante

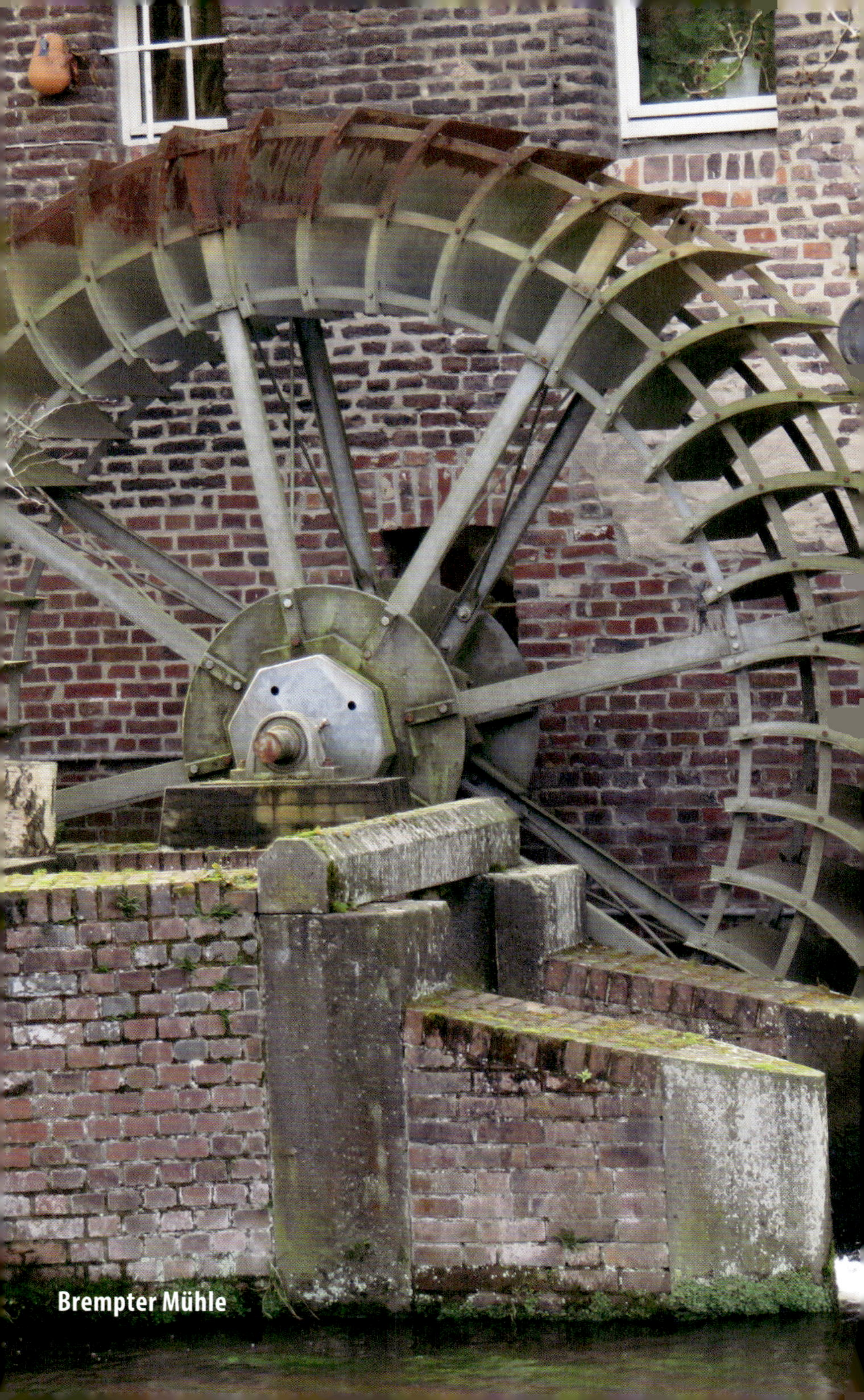

Brempter Mühle

des **Raderberges,** unter uns verteilen sich im Bruchwald schimmernde Wasseradern und Teiche.

Links liegt ein Bauernhaus, das wir im Linksschwenk umgehen. Ein Gewässer kommt rechter Hand in Sicht und die A 52 wieder in Hörweite. Hinter dem Wegpfosten halten wir uns rechts, um über den Weg rechts hinunter die Autobahn zu unterqueren. Bald verebben die Motorengeräusche wieder. Hecken begleiten uns zur Straße, an der es rechts zur **Radermühle** 5 geht.

Erstmalig 1311 urkundlich erwähnt, soll der Ursprung der Radermühle in die Römerzeit zurückreichen. Mit ihren verriegelten Fensterläden wirkt sie verlassen, nur der an die Hauswand gelehnte Mühlstein erinnert an lebhaftere Zeiten.

Auf der gegenüberliegenden Straßenseite bringt uns der Forstwirtschaftsweg geradeaus ins Raderveekes Bruch, auf dessen Tümpel und Rinnsale die Sonne tanzende Lichtreflexe zaubert. Das Bodenrelief wird bald hügeliger, ein Hang steigt linker Hand an. Eine quer verlaufende Straße bringt uns links hinauf nach **Lousberg.** Das niedrige Mäuerchen, das rechts die Straße begrenzt, soll wohl ein Gefühl von Sicherheit vermitteln, weil das Waldareal dahinter steil und tief abfällt.

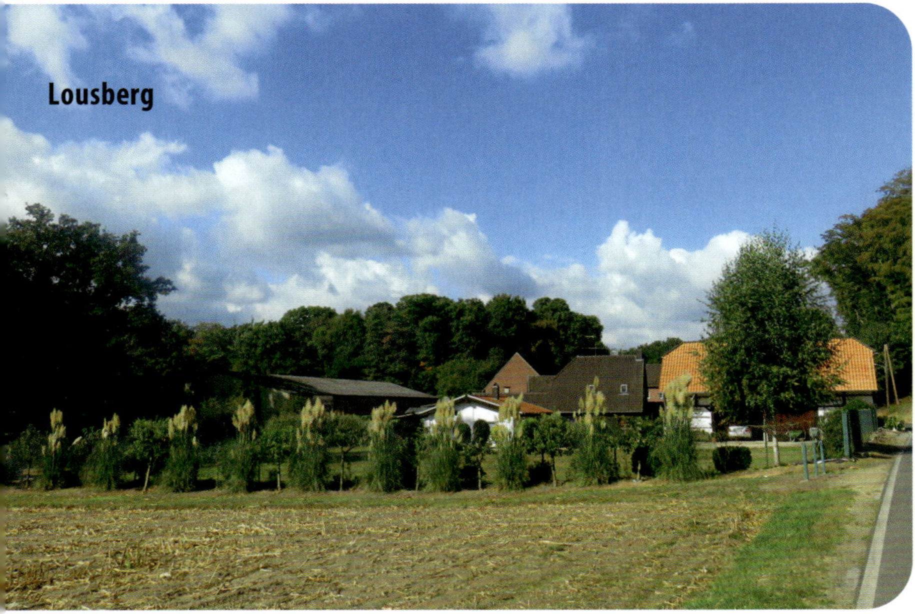
Lousberg

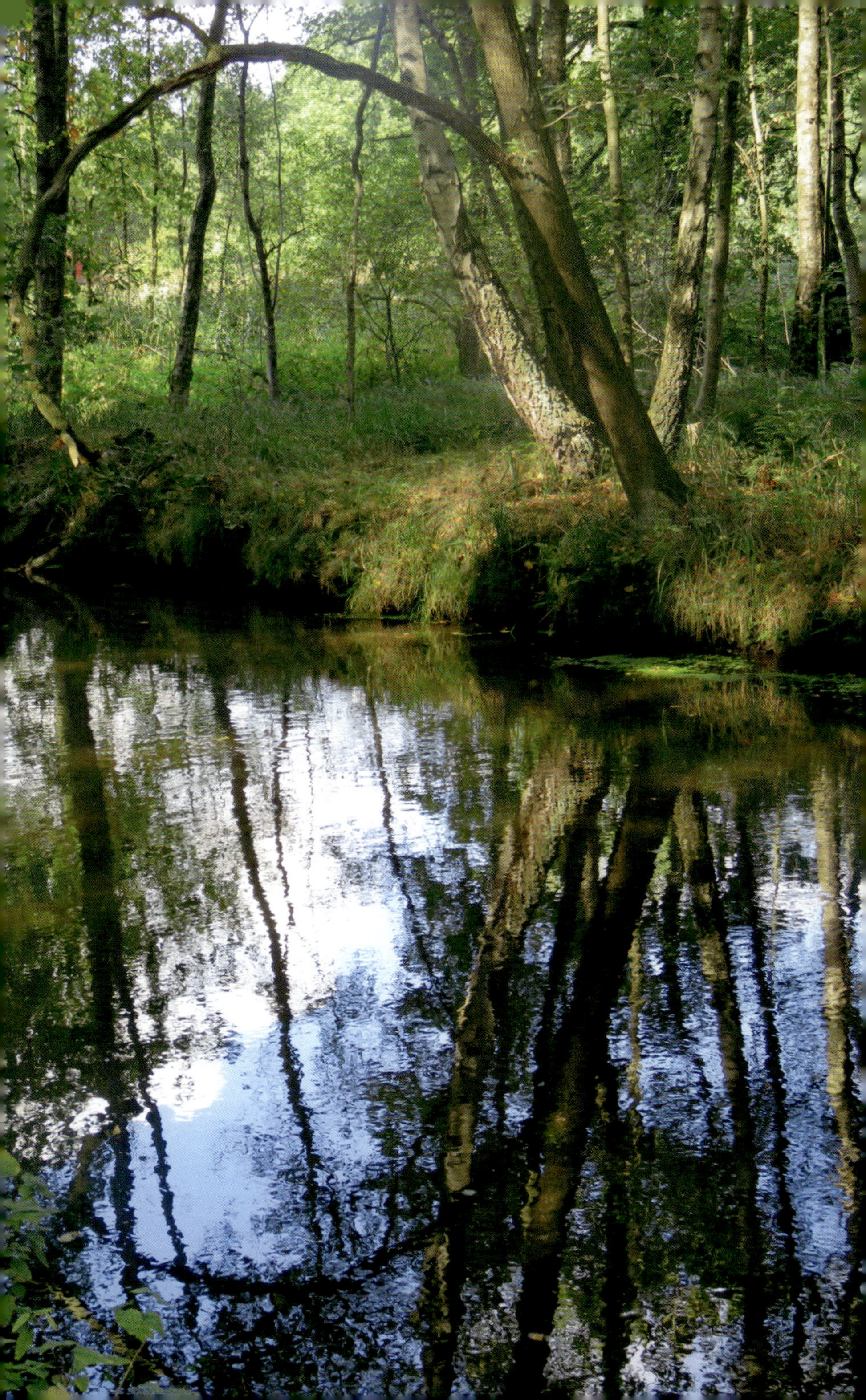

Erfrischungstour 17

Hinter schmucken Backsteinhäusern verlassen wir die Straße in einer Rechtskurve, um geradeaus einer Sackgasse und anschließend einem Schotterweg durch die Felder bis zum Waldrand zu folgen. Geradeaus erreichen wir im Wald eine Gabelung, an der wir uns rechts wenden und hinter einer Wegschranke weiter durch einen dichten Mischwald wandern. An der nächsten Kreuzung folgen wir dem rechts abknickenden Wanderweg, der uns geradeaus zum Parkplatz bringt.

Von diesem Tag in verwunschenen Bruchwäldern und an der mäandernden Schwalm mit ihren geschichtsträchtigen Mühlen wird uns sicher die Vorstellung treppensteigender Fische in Erinnerung bleiben.

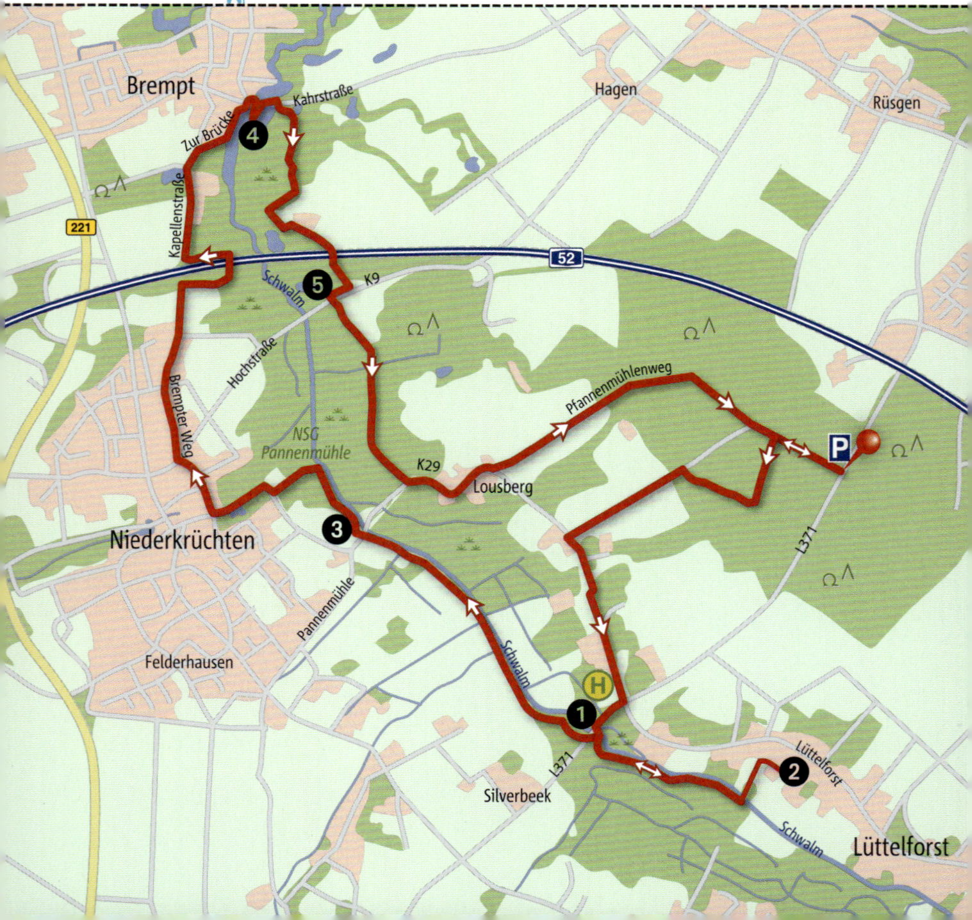

Alles auf einen Blick

WIE & WANN:

Straßen, Schotterwege, Wald- und Feldwege; ganzjährig interessant, doch einige Wege können bei feuchter Witterung sehr rutschig und bei Hochwasserlagen sogar überflutet sein

HIN & WEG:

Auto: Parkplatz Schomm an der L 371, 41366 Schwalmtal (GPS: 51.201395, 6.256990)
ÖPNV: Von Mönchengladbach Hbf/Europaplatz Bus SB 83 bis Lüttelforster Mühle (Einstieg in die Tour an der Lüttelforster Mühle)

ESSEN & ENTSPANNEN:

Hotel-Restaurant Die Lüttelforster Mühle ❶ Lüttelforst 303, 41366 Schwalmtal, Tel. (0 21 63) 57 10 40, www.die-lue.de
Bauerncafé Bolten ❷ Lüttelforst 185, 41366 Schwalmtal, Tel. (0 21 63) 4 54 39

ENTDECKEN & ERLEBEN:

Lüttelforster Mühle ❶
Pannenmühle ❸
Brempter Mühle ❹
Radermühle ❺

Entspannung ✱✱✱✱✱
Genuss ✱✱✱✱✱
Romantik ✱✱✱✱✱

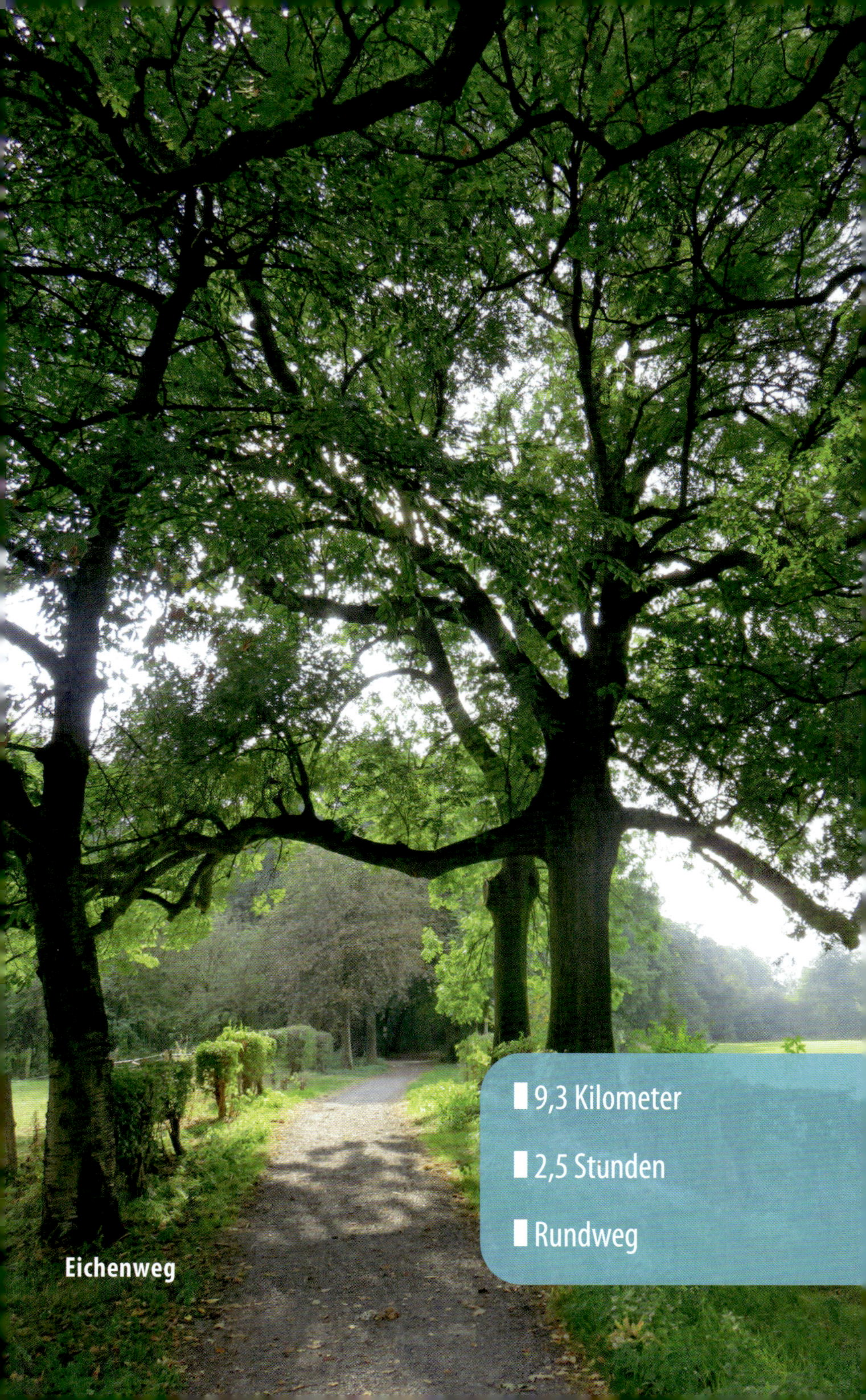
9,3 Kilometer
2,5 Stunden
Rundweg
Eichenweg

Mitten in der quirligen Metropolregion Rhein-Ruhr scheinen die Uhren in Friemersheim langsamer zu ticken. Der von Eschen und Linden gesäumte Dorfplatz wird von der weiß getünchten **evangelischen Kirche** ❶ dominiert. Einen besonderen Charme hat das um 1800 erbaute **Lehrerhaus** ❷, in dem früher die Dorfschule untergebracht war.

In der Kurve der **Friemersheimer Straße** bringt uns ein gepflasterter Weg auf den Deich. Vor uns erhebt sich auf der gegenüberliegenden Rheinseite das Hüttenwerk Krupp-Mannesmann mit einer beeindruckenden Silhouette aus Hochöfen und Kühltürmen, hinter der sich die ganz eigene Welt der Stahlproduktion verbirgt. Wir halten uns etwas links, wo uns gleich auf der anderen Deichseite rechts ein schmaler Weg vom Deich hinab und im Rechtsbogen ins **Naturschutzgebiet Rheinaue Friemersheim** ❸ führt. Ein nostalgisches Straßenschild verrät uns, dass wir nun rechts auf dem **Philosophenweg** wandeln; für uns ein schöner Anstoß, inmitten dieser alten Kulturlandschaft ein bisschen zu sinnieren.

Der Deich verläuft parallel zu unserem von Weißdornhecken gesäumten Weg, Kopfbäume stehen in Wiesen. Uns fällt es leicht, hier vom Alltag abzuschalten. Allerdings erinnern uns gelegentlich hinter den Bäumen aufsteigende Wasserdampfschwaden daran, dass die harte Arbeit im Stahlwerk nur eine Flussbreite entfernt ist.

Der Philosophenweg trifft auf eine Allee mit

Ende des 19. Jahrhunderts veränderte sich das von der Landwirtschaft geprägte Leben in der Region, als die Krupp'sche Friedrich-Alfred-Hütte entstand und Arbeitskräfte anlockte. Neue Wohn- und Geschäftsviertel wurden gebaut, doch der Friemersheimer Dorfkern konnte seinen ursprünglichen Charakter bewahren und steht heute als Denkmalbereich unter Schutz.

Ein Dorfidyll

Am Rhein bei Friemersheim

Das Naturschutzgebiet Rheinaue Friemersheim erstreckt sich vom ehemaligen Krupp-Hafen bis zur Krefelder Stadtgrenze. Streuobstwiesen und an den Deich grenzende Kleingärten lassen erahnen, wie wichtig diese Art der Nahversorgung für frühere Generationen war: Im Sommer frisch vom Strauch, Baum oder aus dem Beet geerntet, wurde für den Winter Eingemachtes, Dörrobst und Most daraus.

mächtigen alten Kopfeschen, der wir links folgen (noch viel mehr Kopfeschen gibt es in der Momm-Niederung, siehe S. 29). Ausgehöhlte oder geborstene Stämme, kropfartige Wucherungen und dünne, dicht belaubte Äste verleihen den Bäumen etwas Koboldhaftes. Vor uns taucht der **Altrheinarm Die Roos** auf, an dem wir rechts auf einem schön schattigen Weg entlanggehen. Durch Lücken im dichten Uferbewuchs erhaschen wir immer wieder Blicke auf eine endlos scheinende Reihe von Kopfbäumen, die sich am gegenüberliegenden Ufer des Altgewässers erstreckt.

Im Rechtsbogen erreichen wir den Deich und biegen links auf die gepflasterte Deichkrone ein. Der dahinter hoch aufragende Wasserturm wurde zu Be-

Dörfliches Friemersheim

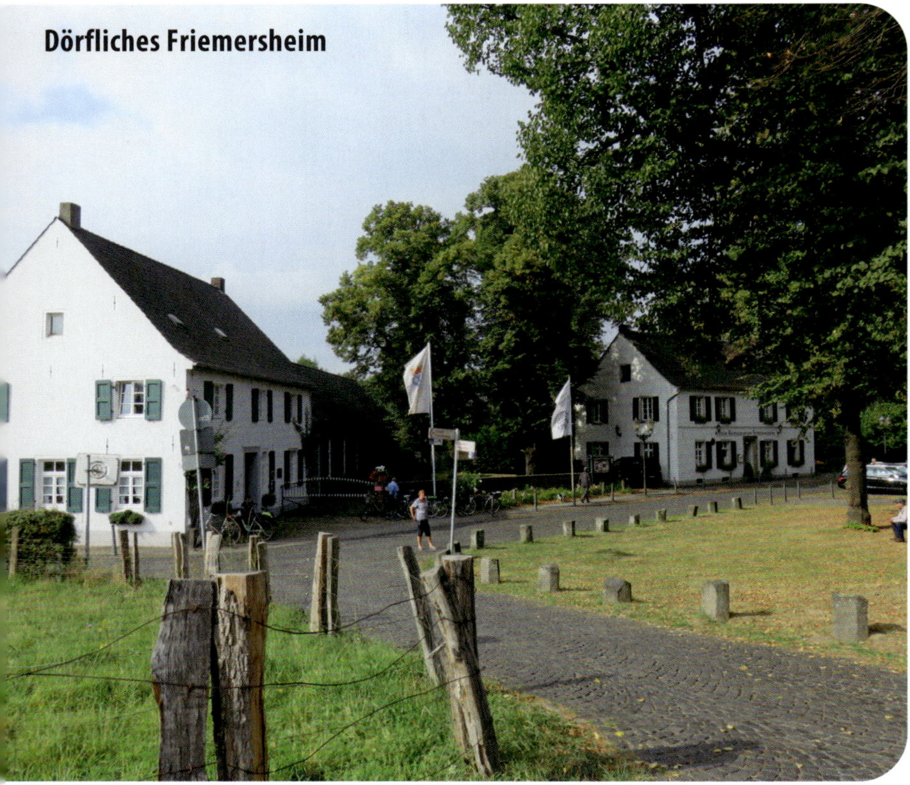

ginn des 20. Jahrhunderts gebaut: Die Menschen in der 1912 entstandenen, längst denkmalgeschützten Eisenbahnsiedlung neben dem heute aufgelassenen, einst riesigen Rangierbahnhof Hohenbudberg und die Dampflokomotiven im zugehörigen Bahnbetriebswerk brauchten jede Menge Wasser. In den Schrebergärten, die sich an den Deichhang schmiegen, erzählen Farbenpracht und Pflanzenfülle von purem Kleingärtnerglück.

Der Rhein selbst ist noch nicht in Sichtweite, aber links sehen wir durch Bäume und Hecken hindurch bereits die Aufbauten vorbeifahrender Containerschiffe. Schwungvoll leitet uns der Weg links auf einen Damm und ins Naturschutzgebiet. Der unbefestigte Wiesenweg bietet uns einen herrlichen Ausblick auf die Rheinbrücke, die einige Kilometer entfernt Duisburg-Mündelheim mit dem Krefelder Stadtteil Uerdingen verbindet. Wir wandern an der Roos mit ihrem typischen Auenbewuchs entlang. Da der Altrheinarm der Dynamik des Rheins unterliegt, ist er phasenweise überflutet und bietet insbesondere Libellen einen wichtigen Lebensraum.

Der Damm endet an einem Deich, auf dem uns links wiederum ein Wiesenweg aufnimmt. Der Rhein liegt nun breit und mächtig vor uns. Nur die sanften Motorgeräusche der Schiffe und das Gezwitscher zahlloser Vögel in den Bäumen hüllen uns ein. Der Deich flacht ab und endet unmittelbar am Rheinstrand.

Gegensätzlicher als hier könnten rechts- und linksrheinisch nicht sein. Auf unserer Seite schwap-

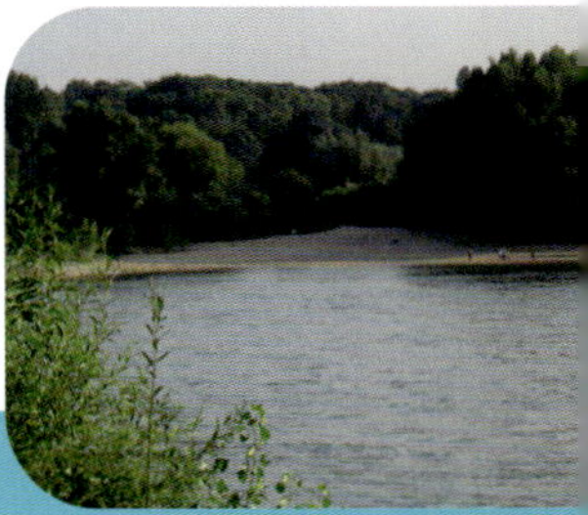

Für die Seele

Ein denkmalgeschütztes Dorf in einer zeitlos schönen Kulturlandschaft mit Streuobstwiesen, Kopfbäumen und Auen liegt im Schatten imposanter Industrieanlagen. Doch der Rhein hält Entspannung und Arbeit perfekt voneinander getrennt.

pen sanfte Wellen an den von Weidengebüsch gerahmten breiten Kieselstrand. Drüben erhebt sich das Hüttenwerk, in dem in zahllosen Arbeitsschritten und Fertigungsprozessen Stahl produziert wird. Auf unserer Seite pure Entspannung, auf der anderen Seite schweißtreibende Arbeit. Na ja … – so ganz stimmt das nicht: Gleich neben der imposanten Industriekulisse schmiegt sich ein Auenwäldchen um einen kleinen Strand, den Menschen und Hunde gerade für eine Auszeit nutzen.

Wir folgen dem Schotterweg, der sich geradeaus durch das üppige Grün der Rheinaue windet. Zwischen uns und dem Rhein breiten sich hohe Sträucher aus, die hier und da Ausblicke auf den Fluss gewähren. Angler stehen auf Buhnen, werfen ihre Köder aus und hoffen zu Recht auf einen guten Fang, denn im Rheinwasser tummeln sich heute wieder etliche Fischarten.

Wie silbergrüne Perlenschnüre stehen links in einer Wiese zahllose aneinandergereihte Kopfweiden. Dichte Hecken unterteilen das Wiesengrün, Brombeeren wuchern über den Weidezaun. Wir halten uns geradeaus auf dem schmalen Pfad, der nach geraumer Weile in einem Linksbogen vom Rhein wegschwenkt. An Kopfbäumen vorbei queren wir zwei Reitwege und gelangen schließlich an einer Wiese mit weiteren, alten, knorrigen Kopfbäumen vorbei zu einer Brücke mit einem Holzgeländer.

Dahinter laufen wir links auf den Deich, um ihn vor der Kirche links über den vom Hinweg bekannten Pfad zu verlassen, der uns aber nun einige Meter geradeaus unter alten, knorrigen Eschen hindurch zum **Werthschenhof** 4 bringt. Bereits um 1200 gab es hier eine Burg, die im 15. Jahrhundert einem Jagdschloss wich. Geblieben ist lediglich ein achteckiger Turm, der von Wohnhaus, Stall und Scheune umgeben ist.

Gleich gegenüber biegen wir rechts auf **Am Kälberpesch** ein. Die Industriekulisse verliert sich nun. Un-

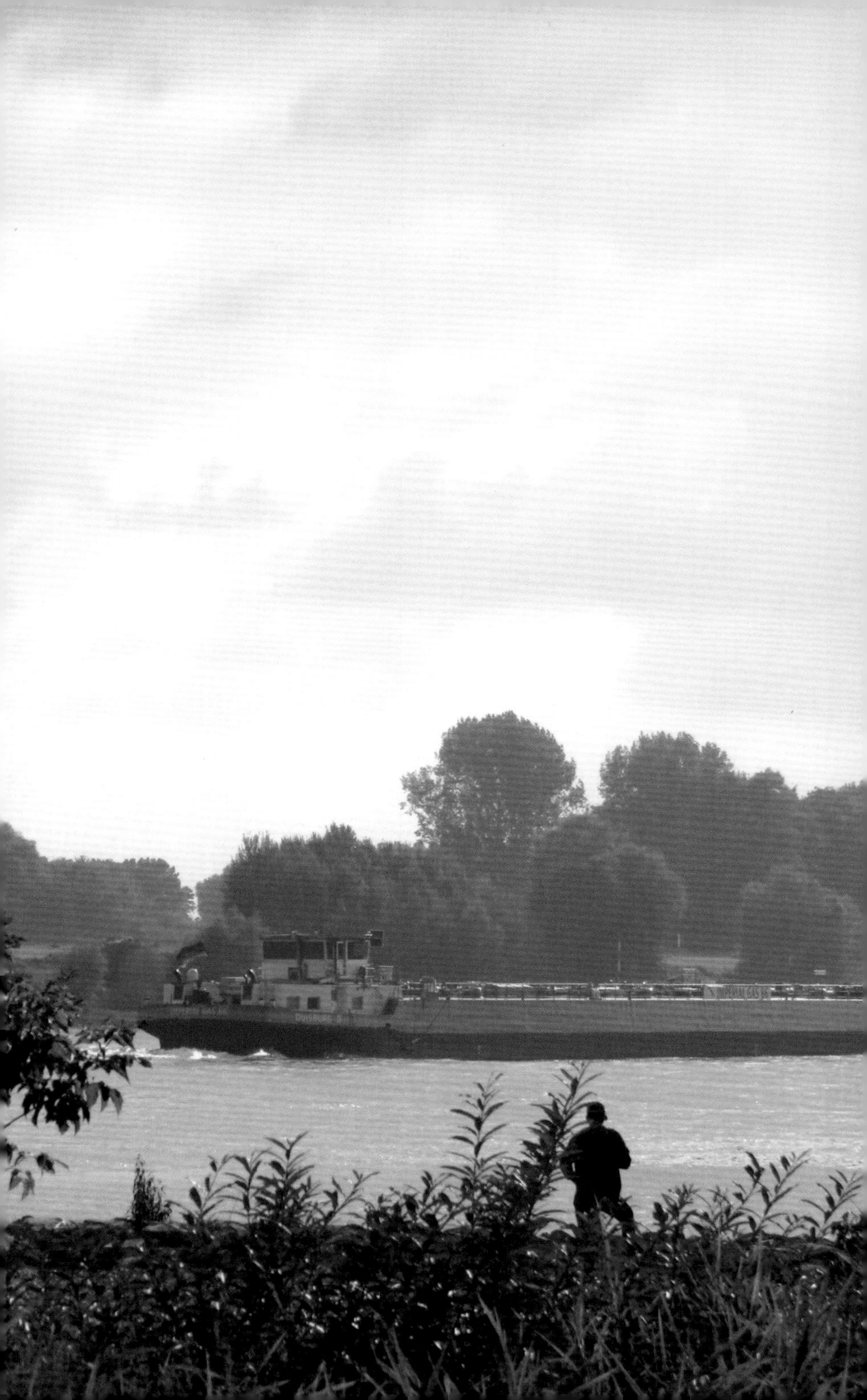

ser Weg mäandert durch Ackerland, Streuobstwiesen und an Kopfbäumen vorbei. Er mündet in die uns bereits bekannte Kopfbaumallee, der wir rechts folgen. Ein links abknickender Weg führt geradeaus über den Deich hinweg zur Friemersheimer Straße, die rechts ab zwischen Deich und schmucken Altbauten verläuft. Wir genießen das Bild dieser stimmigen Dorfkulisse und erreichen unter mächtigen Platanen hindurch und an tief zerfurchten Robinien vorbei allzu schnell wieder unseren Ausgangspunkt.

Mit einem Blick vom Deich über die Friemersheimer Rheinaue lassen wir diesen konstrastreichen Tag ausklingen.

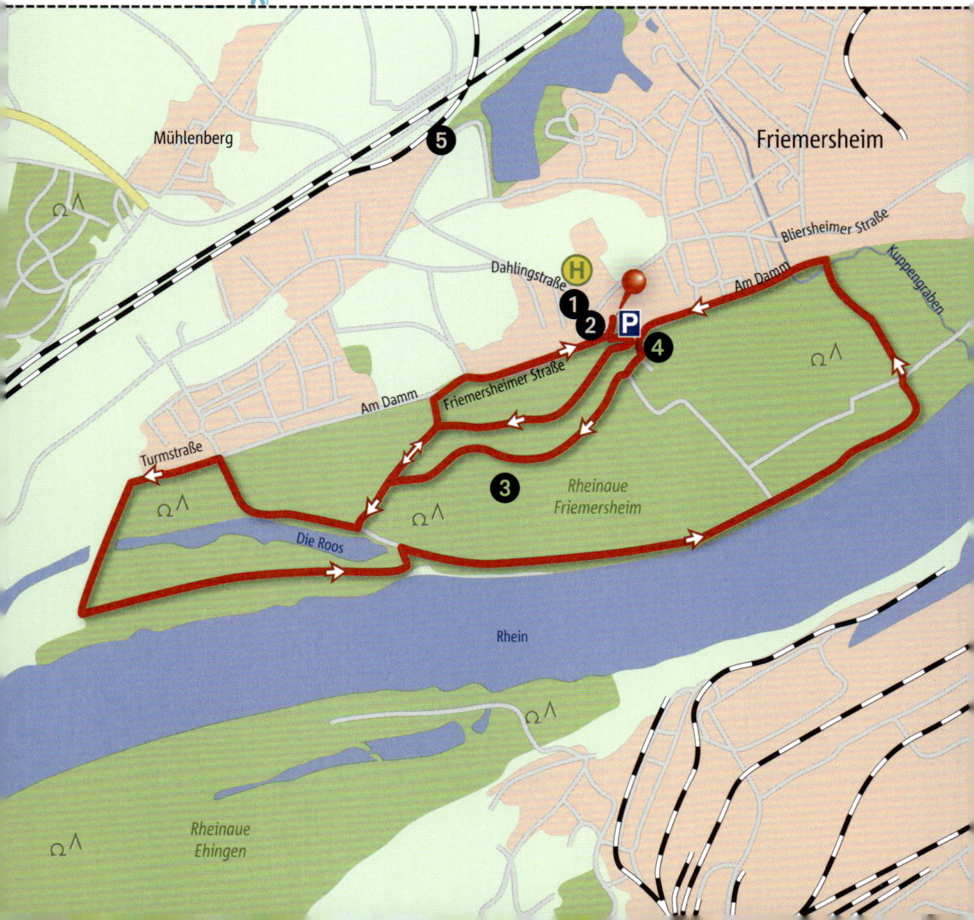

Alles auf einen Blick

WIE & WANN:
Befestigte bzw. asphaltierte Wege durch das Naturschutzgebiet und über den Deich; besonderer Charme im Frühling während der Baumblüte. Auen unterliegen der natürlichen Überschwemmungsdynamik des Rheins, bei Hochwasser sind nicht alle Wege begehbar.

HIN & WEG:
Auto: Parkplatz Friemersheimer Straße 23, 47229 Duisburg (GPS: 51.3810, 6.7019)
ÖPNV: Von Duisburg-Rheinhausen Bf. Bus 927 bis Dahlingschule bzw. von Moers oder Rheinhausen Ost Bf. Bus 914 bis Dahlingschule

ESSEN & ENTSPANNEN:
Rucksackverpflegung nicht vergessen!

ERLEBEN & ENTDECKEN:
Evangelische Kirche ❶ Friemersheimer Straße, 47229 Duisburg
Lehrerhaus ❷ Friemersheimer Str. 21, 47229 Duisburg
Naturschutzgebiet Rheinaue Friemersheim ❸
Werthschenhof ❹ Am Damm 2, 47229 Duisburg

Entspannung ✱✱✱✱✱
Genuss ✱✱✱✱✱
Romantik ✱✱✱✱✱

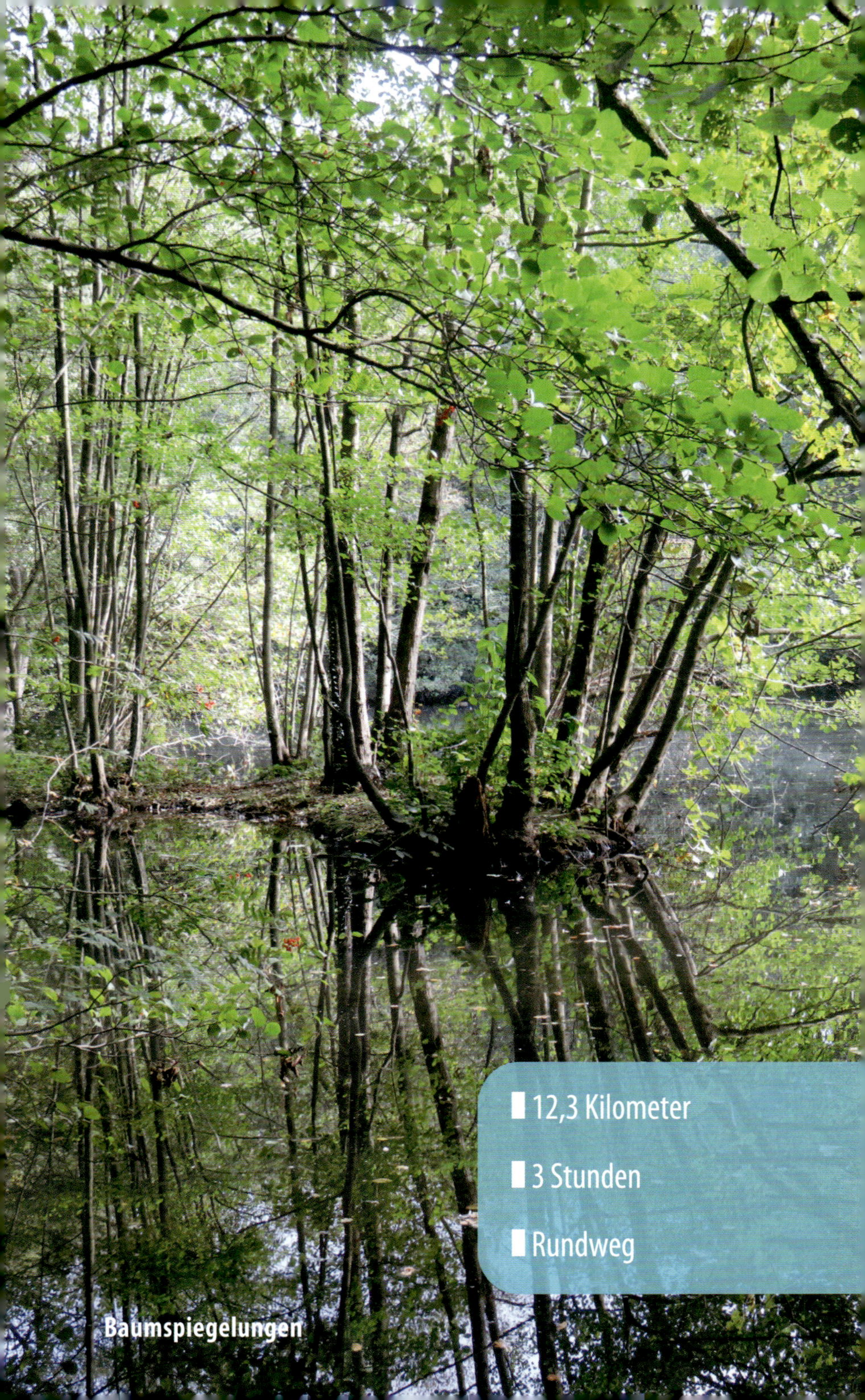

Baumspiegelungen

An der **evangelischen Johanneskirche** in Niederdorf folgen wir dem Wirtschaftsweg **Heidkamp.** Gleich rechts hinter dem kleinen Friedhof, der leicht zu übersehen ist, bringt uns der Feldweg durch eine spärlich bebaute Landschaft. Wir kreuzen **Hupperskamp** und biegen an der Einmündung in **Op den Tupp** links ab. Am Waldrand lotst uns rechts das Schild **Op den Tupp 15–21** zu einem Haus, vor dem unsere Route rechts abknickt. Im Linksbogen wandern wir am Wald entlang, in den uns rechts ein Waldweg eintauchen lässt.

Begleitet von einem steil aufragenden, dicht bewachsenen Hang zu unserer Rechten verläuft unmittelbar hinter dem schmalen Waldstreifen links die niederländische Grenze. Nach einer Weile sehen wir auf dem Hang ein verlassenes Gebäude, dessen ansprechende Architektur noch immer ein echter Hingucker ist. Sein Verfall schafft auf dem verwilderten Grundstück eine nahezu mystische Atmosphäre. Eine Hinweistafel erzählt in wenigen Worten vom **ehemaligen Offizierskasino 1,** das im Zweiten Weltkrieg zum Fliegerhorst Venlo gehörte.

Wir lösen uns von diesem Zeichen deutsch-niederländischer Geschichte und überqueren **Am Lommerskamp.** Auf der anderen Straßenseite erhebt sich wiederum der Hang, während in einem Bruchwald zu unserer Linken wassergefüllte Senken in der Sonne schimmern. Wir sind im **Naturschutzgebiet Hangmoor Damerbruch 2,** das sich auf einer Länge von etwa 4 Kilometern erstreckt und von Quellbächen versorgt

Das Hangmoor Damerbruch ist Relikt eines einst ausgedehnten Moores, das nach der letzten Eiszeit entstanden ist und sich in dem Gebiet zwischen Venlo, Arcen und Straelen erstreckte. Später entwässerte man weite Teile der unzugänglichen Sumpf- und Moorlandschaft, um sie intensiv für die Landwirtschaft nutzen zu können.

Sieben Quellen

Vom Damerbruch zur Paesmühle

wird, die aus dem Hang austreten. Der Waldstreifen lichtet sich, dahinter liegt ein einzelnes Gehöft inmitten ausgedehnter Felder. Doch uns nimmt bald leise raschelndes Schilf die Sicht. Laut Schautafel ist diese Röhrichtzone Heimat vieler gefährdeter Tier- und Pflanzenarten. Fadensegge, Straußblütiger Gilbweiderich, Sumpf-Blutauge und Sumpf-Veilchen bleiben uns zwar verborgen, doch wir verstehen, dass inmitten einer landwirtschaftlich intensiv genutzten Region das geschützte Niedermoor zusammen mit dem bewaldeten Hang für Tiere und Pflanzen ein wichtiges Refugium ist.

Rechts neben uns ragen wenig später zwei gemauerte Pfeiler einer torlosen Grundstückseinfahrt auf. Dahinter führen breite alte Holzstufen zu einer kleinen Fläche, die an ein Freilufttheater erinnert. Auf dem Hang steht hinter Bäumen ein Haus. All das verströmt einen eigenartigen Charme, doch ein verwittertes Schild untersagt das Betreten des Schullandheimgeländes.

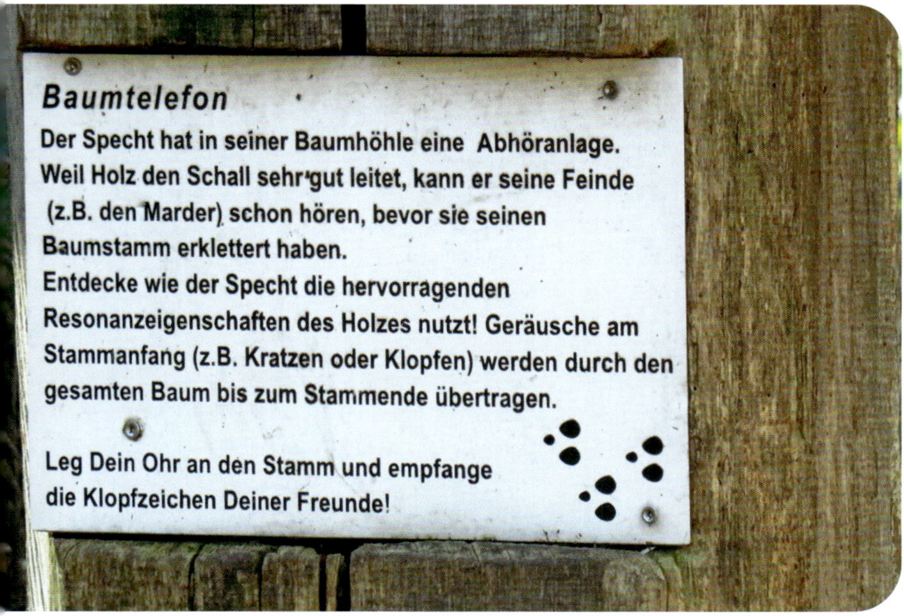

Geradeaus erreichen wir den **Amandusbach,** der mit sanftem Rauschen unseren Weg unterquert. Nach einem leichten Rechtsschwenk halten wir uns links und wandern nun geraume Zeit geradeaus. Durch efeubewachsene Bäume hindurch geht es zu einer Kreuzung, an der allerdings links eine Brücke zu einem kleinen Abstecher lockt. Sie lässt uns einen Blick auf den **Leitgraben** werfen, der für die Entwässerung der landwirtschaftlich genutzten Flächen sorgt. Wir kehren um und setzen unsere Wanderung fort.

An einer Pferdekoppel links vorbei geht es zu einem Teich, vor dem ein Bach durch sein kieseliges Bett plätschert. Wir verharren eine Weile. Unsere Wanderung führt uns rechts vom Wasser weg zum Waldrand. Links neben einem Feld mit mächtigen Eichen erreichen wir die **Riether Straße,** überqueren sie und halten uns rechts.

Wenig später bringt uns links der **Paesmühlenweg** in ein Landschaftsschutzgebiet, durch das uns der von jungen Erlen gesäumte **Paesmühlengraben** begleitet. Am Waldrand verlassen wir ihn und den **Paesmühlenweg** und biegen links ab. Der Waldweg knickt an einer Bank rechts ab. An einem Hang ragen aus dem Erdreich beeindruckend große Buchenwurzeln. Leicht ansteigend führt uns der Weg daran vorbei zu einem **Baumtelefon.** Es ist kein Wunderwerk der Technik, sondern ganz aus Holz und gehört zu einer Waldlehrpfadstation. Sie veranschaulicht, wie gut dieses Material Schallwellen leitet – was beispielsweise der Specht in seinen Baumhöhlen für ein wir-

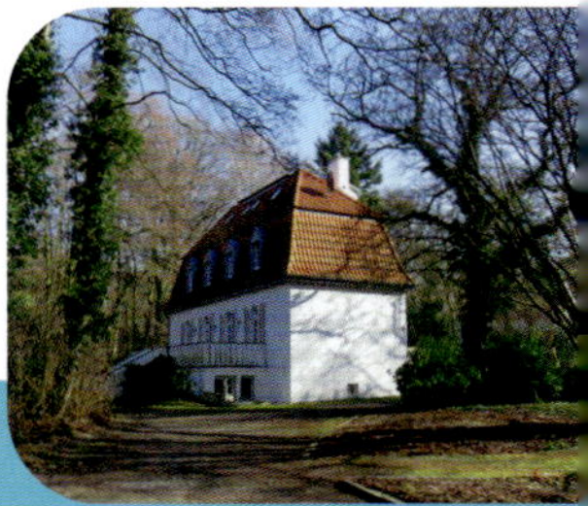

Für die Seele

An einem Hangmoor entlang geht es in ein verwunschenes Quellgebiet mit Baumtelefon und Hochzeitskapelle. Die Sieben Quellen an der Paesmühle zählen zu den schönsten Naturdenkmälern des Niederrheins.

kungsvolles Frühwarnsystem vor Feinden wie dem Marder nutzt.

Unbefestigt schlängelt sich unser Weg durch leicht hügeliges Waldgelände, unter uns glitzert ein mäandernder Bach. Es geht stetig hinauf, Wasserrauschen ist zu hören. Vor uns liegt der **Paesmühlenteich,** dessen überschüssiges Wasser über einen gemauerten Ablauf steil in ein Bachbett fällt. Rechts ab erreichen wir einen von Hecken umfriedeten Garten, hinter dem die von einem goldenen Hahn gekrönte **Hochzeitskapelle** aufragt. Einige Meter entfernt führt vom Herrenhaus eine Freitreppe ans Wasser, auf dem Schwäne und Enten ziehen. Romantischer geht es kaum.

Eine Mühle wird bereits 1369 an der Stelle der späteren Paesmühle erwähnt, deren Betrieb 1917 eingestellt wurde. Heute stehen an ihrer Stelle ein privat genutztes Herrenhaus und eine Kapelle, in der Trauungen durchgeführt werden.

Wir kehren um und folgen rechts dem flach auslaufenden, wunderbar schattigen Seeufer. Der See liegt zu unserer Rechten. Dicht bewachsene Inseln verstärken diese angenehm verwunschene Stimmung, von der wir uns gerne einnehmen lassen.
Am Baumxylofon vorbei überqueren wir geradeaus eine Holzbrücke. Daneben ist die Hütte zur Bestimmung von Holzarten eine weitere Station des Waldlehr- und Erlebnispfades. Hinter einem zweiten Teich fließt ein Bach, den wir im Rechtsschwenk überqueren, um gleich danach links über eine weitere Brücke zu gehen. Im sanft hügeligen, von Rinnsalen durchzogenen Gelände sammelt sich Wasser in Senken. Am Ende des Weges weist eine Holztafel die **Sieben Quellen ③ an der Paesmühle** als Naturdenkmal aus.

Die Bäche, die im Naturdenkmal Sieben Quellen entspringen, haben den Waldboden tief zerfurcht und das charakteristische hügelige Relief geschaffen. Sie fließen in den Weiher an der Paesmühle, der einstmals als Mühlteich diente.

Rechter Hand geht es über den **Paesmühlenweg** hinweg auf einen leicht schräg rechts verlaufenden Weg, der uns sehr schwungvoll durch die Felder und im Rechtsknick durch die Bauernschaft **Drei Höfe** bringt. An der Einmündung in die gleichnamige Straße halten wir uns rechts, wo wir aus einem Gehege neugierig von Damwild und Alpakas beäugt werden.

Am Waldrand biegen wir links ab und gelangen aufwärts zu einer Kreuzung, die uns einen schönen Blick auf die unter uns liegenden Bauernhöfe ge-

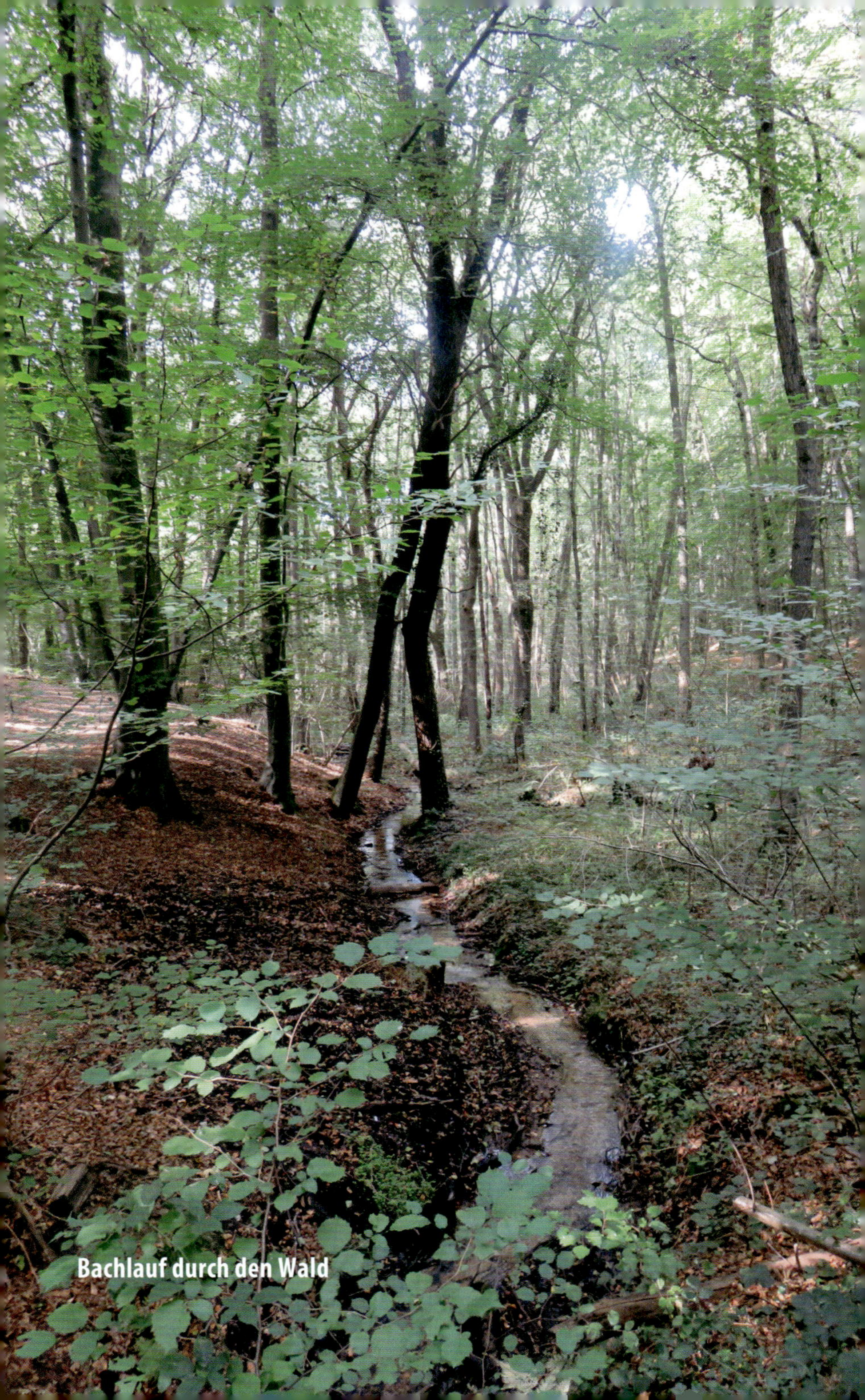

Bachlauf durch den Wald

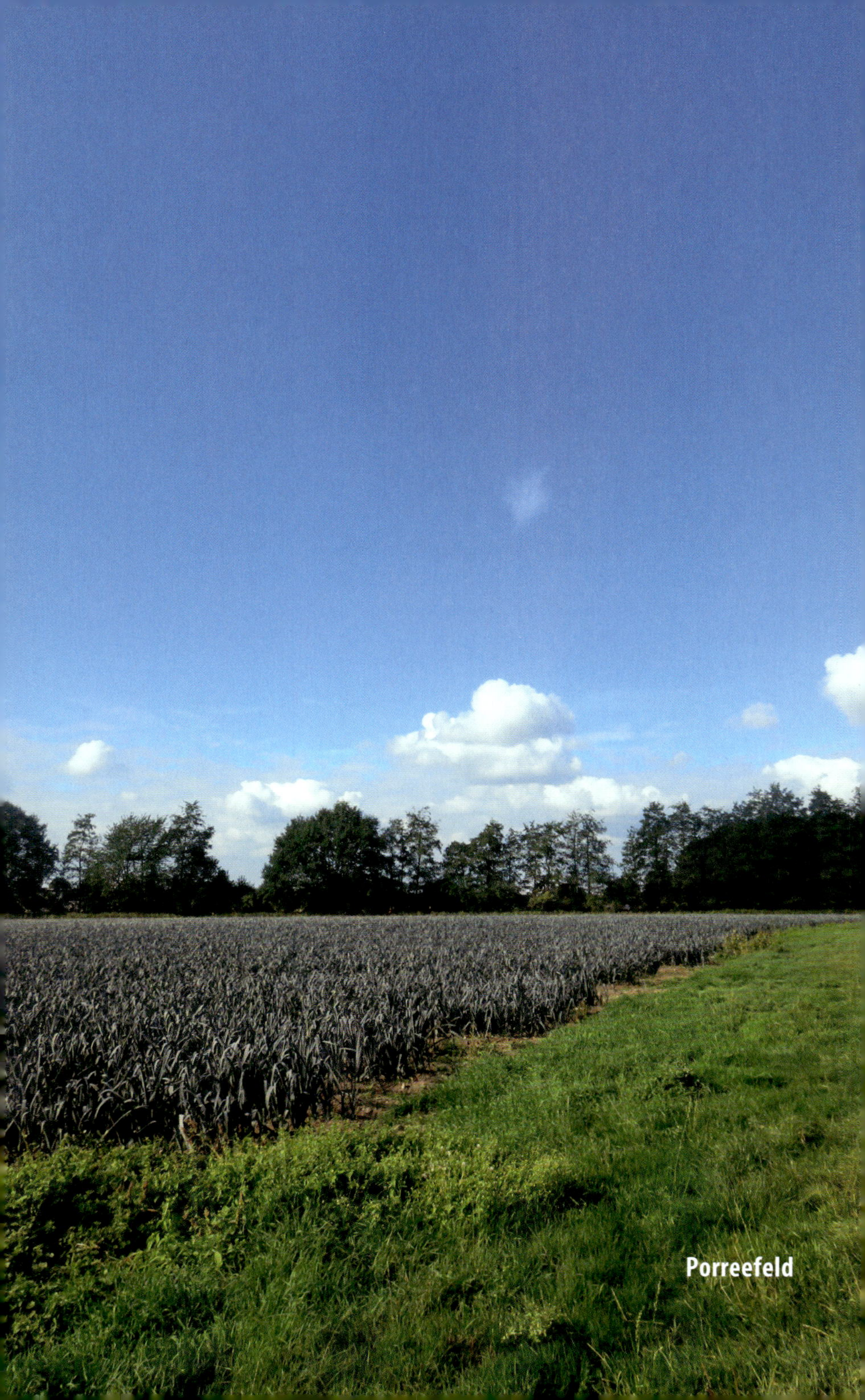

Porreefeld

währt. Wir machen einen Schwenk nach rechts und folgen zwischen Wald und buckeligen Feldern dem links abknickenden Feldweg in einen Niederwald, dessen mehrstämmige Bäume eine intensive Forstnutzung verraten, wie wir bereits in Hinsbeck erfahren haben (siehe S. 46).

Am Waldrand stoßen wir auf einen Feldweg. Er endet rechts an einer Straße, der wir links folgen. An der Querstraße leitet uns links ein Rad- und Fußweg zu einem Gewächshaus. Auf der gegenüberliegenden Straßenseite bringt uns ein Wirtschaftsweg durch Spargelfelder und Ackerland in eine bis zu 72 Meter hohe Hügellandschaft, in der das Gelände zur Ebene hin sanft abfällt.

Über eine Kreuzung hinweg erreichen wir den Waldrand, an dem ein Tisch mit Bänken zur Rast einlädt. Im Rechtsbogen tauchen wir in den Wald ein und durchqueren ihn geradeaus. Dahinter führt unmittelbar rechts an einem Gartenbaubetrieb ein steiler, unbefestigter Pfad hinab auf **Am Mühlenberg.** Dort biegen wir gleich rechts auf die abschüssige (unbeschilderte) Straße **Sittard** ein, die uns an von Wiesen umgebenen Häusern vorbei zum quer verlaufenden **Amandusweg** bringt. Ihm folgen wir rechts und gleich darauf links.

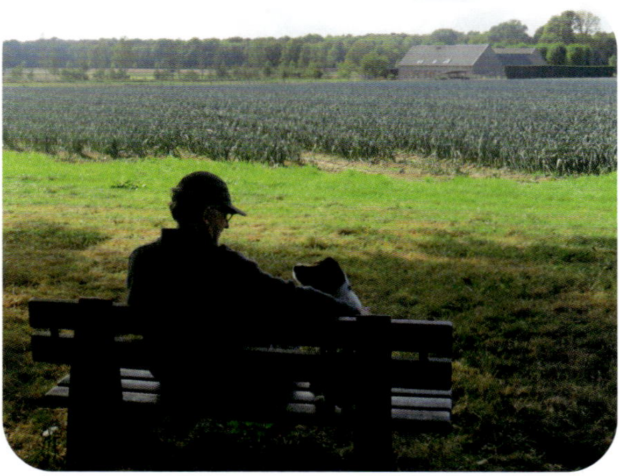

Erfrischungstour 19

Hinter einem Gartenbaubetrieb biegen wir an der Straßeneinmündung vor dem kleinen Wäldchen links ab. Am Ende nimmt uns rechts hinter zwei rotweißen Sperrpfählen der **Nölkenweg** auf und bringt uns wiederum rechts zum geschotterten **Löckerweg.** Im Linksknick geht es durch Wiesen und über den Amandusbach hinweg. Links um ein Haus herum erreichen wir die **Riether Straße** und dort auf der gegenüberliegenden Seite wieder die **Johanneskirche.**

Im anderthalb Kilometer entfernten **Landcafé Hensen** ❹ in Herongen lassen wir uns die vielen Eindrücke des Tages noch einmal durch den Kopf gehen. Die Sieben Quellen zählen wohl zu den malerischsten Naturdenkmälern des Niederrheins, aber auch das Hangmoor hat uns tief beeindruckt.

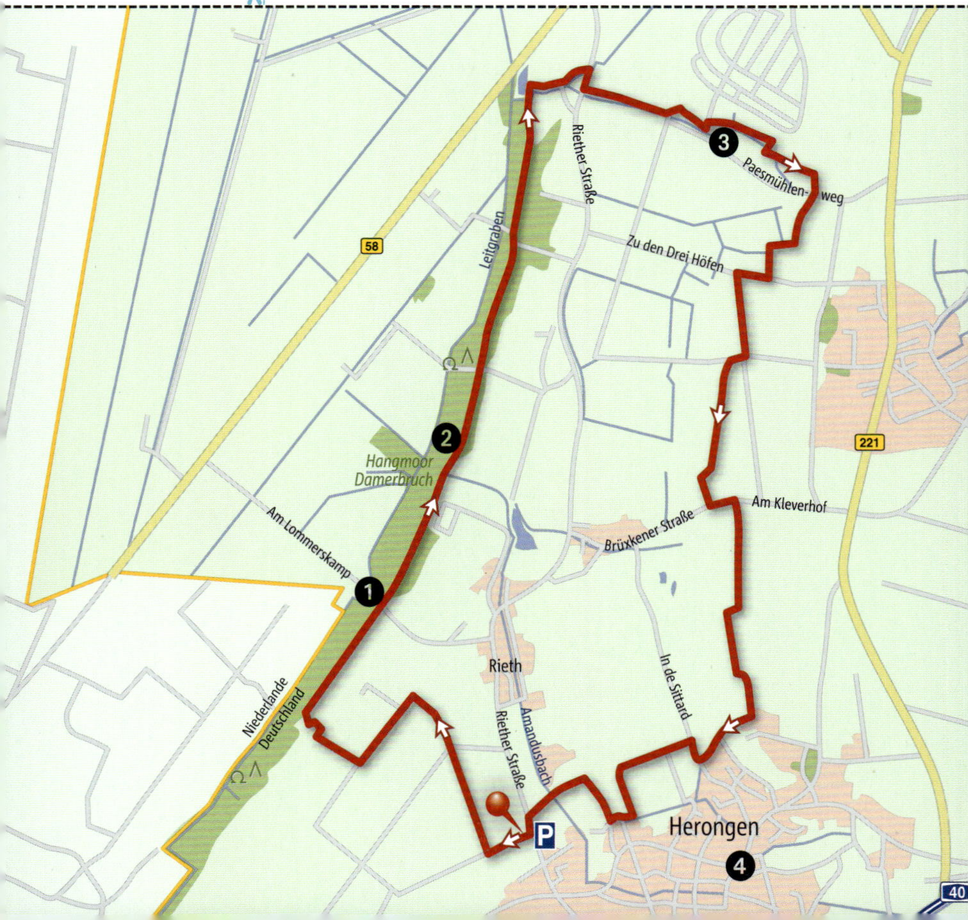

Alles auf einen Blick

WIE & WANN:
Wald- und Feldwege, befestigte Wege und wenig befahrene Straßen, ganzjährig schön, allerdings können die Feldwege je nach Witterung stark aufweichen

HIN & WEG:
Auto: Parkplatz an der evangelischen Johanneskirche, Heidkamp 4, 47638 Straelen-Niederdorf (GPS: 51.3904, 6.2390), alternativ gibt es an der Carl-Kühne-Straße einen großen Parkplatz am Kühne-Werksgelände.
ÖPNV: Keine direkte Anbindung an die Strecke

ESSEN & ENTSPANNEN:
Rucksackverpflegung nicht vergessen!
Landcafé Hensen ❹ Bergstraße 6, 47638 Straelen, Tel. (0 28 39) 56 26 23

ENTDECKEN & ERLEBEN:
Offizierskasino des ehemaligen Fliegerhorsts Venlo ❶
Hangmoor Damerbruch ❷
Paesmühle im Naturdenkmal Sieben Quellen ❸

Entspannung ✱✱✱✱✱
Genuss ✱✱✱✱
Romantik ✱✱✱✱✱

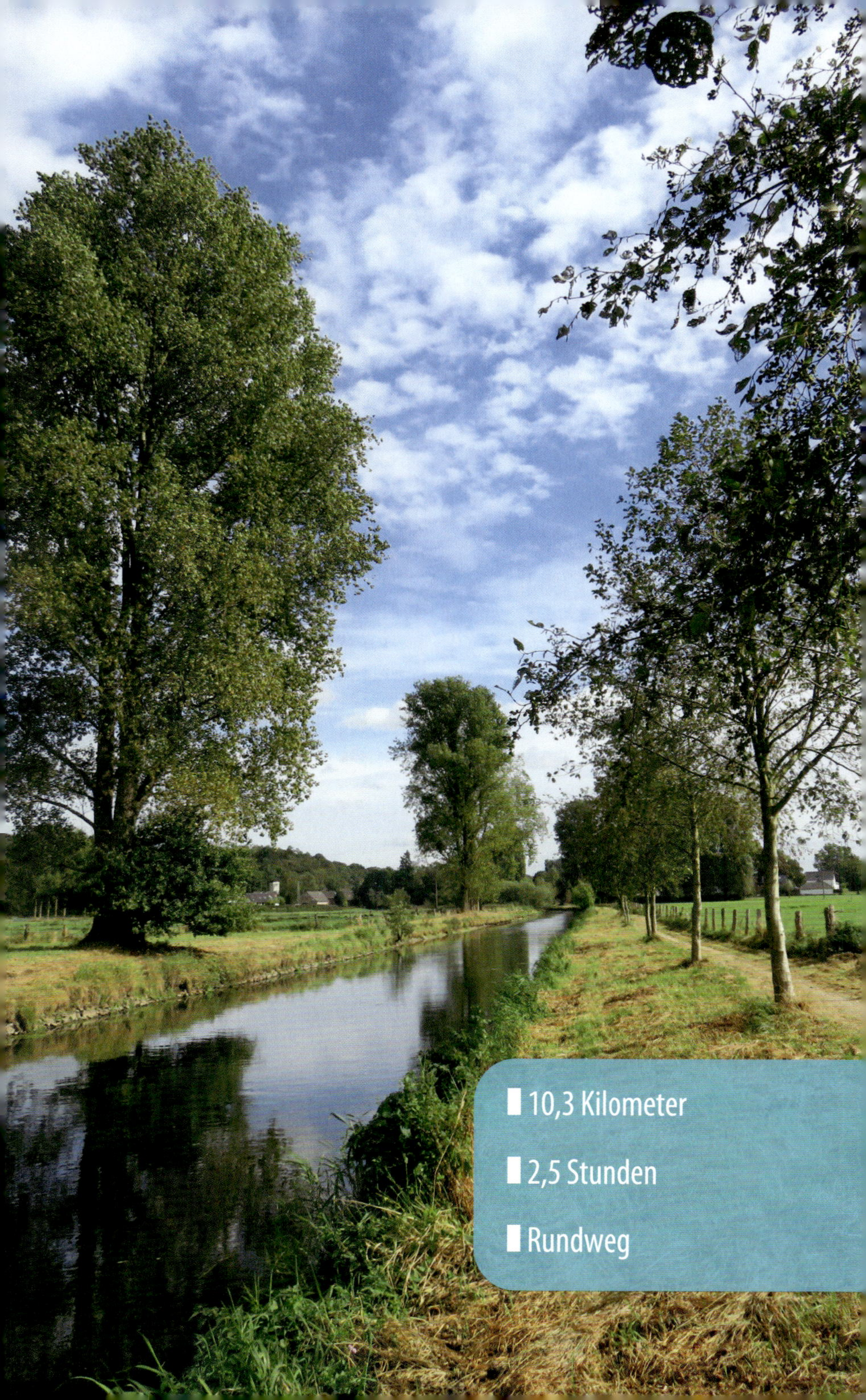

- 10,3 Kilometer
- 2,5 Stunden
- Rundweg

An unserem Startpunkt erklären Schautafeln die Geschichte, die sich mit dem Ketelwald verbindet, der sich einst von Xanten bis Nimwegen erstreckte und seit dem 14. Jahrhundert Reichswald heißt. Doch uns bringt die vor unserem Parkplatz verlaufende **Triftstraße** zunächst weg vom Wald und rechts hinunter zur **Niers.**

Gleich rechts hinter der Brücke nimmt uns der **Nierswanderweg** auf, der als schmaler Wiesenweg flussabwärts führt. Rechter Hand erhebt sich auf dem Niederrheinischen Höhenzug der üppige Reichswald, zu unserer Linken erstrecken sich Wiesen und Pferdekoppeln. Die grünen Ufer sind mit Erlen und Schilf bewachsen, einzelne Pappeln überragen die Landschaft. Der Fluss schenkt uns ein seltenes Naturerlebnis, als pfeilschnell etwas Eisblaues über das Wasser fliegt: ein Eisvogel, der wegen seiner schillernden blau-türkisen Farbenpracht auch fliegender Edelstein genannt wird.

Vor einem kleinen, dicht bewachsenen Stillgewässer biegen wir links ab. Eine Reihe mächtiger Pappeln beschattet unseren Weg, das Rascheln ihrer Blätter klingt wie Wasserrauschen. Dieses so typische Geräusch entsteht, weil die Stiele der Pappelblätter abgeflacht sind – anders als die anderer Baumarten, die überwiegend eine runde Form haben. Daher versetzt der Wind sie in eine besondere Schwingung. Und es klingt so schön.

An der folgenden Kreuzung halten wir uns rechts, rechts neben uns öffnet sich der Blick auf einen See.

Herzerfrischend

Der Nierswanderweg bei Asperden

Weidengebüsch neigt sich über das sandige Ufer, an das kleine Wellen schwappen. Wir fühlen uns wie im Urlaub. Auf der anderen Seite lösen Ackerflächen eine aktive Auskiesung ab. Der See rechts endet zwar nicht, verschwindet aber hinter einer Mauer, die im Schatten der efeuberankten Bäume neben uns aufragt. Kurze Zeit später gewährt sie uns durch ein überbautes Tor Einlass und wir betreten das **ehemalige Kloster Graefenthal** **1**, das 1802 im Rahmen der Säkularisation aufgelöst wurde. Der schindelgedeckte **Taubenturm** an einem kleinen Weiher erinnert an das Privileg der Taubenzucht, die bis zur Französischen Revolution Klöstern und Adelshäusern vorbehalten war. Er stammt ebenso wie die **Remise** aus dem 18. Jahrhundert.

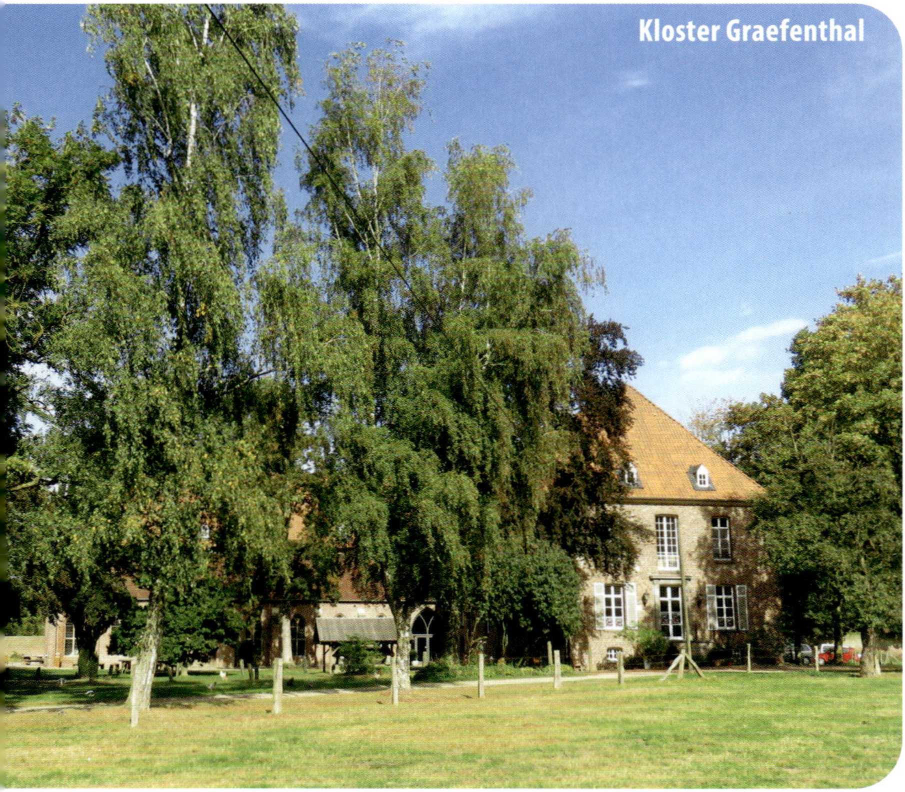
Kloster Graefenthal

Die Ruhe, die uns umfängt, ist angenehm und entspricht unserer vermutlich klischeehaften Vorstellung von einer klösterlichen Atmosphäre. Die Klosterkirche ist lange schon verschwunden, aber das überdachte, zwischen Buchen und Gingkobaum stehende **Grabdenkmal** des Stifters Graf Otto II. von Geldern erinnert an sie. Dort stand einst die Kirche des Frauenklosters, in der zahlreiche Adlige, Nonnen und Geistliche vor dem Hauptaltar ihre letzte Ruhe fanden.

Frei laufende Hühner scharren fröhlich umher und machen auch vor dem Grabmal nicht halt. Wir schlendern weiter und entdecken im hinteren Bereich des Klostergeländes einen kleinen Nutzgarten. Von dort gelangen wir ans Seeufer. Ein idyllisches Fleckchen Erde!

Die ruhige Stimmung genießen wir auch im gemütlichen Kaminzimmer des **Klostercafés,** in dem sich unter die Heiligenskulpturen auch die eine oder andere Jagdtrophäe mischt. Wir fragen uns, wie der sehr leckere Dattelkuchen als Spezialität des Hauses in dieses Konzept passt. Vielleicht gehört er zum Wandel der Zeiten, den gerade dieser Ort so intensiv erleben lässt. Während wir so vor uns hin träumen, verraten uns ausliegende Flyer eine ganz andere Seite dieses Veranstaltungsortes: Mittelalterspiele, Treckertreffen, Musikfestivals, Hochzeiten, Weinfeste und saisonale Themenmärkte mischen die klösterliche Stille zwischendurch gehörig auf.

Durch das Tor verlassen wir das Gelände und fol-

Kloster Graefenthal, 1248 als Zisterzienserinnenkloster gegründet und Kloster Kamp (siehe S. 21) unterstellt, galt als ein bedeutendes Frauenkloster. Es lag abgeschieden, aber in der Nähe zum Wasser, was nicht zuletzt für die Fischzucht eine wichtige Rolle spielte. Das entsprach den Vorgaben des Zisterzienserordens, die Abgeschiedenheit und wirtschaftliche Unabhängigkeit verlangten. Die überwiegend aus dem Adel stammenden Nonnen lehnten es gemäß ihrer Ordensregel ab, den Kirchenzehnten in Anspruch zu nehmen, und setzten auf Versorgung durch eigene Arbeit. 1802 wurde das Kloster säkularisiert und später in ein landwirtschaft-liches Gut umgewandelt. Heute dient es als Veranstaltungsort.

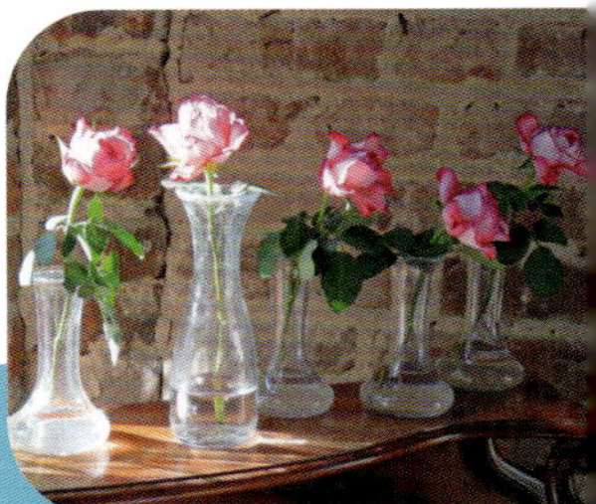

Für die Seele

Auf dieser Wanderroute umgeben uns erfrischend viel Wasser, ein historisch bedeutsamer Wald und beruhigendes klösterliches Ambiente. Doch auch der Wandel der Zeiten schiebt sich in unser Bewusstsein.

gen rechts weiter dem **Nierswanderweg.** Gleich hinter der Klostermauer biegen wir rechts ab und werden vom mit glasklarem Wasser gefüllten **Puttenbroekgraben** zu unserer Rechten begleitet, dessen Wasser wenig später die Niers aufnimmt.

Brombeergestrüpp wuchert an den Wegrändern, Vögel tummeln sich darin. An einer Verzweigung vor einem weiteren See wählen wir den linken Weg, der uns unmittelbar am Wasser wandern lässt. Durch Lücken im Uferbewuchs sehen wir die bewaldete, schilfbewachsene andere Seeseite. Bald taucht zu unserer Linken noch ein See auf, der weitgehend hinter Bäumen und Gebüsch verborgen liegt. Die wenigen ungehinderten Ausblicke auf die ausgedehnte Wasserfläche sind allerdings spektakulär.

Eine Schautafel klärt sehr ausführlich über das Projekt zur Renaturierung der Kiesabgrabung Grae-

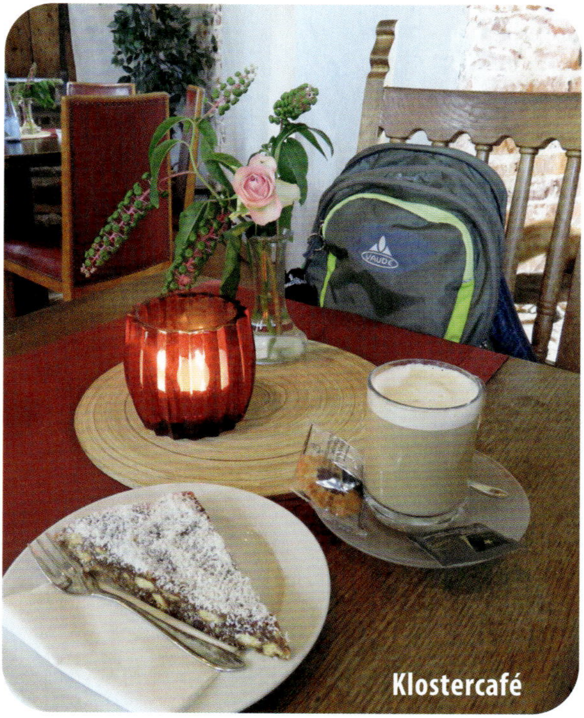
Klostercafé

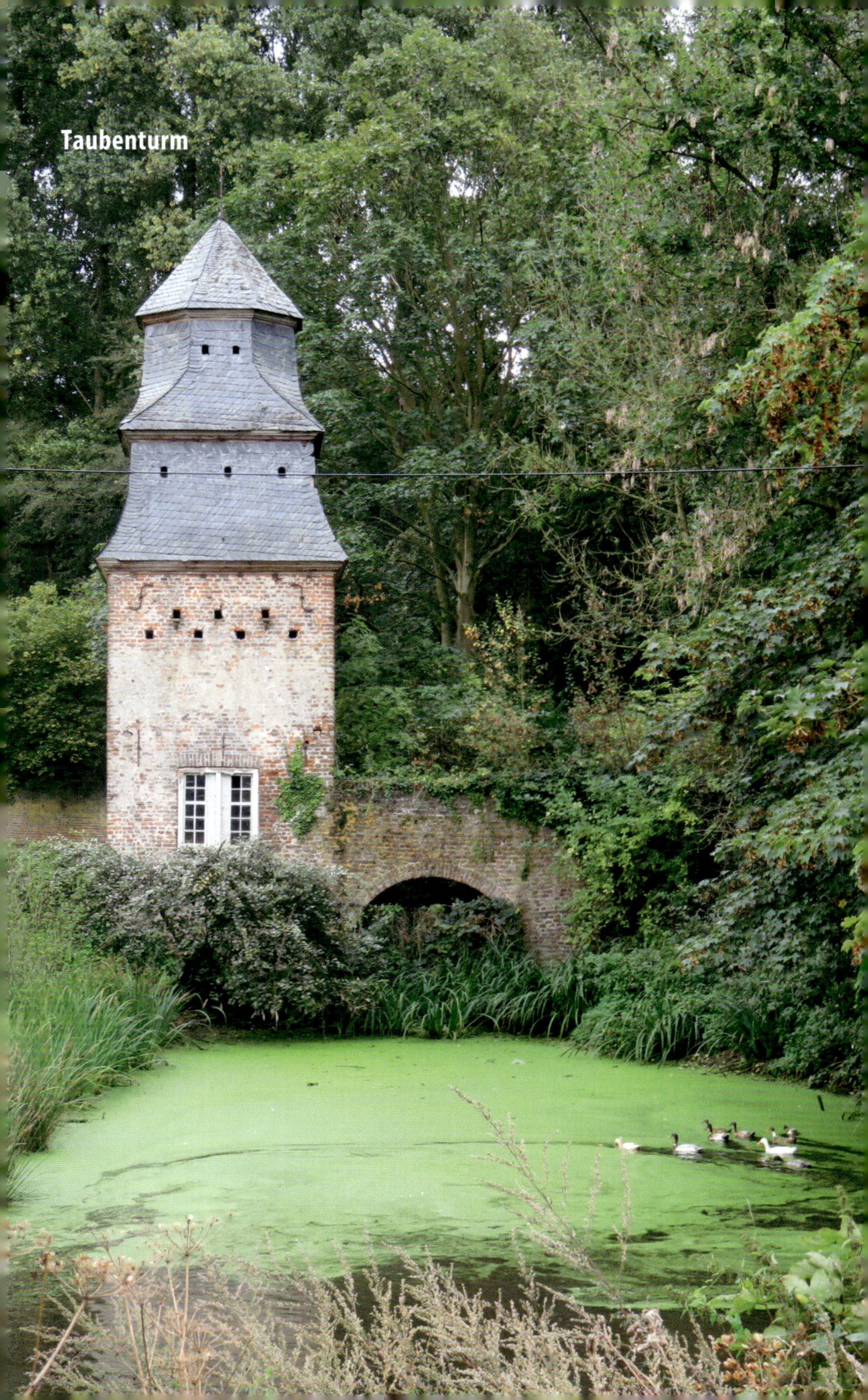
Taubenturm

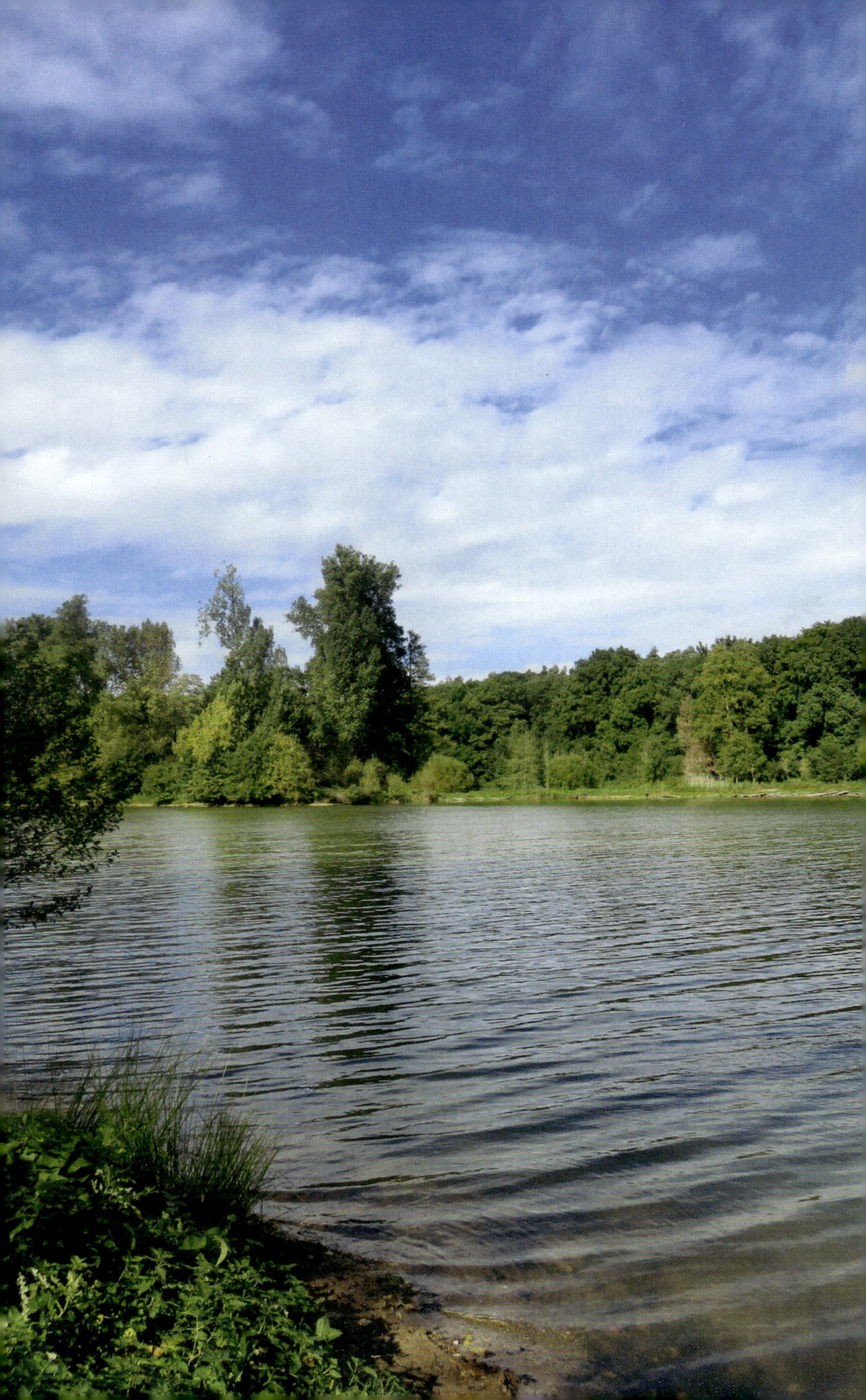

fenthal auf. Während einige Auskiesungen noch aktiv sind, werden andere bereits der Natur überlassen, die ohne Zutun des Menschen ihren Raum beanspruchen darf. Wie im Kloster, so findet auch hier ein Zeitenwandel statt. In diesem Moment sind uns alle Projekte egal. Wir genießen einfach das gute Gefühl, von so viel klarem Seewasser umgeben zu sein.

Hinter dem Gewässer wird die Landschaft recht karg. Weiße Sandflächen dehnen sich unter Nadelbäumen, Hainbuchen und Birken aus. In einem Rechtsbogen erreichen wir einen weiteren See, vor dem wir rechts abbiegen. Gleich links dahinter beginnt links eine offene Landschaft, die mit dem spärlichen Bewuchs auf uns reizvoll spröde wirkt.

Bald erreichen wir das Niersufer und halten uns links. Neben uns liegt nun wieder der See, allerdings zunächst durch großflächige Wiesen, später durch ein Schilfröhricht von uns getrennt. Hinter dem Gewässer ragt ein Kirchturm über ausgedehnten Wiesen auf. Am anderen Niersufer steigt der Reichswald an. Eine geschwungene Brücke führt uns rechts über den Fluss. Dahinter wandern wir geradeaus und durchqueren eine bäuerliche Landschaft. Zwischen einer Pferdekoppel und dem Waldrand geht es leicht bergan, bis wir an der Kreuzung rechts in den **Ketelwald** **2** einbiegen.

Die Wanderung geht mal bergauf, mal bergab und überwiegend durch Nadelwald. Der breite, sandige Waldweg schlängelt sich in weiten Bögen durch das hügelige Gelände. Dort, wo ein Wegabzweig weiter geradeaus führt, halten wir uns rechts und erreichen hügelabwärts eine ausgedehnte Feuchtwiese. Wir biegen links ab. Noch einmal steigt der Waldweg leicht an, dann kommen wir wieder an die Niers und an den ersten See, den wir auf unserer Tour berührt haben. Buchen und Eichen säumen unseren Weg. Der Fluss entfernt sich von uns, bleibt aber, eingebettet in Wiesen, in Sichtweite. Der Waldweg endet an einem Parkplatz. Gleich dahinter bringt uns vor

Der Reichswald, in früheren Jahrhunderten Ketelwald genannt, ist ein großes Waldgebiet, ein Naturwald ist er nicht. Bereits die Römer haben ihm mit ihrem Bedarf an Bau- und Brennmaterial arg zugesetzt. Zwar findet man in den Nutzwäldern wenige wirklich alte Bäume, doch unterschiedliche Baumgenerationen und Waldtypen faszinieren nicht minder. In jedem Fall tut uns Menschen der Wald gut – das ist nicht nur ein Gefühl, sondern wissenschaftlich erwiesen.

einem Wohnhaus links ein steiler Pfad auf die Hügelkuppe. Kinder bauen gerade ein Tipi aus Ästen und laufen auf der Suche nach geeignetem Baumaterial kreuz und quer durch den Wald. Vor uns liegt ein Hundeübungsplatz. Wir stapfen über den wunderbar weichen Waldboden und suchen uns geradeaus einen Weg zum Waldrand. Dort nimmt uns rechts ein Schotterweg mit zur Straße, die uns links zu unserem Auto bringt.

Das ehemalige Kloster, die Niersniederung und der Reichswald bieten wundervolle Möglichkeiten, die Kulturlandschaft hautnah zu erleben und ihre Veränderungen bewusst wahrzunehmen. Uns haben die heutigen Momentaufnahmen im Wandel der Zeiten gut gefallen.

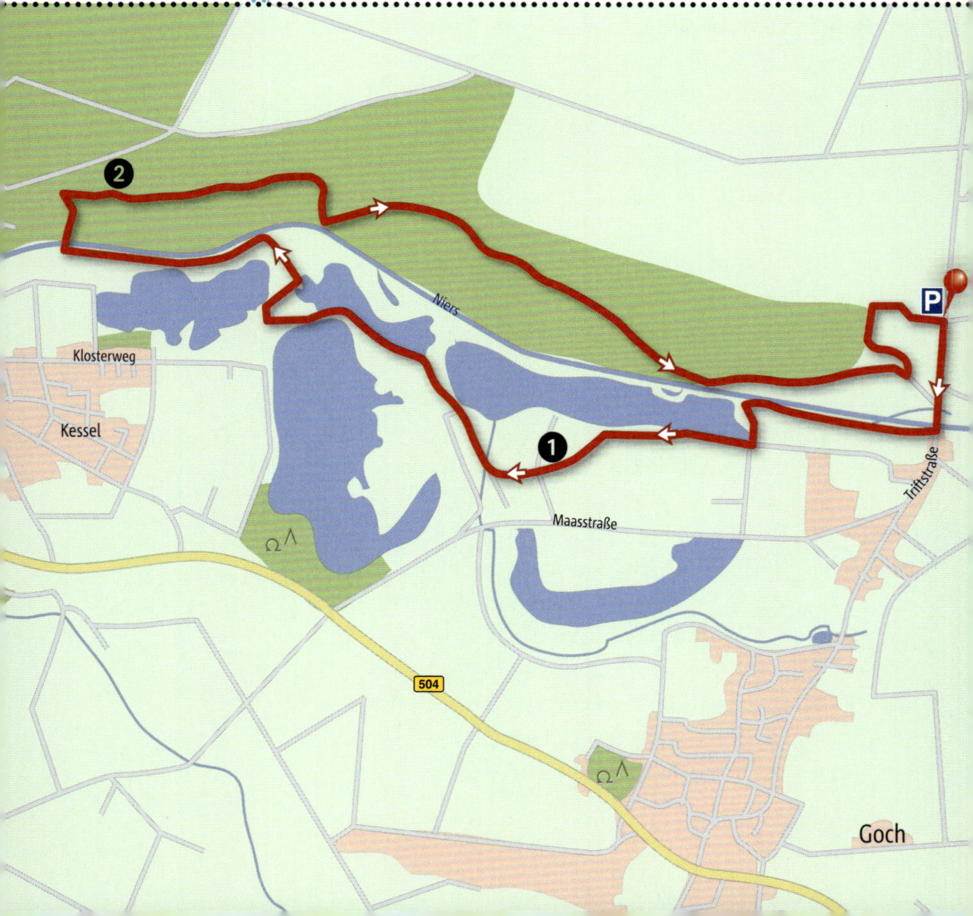

Alles auf einen Blick

WIE & WANN:
Straßen, Wald- und Wiesenwege, befestigte Wege; ganzjährig möglich und interessant

HIN & WEG:
Auto: Wanderparkplatz am Asperberg, an der T-Kreuzung Triftstraße/Asperberg (gegenüber vom Reiterhof Hüsch) (GPS: 51.7097, 6.1277)
ÖPNV: Keine direkte Anbindung an die Strecke

ESSEN & ENTSPANNEN:
Klostercafé Graefenthal ❶ Maasstraße 48, 47574 Goch, Tel. (0 28 23) 9 28 87 80, www.kloster-graefenthal.de

ENTDECKEN & ERLEBEN:
Ehemaliges Kloster Graefenthal ❶ mit Taubenturm, Kreuzgang, Remise, Grabdenkmal des Stifters Otto II. von Geldern
Ketelwald (Reichswald) ❷

Entspannung ✸✸✸✸✸
Genuss ✸✸✸✸✸
Romantik ✸✸✸✸✸

Die GPS-Daten zu jeder Tour gibt es auf
www.droste-verlag.de

5. Auflage 2023
Konzeption/Satz: Droste Verlag, Düsseldorf
Einbandgestaltung: Britta Rungwerth, Düsseldorf unter Verwendung von Bildern von © Fotolia.com: Andrey Kuzmin; Jenny Sturm; undrey; daboost; niroworld
Fotos: Sabine Hauke, Hamminkeln
Karten: Sameena Jehanzeb, Bonn
Druck und Bindung: LUC GmbH, Greven

MIX
Papier aus verantwortungsvollen Quellen
FSC www.fsc.org
FSC® C011279

ISBN 978-3-7700-2478-0
www.droste-verlag.de